本书由玉溪师范学院资助出版

中国法治的源与基探索

ZHONGGUO FAZHI DE YUAN YU JI TANSUO

许增裕 著

中国社会科学出版社

图书在版编目(CIP)数据

中国法治的源与基探索／许增裕著．—北京：中国社会科学出版社，2008.12

ISBN 978-7-5004-7387-9

Ⅰ．中… Ⅱ．许… Ⅲ．社会主义法制—建设—研究—中国 Ⅳ．D920.0

中国版本图书馆 CIP 数据核字(2008)第 175013 号

策划编辑　冯　斌
责任编辑　丁玉灵
责任校对　韩　聪
封面设计　王　华
版式设计　戴　宽

出版发行　中国社会科学出版社
社　　址　北京鼓楼西大街甲 158 号　　邮　编　100720
电　　话　010—84029450(邮购)
网　　址　http://www.csspw.cn
经　　销　新华书店
印　　刷　华审印刷厂　　　　　　　　装　订　广增装订厂
版　　次　2008 年 12 月第 1 版　　　　印　次　2008 年 12 月第 1 次印刷
开　　本　880×1230　1/32
印　　张　9.5　　　　　　　　　　　　插　页　2
字　　数　250 千字
定　　价　26.00 元

目　　录

第三编　法治之其他

序

　　法治是法律文化中的重要内容，是人类文明发展到一定阶段的产物，是一种与"人治"相对应的治理社会的理论、原则、理念和方法。法治是一种社会意识，属于法律文化中的观念层面。法治与人治则是相对立的两种法律文化，它强调社会治理主体的权威性、规则性和可预期性。法治不排斥人的能动性，但从法律的制定、执行到修改都必须按照法律本身制定的规则，人的能动性只能在法律规定的范围内发挥作用而不能超越法律，这正是法治内在的本质要求。从这个意义上讲，法治就是法理学中最重大和最基本的理论问题，也是所有法律问题的出发点和最后归宿。

　　也正是基于这么一种思考，一种信念，一种理想，一种情感，一种责任，在我们的学界，关于法治的思考可谓汗牛充栋，这些思考中，蛰伏着浓浓的爱国主义情感，张扬着"以法治国"的理想。处于转型时期的中国，法治建设正在稳步进行，尤其是党的十七大相关理论的提出，更是为我国社会主义法治建设打下了坚实的基础。

　　随着社会变迁的巨大的阵痛，我们的制度环境会舍弃旧的解释，需要更多新的、有益的尝试和总结。胸怀正义，背负理想，执著前行，我们的道路会通向哪里？我们的目光将投向何处？我们的脚步将迈向何方？如此种种，总是与一个词汇紧紧相连，那就是：法治。当我们面对增裕君所著的《中国法治的源与基探索》一书时，我们被吸引的，除了目光，更有感动和佩服。

一般情况下，人们对法治的研究主要侧重于法治本身，而《中国法治的源与基探索》一书，则是对中国法治建设源于何处，需要以什么作基础的问题进行探索，从另一个角度和视野对法治得以存在的背景问题进行研究，涉及的是法治的根源和基础问题。该书从历史和现实、国内和国外不同角度对中国法治建设的基础性和深层次的问题进行剖析，并对法治的源泉和法治的基础进行了分层和深入分析。该书首先分析论证了法治的根源、源泉和缘由，从历史、文化传统、现实观念、理性思维、价值观念、民众法治心态等方面进行了探索；其次分析论证了法治得以生存和发展的基础，具体从市场经济、诚信机制、民主制度、权力制约、法律细化、国民素质、公开透明机制等方面对中国法治建设的基础性和深层次的问题进行剖析；同时对中国现在影响法治进程的因素也进行了探讨。

该书分门别类进行全方位、多层次的探讨，大胆地进行了创新性思考，把别人没有涉足的某些法治建设领域但又对法治建设的基础有影响的领域进行了探讨，并提出了自己的观点和看法，认为法治问题不仅仅是法治本身的问题，还与法治的存在背景和基础有关，就像一座高楼需要良好的地质条件和扎实的地基作支撑一样。该书是作者通过长期法学理论教育与法律实务的归纳和总结，本书的独到之处是从法治的背景和根源来探讨法治问题。

笔者认为：该书集学术性、实用性、知识性于一体，对中国的法治进行了反思和探索，对中国法治建设存在问题的原因从历史到现实、从国外到国内、从观念意识到社会行为方式的思考，对中国法治构建的基础性问题也进行了探讨，这些思考对中国法治建设具有较强的理论和现实意义。

学者最戒浮躁，而可贵之处无外乎有一颗关爱之心，有一种"悲天悯人"的情感。记得作家史铁生曾说过：在生命的河上漂泊，河不是目的，船也不是目的，目的是诚心诚意地漂泊。是的，当我们在生命短短的河流中，静下来，寻觅那些前人先贤深深的足迹，郑重写下一些关于理性的文字，我们对法治的思考，是一种不懈的姿态，更是法律人难以舍弃的责任和良知。就如当我们在久久的思索中回过神来，在那些散发着理性思考的书卷面前，就会发现：生命，原来可以这样真实而美好；关于法治的思考，原来可以这样简单而明媚。

增裕兄是我的大学同学，在大学里，他就非常刻苦用功，是大家学习的榜样，毕业后，他分在学校教书，一直博览群书，默默耕耘，不忘学问，厚积薄发。《中国法治的源与基探索》一书的出版，正是他孜孜以求、学而不倦的收获。没有法治的社会是虚无的，而没有思索的生活是单调枯燥的。他对中国法治源与基的思考，纯粹而厚重，值得大家互勉。

法治精诚，泽被苍生。关于法治社会的建设，正在我们这个伟大的国度进行；关于法治问题的思索，也将是我们法律人继续思考的问题。我们相信，在推进依法治国，实现和谐社会的进程中，法治不仅仅是一个简单的词汇，它更是体现了在中国共产党的领导下，一个民族的光荣与梦想、信念与追求。我也相信，在责任和信念的指导之下，即便我们处在边远地区，只要我们心中还有理想，只要我们对法治的捍卫和追求还没有终结，我们就一定能不负期望，执著前行，写出更多更好的作品来，为中国法治建设贡献更大力量。

促进经济繁荣的关键所在。

法治具有普遍性。法治的普遍性要求为人们的行为提供一种必须共同遵循的模式、方向和标准，要求全社会所有人员一体遵行。

法治具有统一性和协调性。法治不仅是具有内部和谐统一的稳定的体系，而且它同整个社会系统都处于一种相互协调的稳定联系。法治要求治理国家和社会应保持逻辑性和连续性。

法治具有实效性。法治注重通过一整套可操作的规程，保证法律的有效实施。

法治具有监督性和约束性。法治通过一套对各项社会事务进行广泛监督的系统和监督约束机制，确保对国家机关权力的控制和对公民权利的保护。依法治国的过程就是运用法律手段对国家各项工作进行调控和管理的过程，是使国家工作的各个方面都在法律轨道上有序运行的过程。法治的核心是依法行政，其目标就在于对政府行为的限制。

法治体现在立法、执法和守法的各个环节之中。它是由立法、执法、司法、守法和法律监督等环节组成的系统工程。它要求所有国家机关及其公职人员严格依法办事，遵守法律，不得享有法律之外的特权。

法治与人治相对立。法治是人们对法的信仰，人治是人们对领导人特别是对最高统治者的信仰，容易产生阿谀奉承和导致盲目崇拜，畏惧权力。法治要求规则明确具体，法律面前人人平等；人治是威不可测，法律的权威是可测的，可预见的。

市场经济是法治经济，市场经济是法治实现的决定性因素，法治和市场经济是现代文明社会的特征。市场经济的发展要求必须建立法治政府，这是创造公平高效的法治环境的必然要求，也是市场经济发展的必然结果。

　　和谐社会应该是民主法治、公平正义、诚信的社会。建设和谐社会是一项艰巨复杂的系统工程，也是一个需要随着经济、政治、文化的发展而不断推进的长期历史过程，这个过程需要法治作保障。

　　从世界文明史的发展规律看，法治已经成为不可逆转的时代潮流，是政治文明建设的基本形式。法是政治文明的体现。

　　然而，由于中国 2000 多年的封建传统和高度集权的影响，缺乏法治和民主运作成熟方式的借鉴，决定了法治的实现具有复杂性、艰巨性和长期性。

　　水有源树有根，法治建设如同一棵树，树长得越高，根基就得越深越壮实，否则树越大越高越容易倾倒；法治建设如同建设高楼大厦，房屋盖得越高，其地基应夯得越结实，否则也是越高越容易垮塌，越容易充满隐患。法治建设不是"头痛医头，脚痛医脚"，不能单从法治本身来解决法治问题，而是一个整体会诊的问题。

　　从社会存在决定社会意识这一原理出发，法治总是受各种社会因素决定和制约的。搞好法治建设如同建盖高楼大厦需要综合考虑各种材料和因素一样，法治建设也需要综合考虑各种社会因素，万丈高楼平地起，除了需要扎实的地基外，牢固的钢筋、水泥、砖块和相关材料以及精密的技术也是必需的。哪一个环节出了问题，整个工作将前功尽弃。法治建设其实也一样，首先要探明法治的根源和基础。

　　从法治的环节来看，立法是法治其他环节的基础。但从法治的整体看，立法是法制的组成部分，只是属于法治各环节的起点，就像地基只能是房屋的基础，而第一层楼不是房屋基础一样，立法不应是法治的基础，法治的基础只能从法治之外来考查。法治的基础应是影响和决定法治的其他因素。作为法治的基础，意味着：第一，它们决定和影响着立法；第二，它们影响着法的实施；第三，它们影响着法治的变化和发展。

法治是众人之治，需要众人法律素质的提高。为了保障人们的自由、生命和财产权，法治应当坚持以人为本，以人与自然和谐为主线，以经济发展为核心，以提高人口素质为突破口，全面推进经济社会与人口、资源和生态环境的协调，为法治建设创造良好的环境。

历史传统、社会、经济、心理学、文化因素以及许多价值判断都影响或者制约着法律的制定和执行。现代法治也可以在传统的礼治秩序当中汲取养分。

与发达国家相比，中国是一个发展中国家，是一个长期受传统影响的农业国，商品经济不发达，商品交换不充分；官本位思想突出，等级观念强，缺乏主体的独立性和平等性。这成了制约中国法治发展的历史包袱。我国的法治建设经历了一个曲折复杂的发展过程，由于封建传统留给我们的东西太多，而法治的东西又太少，致使我们在从传统法制转向现代法治的进程举步维艰。从我国步入法治到现在，法治建设的成绩是显著的，是有目共睹的。但我们应该认识到，法治建设还有很长的路要走。法治建设是一个系统工程，它需要社会各方面的协调、发展和配合。

中国社会主义事业的发展经历了由计划经济向市场经济的转变，治理方式由人治向法制再向法治的转变，认识也由随意性向理性的转变。由"法制"到"法治"的转变意义深远，"法治"的实现需要诸多因素的配套和陪衬。这些因素是决定和制约我国法治实现的关节点。正因为如此，本书曾打算叫《法治基础论》、《法治环境论》、《社会转型与法治建设》或《法治的基础与环境论》等，觉得道理都差不多。但反思多年法治建设的成功与不足，特别是经济越发展，贪污腐败越难治，究竟怎么回事，本人认为，主要还是法治基础不扎实，基石下面的深层次问题没有根本解决，再加上法治本身是一个浩大的系统工程，更需要究根探源，更需要坚实的基础。因此，法治建设不能完全局限于法治本身，必须考虑法治的源泉和根基以及现实背景，基于此，本书取名为《中国法治的源与基探索》。

第一编

法治之源

中国的法治之源应源于中国的历史传统和文化，源于中国国民的民众心理、理性思考和价值追求。

第一章

法治的历史之源

　　历史是一面镜子，以史为鉴，可以知兴亡，可以明治理，可以更加懂得现在和未来。中外历史的分析和比较是我国法治建设不可忽略的传统。中国传统形成一种制服人的办法，导致人性的压抑和大众的积极性无法得到发挥，一直维持一种小农经济的社会；而西方的发达则是在某种程度上尊重科学和人性，激发人的原动力；我国传统社会隐含着顺我者昌逆我者亡的精神；而西方社会倡导的法治则是允许思想言论多元化，具有包容性。我国人治历史的沧桑经历让我们知道法治的重要性和找到如何实现法治的路径和方法。

　　在人类社会的初始阶段，生产资料都属于原始部落公社所有，过着原始共产主义的平等生活，各氏族、部落存在着管理公共事务、社会组织和人们共同遵守的行为准则，即习惯。但随着生产力的发展和经济的发展，氏族社会的瓦解和氏族制度的崩溃，出现了阶级分化和阶级矛盾，在阶级矛盾不断加剧的基础上，形成了国家，这是人类社会发展的共同结果。但在国家形成后，各国特别是东西方国家在治理国家方面却表现了不同的方式，中西方发展过程向两个不同的方向发展。西方走的是法治的道路，而中国走上了人治的道路，这使得我们今天进行法治建设显得任重而道远。

第一节　西方法治的历史传统

法治是在其漫长的历史演进过程中不断形成和发展起来的，并有着相当复杂的基础。古希腊、古罗马的法律思想和不同的社会治理模式缘于贸易的发达，商业的传统，社会交易的多样性以及商业社会的文化交融。西方宗教传统、神学基础对法律有影响。在一定程度上可以说，没有基督教就没有西方法律制度。西方近现代法治发展所形成的一系列重要原则和制度，如法律面前人人平等、罪刑法定和罪刑相当以及辩护制度、回避制度、公开审理制度、陪审制度、审判监督制度等，都是社会发展和法律文明的成果和表现。

一　古希腊和古罗马的商品经济为法治创造了条件

古希腊和古罗马的法制反映了奴隶制发达时期经济关系和阶级结构的特点。

古希腊是欧洲最先进入阶级社会和产生奴隶制国家和法的地区。在荷马时代末期开始出现法律。古代希腊法有其本身的特点：各城邦都有不同特征的法，长时期未能出现适用于希腊全境的法律制度；各邦很早就同埃及、迦太基及西亚诸国有着经济和文化往来，吸收了这些国家法律中不少东西，在此基础上又有所发展，形成了自己的法律体系，对后来的罗马法发生过一定影响。但后来在马其顿王亚历山大征战胜利后，希腊法律制度又接受了罗马法的影响。雅典的工商业和航海业发展迅速，从而较早地进入奴隶制发达时期，建立了奴隶制民主共和国和相应的法律制度。其法律制度保证着雅典公民（贵族和奴隶主）的民主权利，调整着自由人内部的私有财产关系。

罗马法，一般泛指公元前 6 世纪罗马国家形成至公元 6 世纪中叶查士丁尼安皇帝编纂法典为止的整个历史时期所有的法律。罗马奴隶制经济发展迅速，因此，罗马法成为奴隶制社会最发达、最完备的法律。对奴隶制占有关系，特别是对简单商品生产的各种关系都作了详尽的规定。《十二铜表法》是罗马第一部成文法，反映了罗马奴隶制的发展和社会财产分化的过程，固定了自由民与奴隶之间地位和权利的不平等，维护私有财产。罗马法的主要特点是市民法占据统治地位。市民法其适用范围仅限于罗马公民。市民法主要是有关罗马共和国的行政管理、国家机关及一部分诉讼程序的问题。随着商业的发展和罗马征服地区的扩大，罗马公民与异邦人以及被征服地区广大居民间关于适用法律的矛盾日益突出。为了解决这些日益突出的矛盾，于是产生了万民法。罗马法学家将法律划分为公法和私法两大部分。罗马法对后世欧洲的封建制、资本主义时期的法律产生很大的影响。恩格斯说：罗马法是"商品生产者社会第一个世界性法律"。[①] 资本主义世界有影响的大陆法系和英美法系，都深受罗马法的影响。随着资本主义经济的进一步发展，罗马法的影响已跨出欧洲范围，遍及曾经是法、德、西班牙、葡萄牙等国殖民地的亚、非、拉各国，从而形成了"大陆法系"。

西欧封建社会的法律制度是封建制生产关系的形成和侵入西罗马帝国的日耳曼人氏族部落制度解体两种过程结合发展的结果。5 世纪后期开始，日耳曼王国编纂成文法典，吸收某些罗马法的原则和术语。日耳曼法反映了西欧早期封建制时期法律的特点，对近代欧洲资本主义法律有很大影响。资本主义法律实际上是日耳曼法、罗马法和中世纪教会法以及商法的混合物。12 世

[①] 《马克思恩格斯选集》第四卷，人民出版社 1972 年版，第 248 页。

纪以后，日耳曼的习惯法已不能适应商品货币关系的发展，而罗马法能适应当时商品经济关系的需要，因而罗马法的影响逐渐由南部扩大到北部地区。16世纪后期，罗马法开始复兴，成为法官断案的具有权威性的准则。可以说，封建社会的中后期，由于商品货币关系的发展，债权关系也发展起来，罗马法在调整买卖、借贷、租赁等债务关系方面逐渐居于支配地位。资产阶级革命后，法国成为以罗马法为基础实现法律统一的国家。

另外，商法起源于中世纪沿海的自治城市。法国和西欧大陆的德、意、西班牙都在11、12世纪之间形成了商法。商业法庭依据的法律以罗马法为基础。商法典规定了商业合伙、期票、破产等规范，对以后的拿破仑法典有一定的影响。

二　法治是资本主义社会经济发展的必然要求

近代资本主义的法律公开宣布"公民在法律面前人人平等"，反映了商品等价交换关系，并宣布自由是人应享有的权利。17世纪的英国资产阶级革命，最终确立了资产阶级国家和法律制度，对资本主义的经济基础起着积极维护作用。由于英国革命的不彻底性，决定了资产阶级仍然坚持革命前的法律分类方法，即普通法（判例法）、衡平法和制定法。随着英属殖民地范围的扩大，英吉利法系的影响由欧、美延伸到亚、非、拉地区，对资本主义世界仍有影响。为了顺应资本主义经济发展的需要，资产阶级颁布了一系列的宪法性法律，主要有1679年的《人身保护法》，1689年的《权利法案》和1701年的《王位继承法》等。这几个文件确立了英国的君主立宪制度。1689年的《权利法案》和1701年的《王位继承法》扩大了国会的权力，限制了王权，提出了英国资产阶级宪法的一些主要原则。1701年的《王位继承法》还宣布了所谓"法院独立"的原则。法官只服从法律，不受国王和行政机关的约束，同时为保证这种"独立"，实行法官终身制。在1832年选举改革之后确立了责任内阁制，巩固了资产阶级的议会制，国会的权力明显地加强，从而逐渐形成了"议会主权"的宪法惯例：议会不仅是唯一的立法机关，而且享有对行政与财政的监督、讨论政府各项政策和弹劾大法官的权力。第一次世界大战后，随着国会地位的下降和内阁权力的扩大，委托立法成了内阁直接参与立法活动的一种特权。委托立法的范围极为广泛，包括社会生活的各个方面。这一时期，民法渊源仍然分普通法、衡平法和成文法，但其明显变化，是成文法继续增加，判例法的作用继续下降。为适应垄断资本主义的发展，所有权的主要变化是"无限私有制"原则受到限制。

北美人民在《独立宣言》的指导下于1775—1782年开展独立战争，推翻了英国殖民统治，建立了独立的美利坚合众国。胜利后的美国资产阶级为了发展资本主义，维护其统治，调整日益复杂的社会关系，要求创立和完备法律制度。同时，英、美之间在历史上存在着法律的渊源关系，因此美国统治者仍然以英国的法律为基础创制新法律。按美国宪法规定，美国实行联邦制，国家权力由联邦和各州依照宪法的规定行使；立法权属于国会，国会两院有权对总统的违法失职行为进行弹劾；行政权属于总统，总统既是国家元首，又是行政首脑，对国会立法有批准和搁置否决权；司法权属于独立行使审判权的法院，法官如无失职行为，得终身任职，但须经总统任命，国会批准。19世纪以后，随着资本主义的发展，要求有一种较完备的法律制度来调整日益复杂的社会关系，因而美国以英国法律为基础，又创制新法律，如《美国统一买卖法》。1926年颁布了美国法律汇编，或称美国法典，它是现行的美国联邦法律的系统汇编。随着经济危机的加深和国内基本矛盾的激化，以总统为首的美国行政机关权力日益扩大，行政命令的作用和地位日益提高，成了一种重要的法律形式。罗斯福政府利用国家政权积极干预经济生活，采用立法调解全国经济的措施，以摆脱危机。1933—1935年是罗斯福政府实施"新政"的高潮期，它对这次危机过渡到复苏阶段有一定的作用。帝国主义时期，美国民法的发展变化首先表现在所有权的变化上，对行使不动产所有权规定了一些限制，改变了过去土地所有权包括上空和地下的原则，使不动产所有人权能范围缩小了；债权方面限制了契约自由。

1789年法国通过了《人权宣言》，宣言确立了洛克和孟德斯鸠所提出的三权分立原则，提出了一系列资产阶级法制原则，这对于反对封建专横的司法制度具有一定作用。1791年法国大资产阶级制定了第一部宪法，建立了君主立宪制的政体。拿破仑称帝后，为了肯定资产阶级革命的胜利成果，维护私有财产制度，促进资本主义经济的发展，进一步巩固资产阶级统治，消除以往因政局动荡和战争频繁所造成的法律不统一的现象，亲自主持编纂了一系列重要法典。其中影响最大的是《法国民法典》，成为许多资产阶级国家立法的范本，并以此为基础，构成了所谓的大陆法系。《法国民法典》又称《拿破仑法典》，由总则和3编组成，共2281条。《法国民法典》对于维护资本主义所有制，巩固法国资产阶级革命的成果，促进资本主义的发展，具有进步意义。随后，法国制定了商法典，在商法典以外实际商业关系中还存在不少商业惯例、各种习惯，这些虽然没有成文条款，却是对商法典的重要补充，也是调整资本主义商业关系不可缺少的部分。20世纪以后，法国经济发生了重大变化，从一个农业国变为工业国。其法律制度也发生了相应的变化：垄断组织通过立法或采取非常措施，加强控制国家机器；对宪法的某些制度进行一些调整，规定了民主政治制度；对法典进行某些修改和补充，以适应垄断资本主义发展和形势变化的需要；提高判例的作用。新选举法实行按比例选举制。政府享有广泛的立法提案权，政府的法案在议会中占绝对优势。在所有权方面，所有权的社会化已成为这一时期公认的思想。在债权方面，其主要变化是契约形式的多样化和国家对契约自由的限制和干涉，国家加强了对债务契约关系的干涉，对因侵权行为所发生的债务，也有重要的补充。在婚姻、家庭和继承方面，夫权和家长权受到了限制。

19世纪下半叶，德国的统治阶级为了维护统一后的社会制度和社会秩序，适应经济发展的需要，积极着手制定统一的法律，消除以往因政治割据所造成的法律制度的混乱现象。1871年制定了宪法，继而又先后制定了刑法典、民事诉讼法典、刑事诉讼法典、民法典和商法典。这推进了资本主义的发展。19世纪末，德国成为经济发达的帝国主义国家，但由于经济上和政治上保留了大量的封建残余和继承了普鲁士军国主义的传统，德国仍具有浓厚的封建的和军国主义的性质。1900年的《德国民法典》是帝国主义过渡时期资产阶级国家编纂的规模最大的一部法典，共2385条，分总则、债的关系、物权、亲属和继承等5篇。它基本上适合资本主义发展的新情况。《德国民法典》受罗马《学说汇纂》的影响颇深，并采用了《拿破仑法典》首先提出的资产阶级民法基本原则。但由于德国已进入垄断资本主义阶段，因而法典为适应形势发展的需要，具有帝国主义时期资产阶级民法的特点。魏玛宪法是现代资产阶级宪法，它规定了德国的国家结构形式是联邦制；国家管理形式是共和国；立法机关是联邦议会，由联邦参政会和联邦国会组成；行政机关的首脑是总统；总统由选民选举产生。魏玛宪法规定人民在"法律面前一律平等"，"男女平等"的原则；规定迁徙、言论、人身、住宅、秘密通讯、发表意见、和平集会、选举、请愿、宗教、学术、结社等自由；还规定团体的权利，以及个人和团体的义务，等等。魏玛宪法确认对私人企业施行"社会化"的原则。

1868 年开始的日本明治维新运动是日本从封建社会进入资本主义社会的转折点。为了适应政治改革和发展资本主义的需要，明治政府从 19 世纪 60 年代末到 70 年代初，颁布了一系列法令，宣布取消职业规章和行会制度，允许一切人自由选择职业和自由买卖土地；废除地方捐税关卡，统一全国的货币制度；宣布在法律上"平等"，废除各等级间通婚的限制；改革土地制度，确认土地实际占有者的土地所有权，变封建土地所有制为半封建土地所有制；改革司法体制，建立法政研究所和法政学校，培养司法人才；在外国法学家的帮助下，初步制定出通行于全国的各种规则、条例和暂行法典。这些改革，促进了资本主义的发展，也为资产阶级法律制度的建立奠定了基础。日本的资产阶级法律制度，是在西方资本主义国家法律的影响下确立和发展起来的。由于德国和日本在各方面有许多共同点，因而日本的法典更具有德国法的特点。明治维新后，日本资本主义获得发展。日本资产阶级为了与外国竞争和保护国内市场，政府在转让国营大工业给资本家时，首先照顾大银行资本的利益，加速了工业资本与银行资本融合的过程，垄断组织在国民经济中起着越来越大的作用。日本政府一方面沿用过去的习惯并陆续公布一些必要的法令作为处理民事案件的依据，一方面着手进行民法典的制定，以适应资本主义发展的需要，力求跟上资本主义世界立法的发展潮流。这一时期，日本颁布的单行法规很多，包括产业立法、社会立法以及民事、刑事和诉讼方面等各种类别法规。

第二次世界大战以后，由于科学技术的发展，资本主义经济有了较大的发展，各资本主义国家采取了改良、让步、福利主义的政策，使社会民众的政治地位有所提高，人民生活有了不同程度的改善。正是在这样的条件下，资产阶级的民主和法治有了不同程度的发展。主要表现在：联邦德国、意大利和日本三国在战后先后通过了新宪法，建立了资产阶级民主和法治；公民的基本权利有所扩大；工人有一定权利参与企业管理；社会福利的范围有所扩大；出现了诸如环保法、能源法、城市建设法、消费者权益保护法等新法律；对司法组织进行革新等，进一步完善资产阶级法治。

三 西方的宗教规则影响着法律的形成

基督教产生于 1 世纪古罗马奴隶制帝国统治下的亚洲西部的巴勒斯坦，在欧洲进入封建社会过程中，传播到欧洲各国。早期基督教宣扬上帝面前人类普遍平等、蔑视富人和仇恨统治者的反抗精神，鼓吹信教可使灵魂得救，因而深受广大被压迫者的欢迎。313 年罗马帝国皇帝君士坦丁颁布《米兰敕令》，正式承认基督教的合法地位，批准基督教徒的信仰自由。3、4 世纪基督教逐渐形成了西部罗马和东部君士坦丁堡两个中心。10 世纪末至 15 世纪末，教会成为封建神权统治的国际中心。教会的信条也成了政治的信条，《圣经》的词句在各种法庭上拥有很高的法律效力。

教会法产生于基督教会的形成和演变过程中，随着教会神职人员司法权的扩大而逐步发展。《圣经》是教会法的主要渊源。《圣经》不仅是教会立法最有权威的依据，具有最高法律效力，而且也是教会法庭遵循的重要准则，甚至对世俗法院也有一定约束力，是西欧封建法律的重要文献。教会法也取得了合法地位，与罗马法互相影响，互相渗透。许多僧侣既是各封建王国的法律顾问，又是罗马法学家，他们在制定教会法过程中，尽量采纳了罗马法的成就，罗马法也是中世纪教会法的渊源之一。

基督教文化是西方文化的背景，它使中世纪以来的西方文化或多或少地具有基督教的气息。在法律文化里，基督教的"气息"虽然在法律制度里被逐步清除，但在民众的意识中却是根深蒂固的。宗教不但没有与法律形成对抗，相反却形成有力的支持，特别是诸如"法即神意"的观念，在客观上有利于人们在心灵深处树立起法律的崇高形象，形成对法律的神圣性和至上性理念的支持。在人们对上帝存在普遍信仰的日子里，人们之所以能够尊重法律，与其说是畏惧惩罚，倒不如说是相信这些法律所包含的普遍准则反映了上帝的意志，法律规定的权利和义务不是人定的，而是天赋的、不证自明的。在中世纪，法律与宗教混同，法律从属宗教，法律的社会作用未能得到充分的体现，但法律在人们心灵中的尊严和权威并未受到宗教的冲击而消失。人们在对上帝的普遍信仰中，获得了法律的神圣性和至上性的理念。从此意义上讲，宗教或多或少影响了西方法治的发展。

四 对西方法治产生和发展的总结

西方法治社会的形成和发展，一是社会经济发展（商品交换）的需要，社会经济越发展，人们对法律的要求就越多，法律随着社会经济的变化而变化；二是社会稳定的需要，法律规则的明确和稳定，给人们的生活和社会秩序带来稳定；三是理性的处世方式需要法律规则；四是宗教规则和人们在上帝面前的平等对社会生活的影响；五是资产阶级法学家的理论起到了重要的指导作用。按法律规则办事已成为社会的基本要求。法律的发展史是法律不断趋向文明的历史过程。

从西方历史看，与法治相伴的还有：

第一，理性是其法治的心理基础。理性是法治的力量源泉，是人类控制恶性、发扬善性的思想调节器。在古希腊，人们赋予法律以理性，把法律当作建立一种理性、正义的秩序的重要依据，把法律看成人们安全、自由、权利、利益的保障。希腊人的理性表现在日常生活的诸多方面。罗马法是法典化的体系，是后世法典编纂的楷模，罗马法的法典编纂及其理论体系是以理性思维为其基础的。文艺复兴"是把希腊人和罗马人对法的共同理念和信念，即关于法律与正义、法律与理性、法律与权利等之间关系的思想，以及社会应当建立法律统治的思想等等告诉人们，让人们恢复或重建对法的信任"。[①] 17 世纪以后，在科学理性的支持下，孟德斯鸠和卢梭将民主政治的理论引向自由平等的层面，以"天赋人权"展开对封建王权的斗争。在人们看来，理性是最高的权威，任何事情都得经过理性的裁决。

第二，法律是公共意志的体现。服从法律就是服从公意，服从法律就能获得国家的福利和生活的自由。法律总是一视同仁地对待每一个人，因而在服从法律方面也绝不允许有任何特权的存在。服从法律不仅仅是公民或国民的义务，也是最高掌权者的义务。为了使法律得到很好的遵守和执行，保障公共意志的实现，资产阶级国家普遍采取分权、制衡和监督，保证国家机器的正常运转。法治要求政府的一切活动必须遵守法律，不能享有特权。政府和公民在法律上负有相同的法律义务和责任。但事实上也难以做到。

第三，法律是至高无上的。法律的至上性是近现代社会和法律理性化的产物。法律既是国家职能实现的保障，也是国家活动的基本准则和衡量其是否正义的标准。因此，资产阶级为了维护其统治秩序，提出法律的至高无上准则，要求其官吏和民众服从

---

① 汪太贤著：《论罗马法复兴对近代西方法治理念的奠定》，人大复印资料《法理学、法史学》2001 年第 3 期，第 90 页。

法律，即使是君主也应当服从法律，依照法律进行统治。

第四，法律面前人人平等。法国《人权宣言》和美国《独立宣言》提出了人权是"天赋的"，是"神圣不可侵犯的"；确立了"人民主权"、"权力分立"的原则；提出了"法律面前人人平等"。资本主义的商品经济的发展决定了与之相适应的上层建筑的法律要确认商品所有者的独立的人格权、财产权和平等权。商品经济的发展要求主体的地位应具有平等性，只有实现主体的平等，才能使主体自由平等地参与经济活动。

第五，守法是正义的体现，是自古养成的良好习惯。在《荷马史诗》中，不仅正义与法的概念已开始使用，而且正义与法的关系已经确立。正义是普遍的法则，既规定人类的秩序，也规定着神的秩序。在罗马法的观念中，国家和个人是分开的，个人是一个独立的、自由的法律实体，有其自己的权利和义务，而国家应尊重个人的特性和权利，承认个人有其自由的领域。法律不仅因为它的严厉而被遵从，还因为它体现大众的利益和严守公平、正义原则而被遵从。

西方把理性和正义作为法的基础，形成崇尚法律的共同的价值趋向，并经过艰难的历程，西方社会最终逐步走上法治轨道。

第二节　人治传统：中国法治需剔除的历史负荷

中国历史悠久并有着丰富的法律文化遗产，成为世界四大文明古国之一，这是中国人值得骄傲的地方。但由于中国社会自古以来就是一个注重伦理纲常的社会，这一传统使得中国难以实现法治的现代化。1842年到1901年这半个多世纪的时间里，中国在坚持根本的政治制度、伦理纲常不变的前提下进行了一些接近西方法律制度的改良，但走的是一条过于保守的道路。究其原因，可能还是人治的传统使中国深陷其境而又难以自拔。因而我们寻找中国法治之道路还得反思中国历史，以求得中国现代法治的路径和方法。

一　中华法系的特色

中华法系是指古代中国的封建法律体系，因其具有封建法律的典型性和示范性，使其能超越国界，影响周边的封建国家，形成以中国封建法律制度为基础，包括日本、朝鲜、越南等封建国家的法律制度在内的带有儒学特色的法系。中华法系博大精深，内涵深邃，源远流长，影响深远而独树一帜，在长期的发展过程中，形成了独具特色的，与其他法系不同的特点，并影响了整个世界文明。今天，中华法系的优秀部分，将成为中华民族在 21 世纪走向复兴过程中可供借鉴的宝贵精神财富。

（一）诸法合体，重刑轻民

中华法系的这一特点概括了中华法系在整个形成过程中的法典基本规定了民事、刑事、行政、婚姻、继承和诉讼等问题，特别是刑事、民事从未分开过。中国的封建法典，自战国李悝的《法经》开始，经过秦汉魏晋南北朝的发展，到隋唐时期，一直是以刑法为主要内容，同时也包括民事、婚姻、继承以及行政与诉讼等方面的法律规范。这种以刑为主，诸法合体的结构特点的形成，从根本上说，是由于中国封建社会自给自足的自然经济占统治地位，民事法律关系不发达的结果。同时，封建宗法制度的统治和宗法思想的广泛影响，传统的礼制和习惯成了调整民事法律关系的主要依据，使得民事立法既不发达，又无自成法典的必要和可能。而对涉及财产、债务、户籍和婚姻、继承等民事法律行为以及行政上的违法行为，法律对当事人的过错采用刑法制裁手段正适应了封建专制主义统治在司法镇压方面的要求。虽然，唐朝自开元时制定《唐六典》以后，行政法规自成为独立的法典，但由于刑法典和行政法典的某些内容互相重复和渗透，再加上民事、婚姻、诉讼仍然作为刑法典的一部分内容，所以《唐六典》和以后单独立法的出现，并未改变以刑为主、诸法合体的特点。

（二）行政兼理司法

中国封建制法是特权法。历代封建法律的主要锋芒都是"治民"。为了强化专制制度，司法权受到行政权的制约。中国封建社会的皇帝是最高行政、军事、立法和司法权的握有者，这些权力最终都为封建专制统治服务。秦统一中国后建立了君主专制制度，一直延续了两千多年，就连法治相对发达的唐宋也不例外。在中央，皇帝既是最高行政官员，也兼理立法和司法，中央各部是皇帝的办事机构。在地方上，唐以后虽然设有省级司法机关，但司法活动仍受上级行政长官的左右。府州县则由府州县行政长官监理司法，融司法行政权力于一身。在封建专制制度下，权高于法，司法依附于行政，行政干预司法，越级左右司法就成了封建社会的一种正常现象。

（三）"法自君出"，等级森严

纵观中华法系的历史，皇帝是"天子"，"奉天承运"的思想自秦朝起就一直贯穿于整个封建社会。皇帝"口含天宪"，法自君出、言出法随被认为是天经地义的。法律所体现的是国君的意志。法律是君主权力的象征，君主不仅是造法的机器，而且是法律的化身，皇帝的话就是法律，皇帝凭其喜怒好恶掌握臣民的生杀予夺大权。封建社会的法律根据统治阶级的需要，以法律来划分君臣名分，维护君尊臣卑的关系。唐律规定，臣下的衣食住行必须遵照礼典政令，违者加以处罚。封建法律严厉制裁侵犯皇权统治、威胁皇帝人身安全的犯罪。封建法律的人为性表现为皇帝可以随意立法。随着封建专制主义中央集权制度趋于强化，在诸种法律形式中，皇帝的敕令和"钦定例"越来越占据突出的地位。

（四）法律体系结构严密，以刑为主

在中华民族漫长的历史发展中，各民族法律文化经历了斗争、交流、融合的过程，形成了颇具特色的法典编撰体例。从法典体现的精神上说，历代法典一脉相承，形成了"诸法合体，民刑不分，以刑为主"的法典。自《法经》编制开创这一体例后长期影响封建法典的编撰体例。《法经》中起总则作用的篇章称为"具法"，位于最末。秦承《法经》，《北齐律》合"刑名"和"法例"为一称"名例篇"，置于律首。自《北齐律》后，这一体例基本未变，到清末才有所变化。逐条为目，分门立目，六部为纲。我国封建法典从《法经》始到唐《永徽律》，都以逐条为目的体例形式进行编撰，先后经历了由简而繁，再由繁至简的过程。这种体例，直至清末《大清律例》的出现才告结束。

（五）法律伦理化，礼法结合，家族本位

礼是氏族社会末期的敬神祈福仪式，后来发展为阶级社会统治阶级的工具，其主要内容是确认尊卑贵贱等级，调整以"亲亲"、"尊尊"为指导原则的社会关系。中华法治文明早在原始社会后期的尧舜时代，就把原始的礼仪教化与习惯处罚相结合进行治理，礼与法就相互渗透、相互补充。夏商周三代在"以德配天"和"敬天保民"的思想指导下，确定了"明德慎罚"的原则，以期礼法结合，达到长治久安的目的。汉朝统治者吸取秦朝灭亡的历史教训，确立了"德主刑辅"为标志的法文化学说，儒家的伦理思想在法律上居统治地位。自我国先秦时期至两汉时期确立德主刑辅、礼法并用的法律思想以来，历代王朝的封建立法都以这一思想为指导。经过三国两晋南北朝的过渡，到了隋唐时期，唐代在汉朝"德主刑辅"的基础上，确定"德本刑用"的指导精神，完成了礼与法的有机结合，以"德本刑用"为指导思想来制定法律，最终实现了法律伦理化。唐律"一准乎礼，而得古今之平"，使"礼"的基本规范取得了法律的形式，构成了封建法律的主要内容，对后世历代封建法律产生了深远的影响。礼法结合是中国传统法律文化中最具特色之处。

家族制度源于氏族社会父系家长制，它以家族血缘关系为纽带并与国家制度相结合，使家庭组织和国家组织合二为一，家法等级与政治等级相一致，家长制与君主制相吻合，反映了以"孝"为核心的家庭道德伦理，形成了严密的宗法等级制度和"亲亲"、"尊尊"的宗法等级原则。国有国君，家有家长，国君就是最大的家长，国君的最高统治者形象也是用家法观念来塑造的。

二 中国法治的历史负荷

中国传统社会是一个人治社会。人治的特点是：封建统治者主宰百姓，实行一元思想统治；权力至上，行政权力层层控制，统治者可以任意侵犯百姓的权利，百姓无所适从；统治者享有特权，百姓无权；信奉以暴力手段解决一切问题。因而中国传统的治国观念成了现代法治的最大障碍。主要表现为：

国家本位主义。中国传统的法律文化强调国家本位主义，以皇权为中心的国家政权拥有至高无上的地位，忽视个人权利自由。强调国家利益，要求个人利益服从集体利益，否定了人作为社会主体的个性。今天，国家本位主义的法律传统虽然在制度上已经被否定了，但是在一定程度上仍然影响着人们的思想，表现为对公民权利的不尊重，维权意识的淡薄。而尊重人的权利、自由和个性是法治所追求的。国家本位主义对于我国党和政府倡导的法治所要求的民本位、人本位来说是一个障碍。

工具主义文化。中国传统的法律文化是一种工具主义文化，它强调封建统治阶级的统治功能，忽视了法律对人们利益的调整和保护功能。封建社会的民众更多的是服从既定的法律，对法律是否侵犯了自身的权利是无法问究的，因而导致对民众权利的观念淡漠。法律工具主义是以一种机会主义的态度来对待法律的价值的。法律被认为是封建社会阶级统治和专政的工具，这对于现代法治要求的法律是平衡器和社会调节器的要求仍有很大的距离。

儒家等级文化。纵观我国传统法律文化，虽然有"王子犯法，与庶民同罪"一说，但是事实上在漫长的封建传统中贯彻的却是"刑不上大夫，礼不下庶人"、"八议"和"准五服以制礼"等等级制度，严格区分嫡庶、辈分、年龄、地位的不同。中国传统思想文化的伦理性和宗法性，不仅反映了以"孝"为核心的道德伦理体系，而且影响着中国传统意识形态的各个领域及各时代人们的心理和行为规范，形成了严密的宗法等级制度和"亲亲"、"尊尊"的宗法等级原则。传统法律文化中的等级观念和等级秩序，与现代法治要求的法律面前人人平等有些不相协调。

重德治轻法治。儒家文化可以说是中国传统法律文化的精髓，其法律思想也是中国古代封建正统法律思想的核心内容。儒家以孔子为代表，其法律思想的一个重要特点是强调"德治"，主张"以德服人"。这里的"德"是一个融道德、政治、信仰、策略为一体的综合概念。儒家主张以"礼"为核心的"礼治"、"德治"，认为治国要以德为主，以刑为辅。与儒家思想不同，法家在预防犯罪、维护统治的理念上，提出了与儒家的"德治"针锋相对的"法治"。法家的"重刑主义"与儒家的"以德去刑"、强调道德教化显然是针锋相对的。法家的重刑主义在历史上起过一定的作用。但到西汉以后，由于汉武帝采纳董仲舒"罢黜百家，独尊儒术"的思想，抬举儒家学说，压制法家学说，这就使儒家的德治思想在中国封建社会中独占统治地位，儒家思想具有法律效力，法治得不到应有的重视。

重"权术"，轻法律规则。中国自古在统治方式上都比较重视"术"。在先秦法家中，慎到、申不害分别以重"势"、重"术"著称，并与重"法"的商鞅鼎足而立，形成了三个不同的流派。"术"，是指维护君主专制和保证法令得以贯彻执行的方法、策略或手段。申不害从道家那里吸取了"君人南面之术"，并加以改造，用来维护当时法家所主张的封建中央集权制君主专制制度，以保证"法治"的实施。韩非在总结前期法家法、术、势三派的基础上，建立了一个"以法为本"，法、术、势三者结合的完整体系，为封建专制主义中央集权制奠定了思想基础。他认为君主为了巩固自己的权势和使臣下奉公守法，以实行"法治"，就必须要有一套驾驭臣下的"术"，使"法"、"术"紧密结合起来。历代封建统治者为了巩固封建统治，在高唱"仁政"、"德治"的同时，并未放松刑事镇压的一手，他们所制定的法律，在发挥封建法律强制作用的某些方面，无论广度和深度，与前代相比都有过之而无不及。诸如谋反、大逆不道等罪名纳入封建制法律的"十恶"重罪，作为刑事打击的重点，并随着统治者的需要不断创新，如文字狱。中国封建统治者重"术"，与今天的依法办事要求不相匹配。

第三节　继承、移植与创新，实现法治的古今中外结合

法治是现代文明国家的选择。随着社会的发展和进步，法治越来越成为整个人类社会的共同文明成果，同时代表着人类社会

在政治管理、经济管理和社会管理方式上的理性思考与选择。我国的法治建设，既要考虑传统的因素，又要与国际接轨，考虑外来因素，结合我国的现实情况，综合平衡，构建适应现代市场经济和与国际接轨的法治蓝图。笔者认为，应做好以下几方面的工作。

一　树立法律权威和养成依法办事的习惯

"法律至上是法治国家的基本特征，它无可争辩地表明了法律在治理国家中的地位和作用。"[①]　在现代社会里，法律具有至高无上的地位，它是一种以法律为依据进行治理的社会。由于中国长达数千年的封建专制统治使人治思想根深蒂固。新中国建立后，由于党的领导人在路线方针政策上犯"左"的错误，把阶级斗争作为社会的主要矛盾，防止资本主义复辟，经常发动群众搞运动，以致在反右斗争后形成了"以党代法"、"以人代法"的局面。到了"文化大革命" 10 年，法律被彻底践踏了。所谓的"革命派"停止全国人民代表大会及其常委会的活动；踢开政府闹革命，建立了非法的革命委员会，取代合法的政权机关；砸烂公检法，在治国的手段方法上喜欢用"大民主"手段，搞阶级斗争和政治运动。由于没有法制的保障，公民权利遭到严重侵害。上至国家主席、政府领导人，下至普通公民，被批斗挨整，失去人格尊严和人身自由，被抄家、非法囚禁，甚至被毒打致死。这种做法给刚刚起步的中国法治建设雪上加霜，带来了恶劣的影响，出现了法治的倒退。人治思想和人情观念制约着中国法治的发展。

---

① 高飞著：《关于法律至上理念的思考》，载《云南法学》2000 年第 1 期（总第 55 期），第 27 页。

中共十一届三中全会标志着中国社会一个新的历史阶段的开始，中国法治也进入了一个新的历史阶段。中共十五大提出依法治国，建设社会主义法治国家的路线载入宪法，标志着我国依法治国方式的又一次启动。市场经济、民主政治和民众的法治要求以及中国加入世贸、经济全球化，为中国法治现代化提供了强大的动力。在市场经济和经济国际化的条件下，市场经济的全球化要求我国一方面要熟悉和善于运用国际经贸法律、法规和惯例；另一方面要充分注意使自己的法律、法规同国际经贸法律、法规接轨。我们应抓住这一难得的历史机遇，推动中国的法治现代化。但同时我们也应看到，传统的观念是制约中国走向法治的基础因素，要实现法治，还得首先实现观念的转变，即从传统的观念向现代的观念转变。通过在全国开展有效的普法教育，不断增强人们的法律意识，特别是领导干部的法律意识，提高领导干部的法制观念和依法办事的能力，逐步实现由依政策办事向依法办事的转变，养成依法办事的习惯，真正实现依法治国。

二　培养中国民众的理性精神

现代法治要求，理性不仅应体现在法律人所从事的立法、执法、司法和法律监督等方面，还应体现在人们的日常社会生活之中，理性地做事，理性地服从法律，养成守法的良好习惯，以法的方式来治理社会。

理性与法治密不可分。理性的核心是主体平等、意思自治、等价有偿、诚实信用等基本原则，其主要内容是主体平等、意思自治、权利神圣、契约自由等。西方早在古希腊时代就已经有了理性精神，而且像一根红线，直贯近现代。罗马人的理性精神成果是建立了比较完善的法律体系和政治设施。中世纪基督教的政治理念和政教分离的政治实践，为近代的民主思想和民主政治奠定了基础。基督教教义本身蕴涵民主的精神是近代西方"自由、平等、博爱"思想的理论来源。启蒙时代流行的理性精神和17世纪以后西方形成的科学理性为其法治的建立和完善起到了一定的作用。

在我国，由于受传统思想的影响，习惯依感情办事，不善于依理性思维办事；而理性不是基于感情的冲动，而是意识到自己行为的价值取向，能系统地、有条不紊地、一丝不苟地处理问题，把理性作为行动的准则，它强调秩序性、系统性和内在的一致性。法治也不是人们感情冲动的产物，而是理性的体现。我们实现法治应通过开展普法教育和理性教育，使人们的思想由感性的变为理性的，树立法律的理性，少一点狂热，多一点冷静，最终把公民和公务人员的理性与法律意识巧妙地结合起来，养成良好的思想意识、行为习惯和法制观念，提高依法办事的能力，使法治建立在理性的基础之上。

三　实现由臣民意识向公民意识、由治民意识向保民意识的转变

我国从远古开始主要从事原始农业经济，特别是封建社会的分封制和农民对土地和封建地主的依附关系，决定了中国法的形成有其自身的特点。中国奴隶制时代，盛行"刑不可知，则威不可测"，给统治者的统治披上了一层神秘的面纱。封建社会的封建地主土地所有制和农民对地主的人身依附关系，推动了臣民关系的形成，特别是从汉武帝罢黜百家、独尊儒术起，宗法的伦理精神和原则渗透、影响着整个社会，百姓向官员称臣，官员向皇帝称臣，形成了"君君、臣臣"、"礼不下庶人、刑不上大夫"的严密的君臣等级体系，并一直延续两千多年。在这个严密的等级社会里，君臣享有统治权，治理着民众，民众只能服从和逆来

顺受。两千多年的封建社会留给我们的是臣民意识、权力崇拜和官员的治民思想。

现代法治社会要求公民在法律面前人人平等，剔除臣民观念和权力崇拜意识，树立大众的公民观念和独立自主意识；要求领导人要有真正的公仆意识，认识到自己不是统治者，而是管理者，不是治民，而是保民，是公民利益的捍卫者，自觉维护法律的权威和尊严。要使法律成为民众信仰的东西，实现由臣民向公民、治民向保民的转变，首先，法律必须具备一定的自身条件，即科学性、透明性、公正性和稳定性。法律必须反映自然规律、社会规律和人的心理规律；法律应当通过正式渠道向社会公布，让民众知情；法律必须以人的权利义务为核心，平衡主体间的权利义务关系；法律一经制定和颁布，不得朝令夕改，不得随着领导人的更换和领导人的主观变化而改变。其次，由于两千多年封建思想的渗透，封建思想的影响根深蒂固，要改变人们的思想意识，还得培养人们的公民意识和价值认同感，培植法律理性观和独立自主意识，使人们坚信法律，从内心诚服法律，维护法律的权威和尊严，认识到法律是指引和调节人们价值追求的准则。再次，还需要具备一定的政治条件、经济条件、文化条件和社会条件。积极进行政治体制改革，发展市场经济，适应国际市场大环境，努力实现观念转变，培养人们的主体意识、公民意识和权利意识，坚定法律面前人人平等的信念。

四　实现由法律专政观念向社会平衡器观念转变

传统中国和苏联把法律视为统治阶级进行专政的工具，我国由于受传统和苏联的影响，也把法视为专政工具。这种法的工具主义做法是对法的阶级意志论的延伸。法的专政工具抹杀了法律保护公民权利和维护社会公平、正义的本质。由于在革命战争年代和阶级斗争时代法律是实现阶级统治的工具，是对阶级敌人实行专政的有力武器，因而"法院是名副其实的专政工具，学校的培养目标，就是为公、检、法培养合格人才，而公、检、法正是无产阶级专政的刀把子，镇压阶级敌人和其他犯罪的锐利武器"。① 法律成了达到一定目的的手段和工具。我国的法院也曾经长期这样处理过很多案件，如以成分定罪。法的目的是维护对统治阶级有利的社会关系和社会秩序。法是达到一定目的的手段和工具。

　　法治要求执法必严，违法必究，把治理社会的工作经常化和制度化。我国的法律原则之一就是"平等"或"公民在法律面前人人平等"。"公民"是依国籍而论的，它的范畴比"人民"广泛得多。这就要求司法机关工作人员首先转变观念，由专政工具的观念向社会平衡器的观念转变，由凭个人的感情变为理性地处理法律事务，使执法工作逐步走向制度化和规范化。

　　现代社会的法，总意味着某种理性和秩序，总意味着某种民主、自由与平等。司法作为社会最后一道防线，应树立起坚守好最后一道社会公正防线的心理，意识到法律是保障人权，实现社会公正的平衡器。法律作为社会关系的调节器，在修复和弥补被破坏的社会关系，通过弥补受害一方的损失和对加害方的惩罚，重新分配权利和义务。法律作为社会关系的调节器，是促进经济发展的杠杆，是惩治罪恶的利剑和保障公民民主权利的盾牌。法律作为协调社会各阶级、阶层利益关系的平衡器，在协调和权衡各种利益集团的利益时应体现公平和均衡原则。"法律不只是一套规则，它是在进行立法、判决、执行和立约的活生生的人。它是分配权利与义务，并据以解决纷争，创造合作关系的活生生的

---

① 贺卫方著：《司法理念和制度》，中国政法大学出版社 1998 年版，第 41 页。

程序。法律能够为社会提供一种结构、一种完型"。① 在市场经济条件下，市场经济主体、契约关系、竞争关系、市场秩序都需要法律来调整和平衡。

---

① ［美］伯尔曼著：《法律与宗教》，三联书店1991年版，第38页。

第二章

法治的文化之源

　　文化是一个民族的灵魂，是与人种和土地这些物质要素同样重要的精神要素。如果说一个民族的文化是维系一个民族精神的元气血脉的话，那么这个国家的法律文化则是支撑这个国家正常运转和民族正常发展的精神底蕴。国家的发展不仅取决于经济实力、军事实力，还取决于这个国家对于法治文化的凝聚力。西方法治的实现有其法律思想和文化作先导，有法律规则作保障，中国传统人治的统治方式靠的是儒家的等级思想，缺乏法治思想和法治文化；西方的法治发展有宗教（承认教民的平等权）的影响，中国传统人治的形成有儒家思想（强调等级特权）的指导。对于传统文化，应看到其复杂性，合理理解传统文化的精华和糟粕，取其精华，去其糟粕，同时为了彻底摆脱人治思想的影响，实现法治，我们应培养现代法治文化，树立法律至上、法律面前人人平等和依法办事的法治文化观念。

第一节　文化概述

一　文化是什么

　　文化有不同的解释，"文化意指人类为满足其生存需要而对土壤进行耕作栽培、树艺稼穑，它强调的是人类征服自然、改造自然的过程"。① "文化因素是分析一个社会、一个民族和一个政治共同体不可忽略的基础和条件"。② 它支配着人类实践活动的价值基础和这个价值基础被社会化的运行状态，包括立法、司法等形式。"人们的政治行为和政治活动，乃至整个政治体系的行为和活动，在一定程度上都要受一定政治文化的影响"。③ "文化是一种无形的力量"，④ 文化指导着人们的行为，人们的行为必须与一定的文化相适应。"政治文化可以促使个体在政治生活中做出某种政治行为，也可以阻止个体倾向于某种政治行为"。⑤ 不同的文化基础会使相同的对象产生不完全相同的结果。我们在理解不同人的行为时，必须分析其文化行为差异性，并把文化视为理解政治活动、制度建设的一个重要前提。文化是泛指人类在社会经济生活和工作实践过程中所创造的物质财富、精神财富和制度财富的总和。它是维系国家统一和民族团结的精神纽带，是民族振兴和发展的动力源泉，是综合国力的象征和国际竞争力的深层支撑。文化具有特定的品格，导向着一个国家的发展。可以说，人类进入文明时代的一个显著特征就是在生产力发展的基础上形成了不同于蒙昧时代和野蛮时代的严密的经济政治制度、法律制度和文化制度。人类社会物质生产力和精神生产的解放与发展，都要靠制度建设来予以保障和维护。而制度的创立需要有一定的文化作为底蕴。法治的实现需要有法律文化做先导。

　　法学家对法律文化给出了许多解释："法律文化就是社会观

---

　　① 冯天瑜、杨华著：《中国文化发展轨迹》，上海人民出版社2000年版，第1页。

　　② 王沪宁著：《比较文化分析》，上海人民出版社1987年版，第156页。

　　③ 同上。

　　④ 同上书，第175页。

　　⑤ 同上书，第178页。

念形态、群体生活模式、社会规范和制度中有关法律的那一部分，即法律观念、法律心理、法律知识、法律经验、法律传统以及它们相关的法律制度和法律思想体系的部分内容的总和，还包括社会总体文化作用于法律而产生的法律文化总功能"。① 法律文化是法律得以运行的土壤。法学研究、立法、司法归根结底是为了法律的正常运行而做相应的社会基础和文化准备。法律文化对法律的正常运行、对于人们自觉遵守法律具有重要意义。

法律文化是人们在进行法治建设过程中创制出来并指导法治实践活动的法律、制度、设施和思想意识的总和。它包括与法律相关的价值观念、规范、制度、程序规则、行为方式和法律秩序，以及与法律相关的事实、法律史渊源等。传统中国法律渊源通常是由习惯、道德规则、从以往历史流传下来的行为规范"礼"和统治者颁行的法共同构成的。中国特色的法治文化是与当代的市场经济、民主政治、精神文明建设相伴而生，是当代中国先进文化建设的重要内容。理性分析制约和影响中国法治的法律文化因素，科学构建法律文化，对法治国家的实现具有重要意义。

法律文化的内容归根结底受制于当时的社会物质因素，法律调整社会关系的广泛性决定了法律文化涉及范围的广泛性，具体包括法律法规、法律制度、法律设施、法律心理、法律意识和法律思想等。作为规范和制度的法律文化需要用权力来维持和运行，是一国法律文化的表现形式；作为社会民主、法治、人权、分权、监督、制衡的思想文化，是一国法律文化的根基。它们共同推动法律文化的发展。

---

① 刘学灵著：《论法律文化》，载李楯编《法律社会学》，中国政法大学出版社1999年版，第130页。

法律文化经历了从传统向现代的变迁过程。这个过程是一个从一元法律文化到多元法律文化不断冲突与整合，从义务本位、国家本位到权利本位、民本位，从公法文化到公法文化与私法文化共同繁荣的过程。传统文化是在长期的历史发展过程中形成和发展起来的，它负载着一个民族的价值取向，影响着一个民族的生活方式，聚集着一个民族自我认同的凝聚力。要实现中国法律文化的现代化，必须摒弃传统法律文化的阻滞因素，理性移植西方法律文化并加以本土化。

在全球化和信息时代的大潮中，中外文化正在进行着史无前例的交流与碰撞，我国的传统文化经受着处于强势地位的西方文化巨大冲击。当代中国法律文化，正处在一个转变运动的过程。这个转变运动具体表现在规范体系、规范方向、国家立法功能、权力分配模式与途径及统治结构的转变。

二　法律文化对法治的影响

社会的发展，文化是基础。一个民族的文化是这个民族的基因和民族的灵魂。不同的民族由于所处的地理环境、政治环境、社会生产方式、宗教信仰和生活习俗的不同，形成了不同的文化背景，并存在着巨大的文化差异。"文化的差异巨大而深刻。它可以支配人的行为乃至全部的社会生活，却不为人所知，它的根基深埋于民族意识的最底层，极难改变，至少，比社会制度一类表层的东西，要隐秘、稳定得多"。① 文化的差异导致了东西方所走的道路有所不同。如西方强调法治，传统中国强调人治；西方人强调权利，传统中国人强调义务；西方人重视平等，传统中国人重视等级差别；西方人强调个人价值，传统中国人强调集体

---

① 　梁治平著：《新波斯人信札》，中国法制出版社 2000 年版，第 9 页。

观念；西方人强调依契约办事和依法办事，传统中国人强调依领导人意志办事和道德要求做事，等等。我们承认文化的差异，可以使我们很好地认识和解决我们的法治问题。

法律文化是法治的前提和基础，是法治的精神动力和源泉。任何法治都需要必要的文化基础，但任何法治都不可能为自己的存在建立一个必要的文化基础。每一个民族都在自己的发展历程中形成自己的既有文化，这种既有文化具有保守的、不容易改变的性质。中国近现代法律的基本制度来自西方，并不是中国土生土长和一脉相承下来的东西，而制度后面的思想、伦理、价值、观念、行为方式却是几千年来中华民族传统文化的那部分，而且根深蒂固，难以自拔，不可能在短时间内得以改变和清除。在这种背景下，我们进行法治建设还得首先培植法律文化。

法治的发展，需要文化的支持和促进。法治实现的文化基础，其本质也是民众基础，人民群众的价值观念、思想意识以及思维方式、行为方式，是法治文化形成的主体。在我国，由于法治文化的欠缺，因而实现法治最根本的、最困难的是法律文化的创新。

法治的信仰和观念的建立是实现法治的关键环节。而人民群众的思想信仰、观念的转变不能靠强制的办法，只能靠人们在社会实践中去认识提高。

人的法律文化的思维方式直接影响法治的发展。思维方式对立法影响最突出，它直接指导、设计着一国法律制度。由于人是自然界长期发展的结果，又是以自身的劳动创造了自己，因而人既是自然的存在又是超自然的存在，既是感性的存在又是理性的存在。感性的思维方式产生的是随意性和间断性，在治理国家方面表现出来的统治者凭其喜怒好恶决定国家命运和臣民的生杀予夺大权，民众无所适从。理性的思维方式则要求统治者从理智上控制自己行为的能力，对自己行为的判断是经过思考、分析，形成自己的判断和推理。通过这种判断和推理，全面反映事物的本质和内在联系，从而对事物做出正确地判断和处理。启蒙时代理性思维把西方社会带入了现代法治的纪元。17世纪以后科学理性的发扬，为以后人类法治建设提供了基本的原则和精神。

第二节　中西方文化发展对历史发展的影响

一　概述

中国的封建制和西方的封建制不同，西方的封建是分封而建之。中国的这种封建只有春秋战国时存在过，春秋战国是中国真正的封建社会，它实行分封制、贵族制，与晚熟的中世纪西方封建社会相似。但是从秦始皇开始，中国就走上了和西方完全不同的封建政权组织形式，从相对专制主义走向了绝对专制主义，建立了层层任命和控制的官僚制，这是西方社会所没有经历的阶段。

中国是一个封建历史很长的国家，中国传统文化作为历史的沉淀，有着丰富多彩、博大精深、源远流长、相继不绝、兼收并蓄和融会贯通的特点。虽然中华民族在历史上多次遭到侵略和打击，但其文化一直表现出强大的融合力与生命力，其精华代代相传。中国传统与外部相对隔离的地理格局保持了中国文化的一贯性和完整性。中国传统文化是以农业自然经济、宗法制和专制政体为基本形态。"天人合一"的宇宙观，"善恶有报"的社会常识，"己所不欲，勿施于人"的美德，"忠孝节义"的处世的标准，"仁义礼智信"等，成为规范人和社会的道德基础，体现了中华文化的诚实、善良、和为贵、包容等优点。"天地君亲师"的牌位反映出百姓敬神天、忠君、重亲、尊师的文化内涵。中国文化的特质在于：宗法集体主义的人文传统，"修身为本"的齐家、治国、平天下的伦理基础，尊君重民结合的和谐方式，尚调和、主平衡的崇尚中庸的处世方式，形成了延绵忍性的"厚德载物"的顺应时势变迁的独特文化基础。中华传统文化追求天人和谐，重视个人的修养，以儒释道的修炼信仰为根，能够包容，能够发展和维护人间道德，能够使人有正信。它是激励着民族奋进的精神支柱，也是凝聚民族团结的精神纽带，但它有其缺陷，表现在保守习气重，缺乏变革的活力和缺乏对外交流；忽视个性的培养。中国由于地域、国家、民族、文化合为一体，使中国文化区别于西方文化。中国传统文化一方面使中华民族在文化心理上具有普遍认同感、整体观念和凝聚力；另一方面也培植和强化了中国人严重的迷信权力、服从权威的心态，影响和制约着当代的中国人。

当中国的资本主义萌芽被封建政治无情摧残的时候，西方经历了工业革命和资产阶级革命的阵痛，走上了发展工业化的道路。与此相适应，形成了西方近现代工业文明时期的法治文化。这种法治文化以天赋人权，自由平等为立法宗旨，制定了以宪法为母法，各部门法齐全的严密法律规范体系，确立了一整套与立法宗旨相适应的法律原则和制度，诸如三权分立制度，律师制度，陪审制度，个人权利本位，罪刑法定，无罪推定，法律面前人人平等以及它的法治功效等，都可作为中国法治之参考。

二 西方文化产生了西方的法治

西方的法治文化可归结为"众生平等"，"天赋人权"。"众生平等"由原来的上帝面前人人平等演变为法律面前的平等，所有人都应受到法律的同等保护和同等对待。平等是指人们在法律的范围内平等地享有权利和承担义务，在法律面前人人平等。

平等权利是不可剥夺、不可让渡的。平等权的目的是为了让每个人享有最大限度的选择自由，意味着个人可以享受不可剥夺的基本权利的自由。自由是指人们在法律和道德的范围内不受人为的限制而各行其是，尽可能地发挥自己的能力。自由和平等观念是法治社会的基本精神和要求。西方的平等和自由观念产生于古希腊，在中世纪也依然保存着这些观念。近代法治的平等思想由于受古代契约法的影响，强调平等首先就是法律上的平等。

严格意义上的法治虽然只是近代的产物，但它的文化基础却早在古代就已经存在了。西方人从希腊人那里接受了自然法的观念，把法看做是支配宇宙和人类的法则，是理性的命令，是正义的准则。他们把法看成是至高无上的和不可侵犯的圣物。他们还从罗马人那里接受了罗马私法，使之成为近现代民法商法的最重要的渊源和法律传统的重要组成部分。

西方法治理论的哲学基础就是对人性的不信任。认为人之初，性本恶，要对人的恶性进行制约，最好的方式就是法治。这也是西方文化的一个特点。

西方有宗教文化作为法治的后盾，宗教为走上法治道路提供了源泉和保护伞。西方文化来源于宗教，西方文明发展的历史与宗教的发展息息相关。基督教文化本身具有民主的精神内核，为近代的民主思想和民主政治奠定了基础，是近代西方"自由、平等、博爱"思想直接的理论来源。西方宗教和神学产生的宗教文化对法律制度有非常大的影响，诸如原罪、救赎、末日审判等等这些神学传统。以刑罚为例，"西人刑理的源泉是'天理'，狱制因而借重教诲，中国刑理的终极是'伦理'，狱制因而偏倚感化"。① 一定程度上可以说，没有基督教就没有西方法律制度。

———————

① 许章润著：《说法活法立法》，中国法制出版社 2000 年版，第 179 页。

西方早期基督教社团的成员主要是劳动群众和奴隶。基督教的主要经典是《圣经》，《圣经》分《旧约全书》和《新约全书》。所谓"约"就是上帝与人订的契约，基督教随着社会的发展，逐步分离为天主教、东正教和新教。天主教承认教皇的最高管理权；东正教主张教皇与其他主教地位平等，权力相同；新教否认教皇，信徒个人与上帝直接沟通，不必通过各级神职人员和烦琐复杂的礼节仪式。与天主教相比，新教组织机构松弛，宗教仪式简单，反映了新兴资产阶级反封建的要求。宗教的平等观对西方的法律文化产生了直接的影响。"法的生命力在于其秉有超越性概念，而其合法性的源泉，归根结底，还是一个高高在上的'上帝'和'上帝意志'"。①

　　法治文化的形成可以追溯到希腊时代，当时的法治文化产生了当时的统治阶级内部的民主和法治。西欧奴隶社会存在阶级社会和不同等级之间的斗争，罗马法的发展与贵族、平民的斗争分不开的。在古罗马，罗马法精神观念包含着自然法精神、私法精神和理性精神。认为，自然法是正义的法、理性的法，是与人的本性、自然本性相协调的法。它指引着人类从野蛮走向文明。私法精神体现为平等的理念和意思自治原则。罗马法是调整平等市民之间关系的法律。意思自治原则意味着法律主体能够独立地作出意思表示，不受外部其他人的干涉。这种文化精神被胜利后的资产阶级发扬光大，成为近现代法治的基础。

　　工业文化推动了法治的发展。欧洲自近代初期开始，尽情发挥个人主义和权利思想，法的基本精神在于保护个人的权利。随着社会的发展，法律思潮也随之主张社会本位，个人主义和社会本位的调和，形成了国家社会和个人两方面各自主张其权利和各

---

　　①　许章润著：《说法活法立法》，中国法制出版社 2000 年版，第 282 页。

自把义务课于对方的协调机制。在西方人看来，财富是一种集体性社会因素的产物，它带有与价值的个性特征相连的个体活动差异。认为，社会的经济产品是集体产生的，因而它属于每一个人，应当授权多数人根据'实质性公正'的原理来进行分配。每一个国家都试图通过其政治文化去推进和调节社会进步和发展，为社会提供来自理性的放之四海而皆准的原则，而这些原则能教导受过启蒙的人如何构建社会。西方的法治发展，借助西方文明在近代史上的成功以及西方国家目前在经济、政治、军事等领域的强势而不断向后发展中国家渗入，愈来愈成为世界走向趋同和一体化的整合性知识和力量之一，不断向世界各国推进。在这个推进过程中，有些国家对西方国家的法治文化采取主动接受，也有些国家则是被动选择，最终实现了西方国家与各国相互的文化输出和交流，出现了法治的趋同。

权利观念、权力分立与制衡理论以及法治信仰等是西方国家行政诉讼制度所依赖的文化基础。古希腊、古罗马重权利的法观念是西方社会权利法观念的历史渊源，它对后来西方各国诸如法国、英国、德国的法律制度的产生和发展产生了影响。西方文化突出"权利为本，法律解决"，因而个人、团体、国家与社会各有其权利，权利义务清清楚楚，如果发生纠纷，彼此间用法律来解决。西方近现代文明时期的法治文化以天赋人权，自由平等为立法宗旨，制定了以宪法为母法，各部门法齐全的严密法律规范体系，确立了一整套与立法宗旨相适应的法律原则和制度，并改变着人们的生产和生活方式，从而促使人们的思想观念不断发生变革，民主法治也不断发展和完善，成为法治国家。

三 中国传统文化对人治的影响

中华文化是世界上独一无二的文化，是一个极大的宝库，在中国五千年文明史中作出了巨大的贡献，也对世界作出了贡献。中国文化的目标就是追求社会的统一和和谐。但同时，中华民族的专制主义文化传统源远流长。与西方相比，传统中国重视伦理情谊，人情为重，伦理则因情而有异，法律基于义务观念，而非权利观念。在中国古代法中没有"权利"这个概念。用梁治平先生的话说，"中国古代法是一种极为奇怪的混合物。它是理性的，但又非常幼稚；它已经超越了宗教和巫术的阶段，但还不是'纯粹'的法律；它有些庞大的法典和法令汇集，但它既无法学家也无法学院"。① 中国秩序的组织和维持既不是靠宗教，也不靠真正的法律和法制来维持，而是靠中庸和谐的儒家文化和必要的法律手段来维持。宗教约束不了封建统治者，封建统治者倒可以控制和改变宗教，废止宗教。

中国法律文化是自夏、商、西周以来四千余年法律文明发展的历史沉淀，具有一种超常的稳定性。中国以河谷平原为主的自然地理环境及随之而来的以农业生产为主的生产活动，使中国人的思维方式较封闭、保守，易顺从、盲从，也有更务实和守成的特点。从中国最早的《法经》经唐《永徽律》直至清朝的《大清律例》，两千多年的中国古代法，都毫不例外地以刑为中心的法律特点。由此决定了中国特色的法律文化传统表现出法自君出、以礼为本、重刑轻民、行政司法合一的显著特点。

中国传统思想文化的伦理性和宗法性，使中国古代法始终未摆脱法与道德相混淆的阶段。法总是与"礼"纠缠不清，法律缺乏独立的品格，法从属于礼，法的精神和特点皆由礼决定，礼高于法重于法。而礼是以血缘关系为基础发展而来的，礼的关系就是君臣、父子、兄弟、夫妇、朋友关系。这种关系有着严密的

---

① 梁治平著：《新波斯人信札》，中国法制出版社 2000 年版，第 18 页。

等级界限，对人不可以一视同仁，而要以血缘和地位的差异区别对待。礼的精神、原则支配着法律，法律的制定、适用和解释都要符合礼的原则和精神，并把礼的规范变成法律规则。法律只是贯彻君主意志的手段。中国古代法经过汉代以后的改造和发展，形成了一套完整反映礼的精神的法律和制度。法和礼互为表里，并且法服从于礼，产生了封建的"十恶"、"八议"、"官当"等维护封建等级特权的制度。讲等级、搞特权是一种普遍存在的现象。这种局面影响着中国各个领域和各时代人们的心理和行为规范，体现了忠君和敬天等伦理观念，难以形成法治观念和依法办事。

人类文明是人类不断向真、善、美攀登的过程，也是不断克制自身原恶的过程。西方人有人性本恶的思想渊源和传统，深信人性本恶，不相信统治者贤明、公正，而是要求公民在法律面前人人平等，使西方国家逐步走上了法治的道路。中国人与西方人相比，有人性本善的思想渊源和传统，相信人之初性本善，相信有圣人的存在，企盼明君贤相，即使人有恶的成分也是可以成为圣人的。中国人对圣人的相信到了不管他有没有错，先作为精神寄托，别人不能任意指责，否则不是圣人错了，而是指责者错了的程度。中国千百年来的制度就恰恰是建立在这种信任的基础之上。中国古代圣人选择的人之初性本善的观念忽略了人的恶性的一面，因而没有建立起法治的制度对人的恶的方面进行约束。中国传统文化决定了中国古代法家主张的"法治"也不是现代意义上的"法治"，其强调的法、术、势的结合就是为封建专制统治服务的。

中国人的轻信和迷信对中国的法治建设不利。中国人对巫术、占筮、神、道、佛、仙、菩萨、罗汉等的迷信是普遍的事。所谓东方的神秘主义实际上就是弥漫于中国上下几千年的轻信与迷信以及封闭氛围的自然产物。中国传统文化的根就是"易学"，《周易》在我国传统文化中占有重要的地位。它是一本占卜的书，是中国文化的活的源头，是中国古人观察宇宙和天地自然及自身而找出的万事万物之间抽象变化规律的集大成。该书在几千年的历史长河中，经过无数学者的研究，将其思维方式、理论体系、观察方法运用于中华文化的各个方面，涵盖了哲学、历史、文艺、人伦道德等内容。

中庸文化是中国文化的重要组成部分，它是一种力求从更大范围和更长时间去把握事物的全貌和发展的一种认知方法和处世态度。中庸文化强调阴阳互根和兼收并蓄，极具包容性和同化力，具有"海纳百川，有容乃大"的气势。中庸文化的思想与易经阴阳文化一脉相承，它要求人们不断调整思路和心态，以求得阴阳平衡、中和、和谐。它用大道理和长远的道理去统率小道理和短期的道理，用全局的利益去整合局部的利益。要求人们顺应自然规律，居住、心态、施舍、言语、为政、做事、举动都要如水一样柔弱不争，才能和谐相处。其目的强调国家主义和忽略个人的权利。中庸文化思想在帮助人们处理人际关系的时候具有保持和谐、有序、宽容的大度。中国人重视家庭亲情，邻居和睦，民族之间相互包容。但维持这种状态依靠的是封建君臣等级思想和专制统治方式，而不是法治方式。

在文化意识层面上中国数千年来高度集权的国家形式以及由"儒法之争"、"引礼入律"等大的法制变革所形成的古代法律文化传统的影响，形成了德治与人治的传统，法律在中国传统中永远是权力的附庸和仆从，中国法律在传统中向来没有控制权力尤其是控制最高权力的能力。

中国传统文化强调国家本位主义，并把中华民族的美德定位于国家利益和集体利益。国家本位主义决定了中国人重视法律的真谛就是重义务，轻权利。法文化观念的基本导向是义务本位，重义轻利。本来，权利和义务是相一致、相互呼应的，享有权利的人应当履行相应的义务；尽了义务的人应当享有相应的权利。由于传统中国社会的基本单位是家族，而不是个人，国是家的延伸和扩展，一切行为都在君臣父子的格局中进行，人们不是以公民身份平等地参与社会生活和政治生活，而是以臣民的身份隶属于国家权力，难以孕育出公民权利意识。在现代社会，传统的义务观念并没有随着社会的发展而消失，反而有时还得到了强化（如"文化大革命"时期），社会教育强调"人人均以修身为本，个人修身即为国家康宁之本。修身就是义务要求，只不过为服从权力披上完善个人的伦理袈裟。修身之本也就是义务之本"。①因而，权利概念对中国人来说是一个陌生的字眼。法律只是实现政治国家权力和维护统治的工具。

中华文化思想强调天人合一、龙的精神。追溯尧舜时代，实行禅让，天下为公，到后来才成为家天下。帝王自称天子，普天之下属于王有。天人合一的思想着重阐述天人之间的状态，龙的精神是民族图腾文化理念的升华，它体现着民族的灵魂精神。天人合一的整体观追求着完美的和谐统一。中国传统的工具主义文化强调等级观念和等级秩序，忽视了民主的参政议政权和平等权。中国传统的"礼不下庶人，刑不上大夫"、"十恶"、"八议"、"官当"等等级制度，对中国现代法治建设只会产生负面影响。专制文化的特点在于培植受压制的一方在心理和性格上具有足够的忍耐能力和屈从性，把个体的人看得十分渺小。人只是具有工具的价值，是工具的人而不是人性的人，忽视个人的权利和自由。而尊重人的权利、自由和个性是法治所追求的。中国传

---

① 梁治平著：《新波斯人信札》，中国法制出版社 2000 年版，第 131 页。

统文化忽视个性的培养，阻碍个人潜能的发掘，妨碍了民本位思想的形成，影响和制约着当代的中国人实现民主和法治。

中国古代的权谋文化影响着法治的实现。本来，法律是公开的，要让民众知道自己可以做什么，应当做什么，不应当做什么。但中国的历代统治者为了其统治方便，还有一种权谋之术。"术"是不能公开的，它是一种帝王藏于心中，用于控制和驾驭臣民的秘密武器，让人琢磨不定。权谋之术是一种随机应变的处世谋略、手段、方法，这种权谋思想具体表现为"术"。"术"就是国君驾驭群臣的权术，由国君内心秘密掌握，臣民摸不清国君的心理，无所适从。由于不受法治的约束，一旦用之不当则可能祸国殃民。韩非提出了法、术、势相结合的治国方式。韩非强调治国要有法治，主张"法"和"术"必须结合，二者缺一不可。同时，韩非子还认为，"势"就是国君占据的地位和掌握的权力，是权力所处的至高无上地位，权势逼人，别人只能服从。它也是统治者实行统治的必要手段之一。在这种情况下，"所谓国家只不过是处于统治地位的族姓强加于被征服氏族身上的暴力机器，而法则是贯彻统治者专横意志的强力手段"。① 他认为，要推行法令和使用权术，必须依靠权势。鬼谷子是中国阴谋主义的代表，他主张"圣人之道阴，愚人之道阳"，圣人、统治者可以搞阴谋诡计，暗箱操作，愚蠢的人才张扬外露。古代的专制主义文化的特点是政治斗争不循规则，不择手段，实行非程序政治和暴力政治。中国古代的官场文化是儒法互补、阳儒阴法的，对外宣传的是儒家的仁义道德，实际使用的却是法家的阴谋权术。这与法治的要求有些格格不入。

中国封建传统文化决定了中国历史上难以产生法治，根深蒂

---

① 梁治平著：《新波斯人信札》，中国法制出版社 2000 年版，第 31 页。

固的儒家等级思想和由此形成的人治传统，给我们今天的法治建设带来了较大的障碍。当然，不能忽略的是我们不能丢掉自己的优秀传统和好的做法，如墨家"交相利，兼相爱"的思想代表商品经济的需要，含有"自由、平等、博爱"的思想。

第三节　中国法治的文化选择

一　现代法治需要现代法律文化

现代法治要求宪法至上、法律至上和法律面前人人平等。具体就是行政权力应受制约，依法行政，司法机关依法独立行使职权，罪刑法定，无罪推定，实行民主监督，保护公民合法权益，建立公正、和谐的社会。现代法治需要有现代法律文化作为支撑。现代法律文化就是吸收现代人类文明的一切优秀法律文化成果，创立现代法律思想和法律文化，确立多元文化观、民主价值观、现代道德观，形成法律文化创新机制，真正奉行民主、法治、自由、公正、平等的价值观，强调公平、人道、民主、自治、文明、开放，反对特权腐败、专制独裁、愚昧封闭，实行市场经济，实现依法治国。依法治国的关键就是司法和执法的公正，只有司法机关和执法机关严格依法办事才能维护法治的权威。

由于我国有着与西方各国根本不同的文化观，因而现代法治的实现比西方更艰难。目前我国的司法执法状况与法治的内在要求仍相距甚远，长期以来形成的人治观念仍然没有根本消除，权大于法的现象仍很突出，以言代法，以权压法，贪赃枉法的现象仍很严重。究其原因，主要还在于传统留给我们人治的观念太多，司法执法人员和广大民众缺乏法治文化的铺垫和指导。因此，我们只有走进传统文化，认真研究传统文化，并运用现代法律文化观去审视传统文化，才能既继承优秀传统又不拘泥于与现代法治要求不相吻合的传统。我们审视传统文化是为了复兴和弘扬中国优秀传统文化，并加以创新改造，使之符合现代法治发展的需要。

我国从人治社会向民主法治社会转变，从官本位社会向民本位的转变，需要有相应的现代法律文化作为铺垫。

二 法治化进程的文化交错

"任何一种初具规模的文化，当面临异质文化的冲击时，通常面临三种选择：要么把异质文化改造成自己所需要的东西；要么彻底排斥异质文化或使之实际不起作用；要么按照异质文化本身的特点去改造自己"。① 改革开放以来，通过多年的法律文化的培植和传播，中国现实法律文化出现了传统法律文化、社会主义法律文化和西方法律文化三种相互作用的法律文化。

中国传统法律文化是一种发源于中国古代，至今仍有影响的法律文化。由于中国是一个受传统影响很深的农业国，生产力和商品经济关系不发达，商品交换不充分。新中国建立后长期实行计划经济，与此相对应的是官本位思想突出，等级观念强，缺乏主体的独立性和平等性。但也应看到对我们今天搞市场经济和法治有借鉴意义的法律文化观。墨家"交相利，兼相爱"的思想代表了商品经济的需要，有点类似于西方的"自由、平等、博爱"的思想。道家的隐士传统极力推行个性张扬，就是尊重人性的体现。儒家所倡导的血亲人伦、修身存养、现世事功、道德伦理和中国古代春秋战国时期就进行过"义利之辩"，要求"见利思义"，不要见利忘义，其中心思想就是"仁"、"义"、

① 梁治平著：《新波斯人信札》，中国法制出版社 2000 年版，第 76 页。

"礼"、"智"、"信"五项道德准则，对于市场经济很有意义。我国的市场经济更需要儒商和诚信商。中国古代文化的义利观要求商人挣钱不准坑蒙拐骗，以诚信为本。中国传统法律文化经历了长期的演变和发展，存在于中国民众的法律认知、法律情感、法律评价、风俗习惯和行为方式之中。市场经济就是法治经济。市场经济只有以诚信为本，才能生存和发展。

社会主义法律文化是指新中国成立后，由中国传统法律文化与前苏联社会主义法律文化结合而成的中国社会主义法律文化。中国传统文化是以汉文化为代表的中华民族几千年世代相传和积淀起来的全民族共同认可的管理方式、生活方式、道德意识、民族习俗、思维特性和价值取向等的集合体。这种法律文化直接影响着法律的制定、实施和法治的完善，影响着中国民众的法律意识和行为模式。这种法律文化的发展过程经历了曲折和反复，表现为党的十一届三中全会前由于受法律虚无主义的影响，砸烂公检法，法律得不到遵守和执行，法治面临崩溃的边缘。党的十一届三中全会以后，由于拨乱反正，恢复公检法机关，恢复了法律院系，陆续制定了大量的法律法规，加强了普法教育，人们的法律意识和法制观念得到了提高，法治得到了恢复和发展。在建设社会主义市场经济和市民社会的今天，随着法治发展，我们应铲除依赖和顺从观念，培养独立精神和养成独立人格，形成适应市场经济发展的具有中国特色的社会主义法律文化。20余年的改革与开放使我国的经济体制经历了从计划经济到市场经济的转变，法律文化也随之经历了变迁过程。

西方法律文化是以古希腊、古罗马法律文化为基础，与资本主义生产方式相适应的、以市场经济和民主政治为核心，经历了几百年的历程而形成和发展起来的法律文化。"自由、平等、博爱"和主体平等、意思自治、权利神圣、等价有偿、诚实信用、契约自由等的法律文化基础，为西方的立法和法治的发展奠定了基础。我国传统文化中重礼轻法的思想、重义轻利的义利观、集团本位价值观和无视个体权利等，与近代西方社会的现代法律文化形成鲜明的对照。

以上三种法律文化不断地冲突和整合，经历了从义务本位到权利本位，从公法文化到公法文化与私法文化共同繁荣的整合，共同影响着中国社会，渗透到法律观念、政治法律体制、法律体系框架构建、具体的法律制度的设计、法律学术思想和法律教育等各个领域，形成一种交织状态，将对中国的法治建设产生深远影响。

在当代，中国的法律文化应当是面向现代化、面向世界、面向未来的社会主义法律文化。中国法律文化和西方法律文化是中国法律文化走向现代化的动力，必然促使中国法律文化走向现代化。

三 法律文化的实现路径

中国法治的根在中国，民族法律文化是我国法治的基础。法律文化的现代化"不在于它的民族性、历史性，而是它的时代性、世界性。打破故步自封的民族壁垒，清理几千年传统法观念的历史积淀，适应现代社会商品经济与民主政治的要求，重新塑造中华民族的法观念，已经成为中国一个不可逆转的趋势了"。①如上所述，中国法律文化的构建既要立足于本国实际，考虑和吸收民族文化，又要放眼世界，与国际接轨。

法律文化教育是传承和创新法律文化的主要途径。我们的法律文化教育应当以中华民族的文化为基础，取其精华，去其糟

---

① 梁治平著：《新波斯人信札》，中国法制出版社 2000 年版，第 121 页。

粕，吸收西方先进法律文化，结合市场经济和经济全球化的需要，做好法律文化的教育基础工作。

首先，现代中国法治建设首先是对中国传统文化的批判和继承，吸收继承传统文化，正确处理中国传统文化和现代法律文化的关系。中华优秀传统文化表现为社会道义感、使命感、责任感；气节精神和厚德载物、自强不息、艰苦奋斗、尊师重教的精神。中华文化博大精深，我们应汲取其精华，去其糟粕，保障我们民族可持续良性发展，保证其为我国的现代化和法治建设服务。中华文化在消除和解决目前世界各国的文化冲突、邪教的泛滥、宗教的极端、人性的恶化等方面发挥着重要的作用。亚洲"四小龙"的崛起和日本的高速发展，都吸收了中华文化的智慧。当前西方一些有识之士也在认真研究中华文化，并提出了"西方的病，用东方的药来医治"的构想。中国特殊的地理位置和人文历史，使得这一地区的传统民间文化形式丰富，风格多样，有的传统文化大都以自然状态存在着，仍是人们遵守的重要内容，有的传统文化和民俗活动联系紧密。当然中国文化也存在糟粕，如中国传统的法律不讲平等，无视个人，不重权利。村落家族势力是中国农村生活的一个重要层面。迄今为止，家族势力仍对我国政治、经济和文化产生着重要的影响。由于得到国家政权的扶持，在数千年的历史中，家族势力作为一种秩序基本上稳定。从20世纪开始，中国村落家族势力的发展进入了一个动荡分化的时期，稳定的家族势力遭到了冲击。然而自80年代以来，随着农村经济改革和现代化的发展，作为传统文化的重要因子的家族势力却重新复兴起来。长期以来，家族势力在农村逐渐成长为一种自在的秩序。作为一种自成体系的具有完整文化内核的历史悠久的秩序，家族势力的生命力非常顽强。所有这些，都与现代社会的法律原则背道而驰，应加以批判。传统文化在多民族的交融中吸收了养料，一方面抗击外来的侵扰，一方面维护自身文化的传承，这些传统都给人们的思想打上了烙印。传统文化形式多样，并且根基深厚。对传统文化挖掘整理，强调传统文化的差异和特色，有利于发挥各自的文化优势，使好的文化传统焕发出新的光彩。但也要抛弃与时代不相适应的文化价值观，如重用亲戚的裙带关系，就是一个必须放弃的价值观。

传统文化是我们民族的命脉，没有了传统文化，我们几千年的中华文明也就断绝了。对传统法律文化进行批判和改造，要彻底铲除传统法律文化中的消极影响，才能建立新的适合社会主义市场经济体制和民主政治的法治文化。我们必须正确认识我国优秀传统文化，研究和传播优秀的传统文化，使中国传统文化与现代科学和生活结合起来，为我们的现代化服务。这就要进一步培养和弘扬权利观念、法治观念和平等观念。对于法官，也必须从观念上树立起依法审判是依法治国的核心观念，树立起依法控制行政权的观念，真正发挥行政审判对于制约行政权力、保护公民合法权益的作用。对于政府工作人员，也要牢固树立法治意识，因为他们的法治意识水平是衡量一个国家行政法治水平的重要标志。

其次，是概括和总结中国法治发展的成功经验和失败的教训。新中国建立至"文化大革命"结束这段时间，人性面临着严重的政治的拷问。"文化大革命"几乎彻底摧毁了中国传统的儒家道德观，这使得信任成为一种"愿望的道德"也不再可能，信任制度彻底崩溃。经过党的十一届三中全会以后 20 多年的法治建设和发展，法治建设取得了可喜的成绩，特别是建立市场经济和依法治国的提出，法治成了社会发展必然要求，人治的状况大为改变，社会各方面基本上做到了有法可依、有章可循。但由于长期的人治社会思想观念的影响，全社会和公职人员的现代法治意识还没有完全形成，还有一个过程。由于我国还处于社会主义初级阶段，社会经济文化水平欠发达，以及人治传统的影响，目前还存在着一些不利于推进法治国家进程的因素。比如由于传统思维的惰性，避讳法治；在法律意识方面，"工具论"的法律观还盘踞着大片市场；在实践中，有法不依、执法不严、司法不公的情况屡见不鲜，等等。中国的法治建设虽然取得了显著的成绩，但法治工作的任务仍然艰巨。法制不完备，法律规则需要进一步细化。国家机关工作人员对国家法制有不重视或者不遵守的现象，有的领导干部认为法律是管老百姓的，自己则超越于法律之外；在企业，雇主与雇员的关系成了一种人身依附关系，雇员的合法权益得不到保护；在日常生活中，公民不爱护公共设施和保护公共环境，随意踩踏草坪，随意乱扔果皮纸屑，随意放养宠物，影响公共卫生。因而培植法律文化，养成遵纪守法习惯显得任重道远。

再次，是吸收外来的先进的思想和文化，正确处理外来文化和中国文化的关系。没有外来文化，我们的法律文化会缺乏养分；没有传统文化，我们的法律文化就没有根基。传统文化可以塑造人的思想和品德，外来文化可以培养人们的理性思维、价值追求和依法办事的观念。"中体西用"表明中国人已经意识到了传统文化的弊端，并比较系统地反思、对比了中西文化，认为西方文化有其合理之处，有足以弥补中国文化的价值与作用，洋务运动主张"师夷长技以制夷"，以儒家精神为主体，合理吸收外来文化，重新建构民族文化。重新建构中国民族文化应当打破封闭的旧传统，吸取外来的先进的异质法律文化，树立宪法观念、权力分立和制衡、政府守法、审判独立和合法程序的文化观，使中国本土文化充满生机和活力，培植适宜法治生存的土壤和空间。法律文化发展，不仅要扩大法律文化的影响，还要发掘形成独特的法律文化的历史渊源，考据上千年来这块土地上民族交融的历史。

第三章

法治的理性思维之源

人既有理性的一面，也有非理性的一面，即人既是理性的，又是感性的。理性是法治的力量源泉。以理性为主导的西方社会能够顺利地实现法治，理性地用法律来规范社会，调节各种社会利益，强调人的权利和自由，法律面前人人平等。中国传统社会除了严格的等级尊卑外，是一个注重感情的社会，而感情是非理性的。非理性产生的是人治社会，理性产生法治社会，法治的理性基础排除人治的非理性，中国的法治建设需要以理性为基础。

第一节　感性与理性概述

一　哲学上感性与理性的表述

从哲学的观点出发，感性是指人们对客观外界事物通过眼、耳、鼻、舌、身等感官直接形成的认识。它是通过感觉、知觉和表象的方式实现的，是对事物现象的片面认识，是事物的刺激向意识的最初转化，反映的只是事物的某一侧面、某一局部特征，是对事物的表面现象、外部联系的认识，而不是反映事物的全貌。理性认识是认识的高级阶段，是通过抽象思维达到的对事物的本质、内在联系的认识。它包括概念、判断和推理三种形式。

而概念、判断和推理是相互联系、相互促进的，它以抽象和概括的形式反映客观事物，而且是在更深层次上更深刻、更正确、更完全地反映了客观事物。两者的区别在于：两者与各自认识对象的联系不同。感性认识是认识主体通过感觉器官在与认识对象的实际接触中获得的，具有直接性，理性认识是认识主体通过抽象思维对感性材料进行加工而获得的，具有间接性；感性认识通过感官与认识对象相互接触，形成关于对象的生动的、直观的形象，它以具体形象的方式反映对象，具有形象性；理性认识是通过抽象思维，从现象中揭示本质，从偶然性中揭示出必然性，它以抽象的方式反映对象，具有抽象性。两者反映对象的深度、层次不同。感性认识反映的是事物的具体特性，表面性和外部联系；理性认识反映的则是事物的本质、内在联系和规律。感性认识是认识的必经阶段，是理性认识的基础。理性认识只有通过感性认识才能达到对事物的本质认识即理性认识。感性认识只反映了事物的现象和外部联系，而认识的任务在于获得理性认识去能动地指导世界。

人本身属于动物类，既聪明又愚笨，是有感情的。感情可以加深人与人的良好合作关系，办事方便，互助性强，因此感情是社会良好人际关系的润滑剂。没有它，人类将是干瘪的、无味的，这种冷漠难以想象，从此意义上说，感情有天使般的美丽。但从另一角度看，感情具有不稳定性和易变性，甚至有不可捉摸性，它随着时间、场景和人的利益关系的变化而变化，特别是从管理层面看，领导人的注意力变化和感情变化会引起社会的变化，甚至导致社会的动荡和不稳定，普通百姓则处于不安和恐惧之中。而从现今腐败案件来看，很多领导干部出问题都或多或少是吃了重感情、依感情办事的亏；从一些普通刑事案件来看，感情受到伤害或者感情冲动会触及人身财产伤害，引发刑事案件。

真可谓"感情越深伤害越大"。

人类存在的矛盾性表现为感性与理性的矛盾。人类的实践活动就是感性与理性的矛盾的集中体现：一方面，实践是人的有目的、有意识的自觉活动；另一方面，实践又是人以自己的感性存在去改变世界的感性存在的客观物质性活动。在实践活动中，人的感性与理性是不可分割地融为一体的。以人类实践活动为基础的人类认识活动，则更为明显的是感性与理性的对立统一：一方面，人要以自己的各种感官去感知外部世界以及人自身的存在，形成关于人和世界及其相互关系的感觉经验；另一方面，人则要以自己的理性思维去把握事物的本质与规律，形成人和世界及其相互关系的规律性认识。

人类的感性经验把握到的只能是认识对象的种种现象。人类的理性思维所把握到的是认识对象的本质，这就构成了人的感性经验与理性思维的矛盾，感性看不见本质，理性看不见现象，而人却既要看得见现象，又要看得见本质。人的感性与理性的矛盾，使人能够把自己的全部对象视为矛盾性的存在。

二 感性与理性是人们认识法治的两个不同阶段

人类认识社会的过程包括感性认识和理性认识两个阶段。感性认识是初级阶段，包括感觉、知觉和表象。理性认识是认识的高级形式，是对现象间联系的反映，包括概念、判断和推理三种形式。感性认识只有上升到理性认识，人们的认识能力才能透过现象看到本质，由支离破碎的认识变为系统全面的认识。

人的这种对自然和社会认识的感性与理性的矛盾也表现在对法治的认识。这种认识表现为对法律现象所进行的评价和解释，人们对法律的动机、对自己权利和义务的认识，以及对法律行为的评价所形成的认识。

从法治的角度看，感性认识是指人们对法律现象的认识所形成的直接的心理状态，包括人们对法律现象的直接心理反应、感觉、体验、情绪和愿望等。它属于法律意识的低层次，是对法律现象的不系统的、非本质的、"个别"的、"偶然"的、"现象"的心理状态。理性认识是指人们对法律现象所形成的系统的、整体的、本质的、"共性"的、"必然"的心理状态。它包括对法律现象认识所形成的概念、理论、原理和原则等，是法律意识的高级阶段，在法律意识中具有概括性和指导性。"理性的具备是人类'获救'的基础和标志"。① "正是理性的力量，使得我们能够根据社会契约，创造出一种'易感触的力量'，即'对触犯法律者所规定的刑罚'"。②

法治与人们的认识是相辅相成和相互促进的。由于主体对法治认识的差别，法治的实现也受到或多或少的影响。"理性——即一种法律制度是否'按照一种统一的决策标准来处理所有类似案件'，这决定了该制度所确立的规则的一般性和普遍性程度"。③ 从西方看，"西方法律史上所特有的'理性化'过程，即法律中的'形式性'和'理性'因素逐渐增加的过程"。④ 国家实行依法治国的重要条件就是绝大多数社会成员以及国家机关工作人员尤其是立法、执法和司法部门的公职人员具有较强的法律理性认识。只有人们对法治的理性认识越强，法治实现的条件才能越充分。

---

① 许章润著：《说法活法立法》，中国法制出版社 2000 年版，第 160 页。

② 同上书，第 159 页。

③ ［英］奥登著：《韦伯：法律与价值》，查良铮译，上海人民出版社 2001 年版，第 75 页。

④ 同上书，第 80 页。

第二节 理性与法治的关系

一 法治的理性表述

从意识形态和制度的角度看，法治的心理基础应当是理性。理性是指人们能够理智地运用自己的思想，从理智上控制自己行为的能力，选择和调节自我行为，对自己行为的判断是经过思考、分析，形成自己的判断和推理，通过这种判断和推理，全面反映事务的本质和内在联系，而不是凭喜怒好恶去判断事务。理性是相对于非理性而言的，理性与非理性的冲突构成了人类社会根本的永恒的矛盾。在思想范畴里，感性只解决现象问题，理性才解决本质问题。它既非盲目地跟从传统，也不是基于情绪的冲动，而是意识到自己行为的价值取向，有系统地、有条不紊地、一丝不苟地把理性作为行动的准则，它强调秩序性、系统性和内在的一致性。人类社会总是面临不同的选择方式，由于"理性选择是出于科学的理由建立起来的，这一理由在于它是一种比行为主义更强有力的方法，能产生一种严密的理论体系。使理性选择尤其具有吸引力的是，它不是通过依赖正统民主理论提出的理想主义的动机，而是通过采用个人注重计算个人利益这一高度现实主义的观点取得了道德上的优势"。① 理性选择的优势恰恰与法律的现实性、实用性要求相吻合。一个国家、一个民族、一个人或一个社会能否理性地求得发展，能否透过现象看本质并进行理性的推演，能否有健康的人格和心态以及三思而后行的生活方式，能否协调社会群体内部及其相互间的关系，使社会成员能够

---

① ［美］詹姆斯·W. 西瑟著：《自由民主与政治学》，竺乾威译，上海人民出版社 1998 年版，第 93 页。

安居乐业，彼此间达到一种相对的平衡，是衡量一个国家、民族乃至个人、社会是否文明的标志。"政治的目的绝不是把人从有理性的动物变成牲畜或傀儡，而是使人有保障地发展他们的心身，没有拘束地运用他们的理智，既不表示憎恨、愤怒或欺骗，也不用嫉妒、不公正的眼加以监视。实在说来，政治的真正目的是自由"。[①] 理性是人类行动的准则和尺度，是社会、人生健康发展的人性根基，也是其保证。理性的法律不应是任何个人的情感因素。在理性和法治的关系上，理性是法治的动力和源泉。

二　有关理性与法治关系的论述

对于理性与法律关系的认识，思想家已做了不少论述。柏拉图认为，法律是维护正义的手段，法官必须对理性有充分的认识，有高度的公正品德，法官工作的最终目的是，设法帮助违法的人用理性控制欲望，成为自己的主人。亚里士多德认为，法律是正义的体现，通过法律进行统治是最好的统治，法律是"没有感情的智慧"，它具有一种人治做不到的公正特点。法律来源于理性，理性是良法的基础，法律的标准就是体现理性、正义和追求善。西塞罗认为，法律是最高的理性，理性是人类和上帝共同具有的第一份财富，理性使人类心理状态相同，使他们判断光荣与耻辱、善与恶相同。人与人在自然法面前，其关系是以共同具有的理性为基础的。托马斯·阿奎那认为，人类行动的准则和尺度是理性，因为理性是人类行动的第一原理。他把法分为四类，其中，永恒法是神的理性的体现；自然法是永恒法对理性动物的体现；人法是根据自然法最终是根据永恒法制定的，它是反映人类理性的法律。一切法律都是从立法者的理性和意志中产生

---

① ［荷兰］斯宾诺莎著：《神学政治论》，商务印书馆1963年版，第272页。

的。格劳秀斯认为，以理性为渊源的自然法是不可动摇的道德准则。自然法的观点和一切正义的准则，都是人类理性的体现。一切法律的渊源都是理性。斯宾诺莎认为，"理性对于克制和调节激情起很大作用"。① "愈是在理性的指导下生活和更好地控制诸种欲望，人的自由也愈大"。② "理性总是教导人们谋求和平"。③自由、理性和法律是有机联系在一起的，只有完全听从理性指导的人是最自由的。托马斯·霍布斯认为，"法律决不能违反理性，以及法律之所以成为法律，不在于其文字也就是不在于其每一部分结构如何，而在于其是否符合于立法者的意向"。④ 自然法是建立在理性之上的普遍法则，自然理性为私有制社会奠定了基础，法律不能违背理性。洛克把自然法等同于人类理性，并用理性作为衡量当时存在的法律制度的唯一尺度。在任何条件下，法律和自由总是紧密相连的，自由是在法律许可范围内的自由。孟德斯鸠、卢梭认为，法律对人们的支配就在于人类的理性。理性法则能主宰一切，支配一切。要保障法治，就必须确立三权分立原则。康德认为，法律是人类理性的主观决定的历史产物。法律是以理性为基础的，理性是上帝赋予人的"神圣的火花"，它表现为永恒的道德律令，是人的尊严的内在依托，理性的功能在于使人认识它的生活的使命和无条件的目的。理性的修养是达到真理和宁静的唯一源泉。黑格尔认为，法律是意志和精神的东西，其本质就是理性。法律要得到公平的适用，法官就必须在适用法律时既要有理智，但又不能凭法官的主观信念随意决定。罗

---

① ［荷］斯宾诺莎著：《政治论》，商务印书馆1999年版，第7页。
② 同上书，第20页。
③ 同上书，第27页。
④ ［英］霍布斯著：《利维坦》，商务印书馆1986年版，第209页。

素认为，"理性指的是为达到某种信仰而考虑一切证据的习惯"。① 按照罗素的解释，理性包含着理性的理论方面和理性的实践方面。韦伯认为，法律—理性统治的基础是一套内部逻辑一致的法律规则以及得到法律授权的行政管理人员所发布的命令。这是一种"非人格化"的统治。理性有四层含义：理性包含着一般性的规则或原则；系统性；理性是"建立在对意义的逻辑解释的基础上"；理性是可以为人类的智力所把握。理性化过程就是法律中的"形式性"和"理性"因素逐渐增加的过程。理性化性质包括国家管理的理性组织、自由劳动的理性安排、法律的理性结构、受过理性训练的法律家阶层的存在等。

中国学者汪太贤认为，"法律是理性与正义的产物……国家应当建立在法律基础之上"。② 启良认为，"言其理性，是指人具有自我完善的能力，能够自己把握命运，自己决断何为谬误何为真理"。③ 文军认为，"理性是人类超出动物而独具的一种认识和思维能力，正是这种能力的存在，不仅使我们能够调整达到目的之手段，而且使我们能够建立起价值体系，对目的本身做出判断和取舍"。④ 许章润认为，法律"其为人世规则，责在网络事实而编织秩序，而明确、连续、稳定等均为秩序应有之品格，也是规则之能翻转为秩序的前提；其为人间秩序，须能关护人生而慰贴人心，而可操作的程序性、对于最终结果的预期与预见等，则又无一不是建立在明确、连续和稳定等诸品格基础之上，无一不

---

① 张志刚著：《理性的彷徨》，东方出版社1997年版，第14页。

② 汪太贤著：《论罗马法复兴对近代西方法治理念的奠定》，人大复印资料《法理学、法史学》2001年第3期，第90页。

③ 启良著：《西方文化概论》，花城出版社2000年版，第256页。

④ 文军著：《从生存理性到社会理性选择：当代中国农民外出就业动因的社会分析》，载《社会学研究》2001年第6期，第21页。

是在时间中展开与获得。凡此构成法的理性之维"。①

第三节 理性对西方法治发展的影响

一 理性是西方法治的思维基础

在西方，法治的历史的过程是朝着人的情绪愈益得到控制，社会愈益整合的方向前进的。西方社会所发生的一系列事件，如商人的崛起、资产阶级革命的爆发、宗教的改革、民族国家的建立、议会权力的加强、独立司法制度的形成、法典的编纂等等，都是西方人从内在精神的理性导致了人们行为方式的变迁。不论是强调"人民主权"、"个性自由"的价值，还是"限制权力"、"法律至上"、"司法独立"、"罪刑法定"、"法律面前人人平等"的法治要求，都构成了西方近现代文明的组成部分。这些文明的基础是来自人们的理性化思考。

理性和理性主义对西方法治的影响主要表现在理性是西方法治的固有内涵和追求，还表现在理性追求是西方法治始终如一的关怀。"法律—理性统治（简称法理型统治）的基础是一套内部逻辑一致的法律规则以及得到法律授权的行政管理人员所发布的命令。这种统治方式不依赖于与个人有关的身份或属性，是一种'非人格化'的统治。这种统治形式在现代西方社会已经取得了支配性的地位，他的最明显体现就是所谓的'法治国'理想"。②西方法治形成的理性精神是西方人文精神在长期积淀中派生的精神分支，是人文精神的核心内容之一。西方人文精神中的理性精

---

① 许章润著：《说法活法立法》（序），中国法制出版社 2000 年版，第 3—4 页。

② ［英］奥登著：《韦伯：法律与价值》，查良铮译，上海人民出版社 2001 年版，第 69 页。

神催生着西方法治主义的诞生。理性的发展道路影响着法治的发展道路，西方理性主义的发展道路是曲折的，这也就注定了西方法治形成是曲折的。中国法治的发展也将是一个曲折的过程。古希腊的理性产生了古希腊的法治，但由于后来的中世纪是一个非理性的时代，理性传统在中世纪被神所取代，因而西方法治的发展在中世纪也遇到了挫折。在神性垄断的时期，封建等级制度与基督教神学的相互结合，使人的独立、尊严及自由遭受了普遍的压抑与否定。于是以反对神性、呼唤人类理性为宗旨的人文主义揭开了人类解放运动的序幕。人文主义者提倡"个性解放"、"个人幸福"，反对封建束缚与宗教的禁欲主义。这一时期人文主义为理性主义在西方的恢复和发展奠定了基础，为后来欧洲的资产阶级革命和法治的形成奠定了思想基础。

　　启蒙思想家把理性当做一切现存事务的裁判者。宗教、自然观、社会形式、国家制度等必须服从理性。在理性的指导下，以人本主义为基础的古典自然法学派宣称，法是人类理性的体现。认为自然法就是正当理性规则，人的理性是自然法的内在特质和终极目标，而且自然法的基本原则是属于公理性的。在启蒙运动中崛起的新兴的资产阶级接受了古典自然法思想，并形成了一套理性的法的观念、价值、原则和制度。资产阶级正是在这些观念和原则的基础之上创立了各种法治模式。可以说，西方法治的形成在某种程度上离不开理性的支持。

二　古希腊、古罗马的理性思维对西方法治的影响

　　在古希腊，人们赋予了法律以理性，把法律当作建立一种理性、正义的秩序的重要依据，把法律看成人们安全、自由、权利、利益的保障。荷马时代的理性精神，是通过两部史诗表现出来的，而且人的主体性在人与神的关系问题上得到了体

现。希腊雅典文化创造了一个精神与智慧的世界。希腊人的艺术作品所产生的思想观念是西方文化的榜样。在雅典，早在6世纪初，商人不仅给雅典带来了经济与文化的繁荣以及民主政治，而且更重要的是形成了一种蓬勃的文化精神和民族性格。希腊的理性精神主要体现在对知识的看重，苏格拉底将理性精神贯注于社会领域，并将知识作为人生追求的目的。同时，希腊人的理性精神还落实在日常生活的许多方面，像哲学、伦理学、美学等方面所取得的成就，就在于理性的培植。希腊人既具热情，也有理智；对于政治也得到发展。国家为了抵抗外国的侵略，各国必须保持 定的兵力，而兵源主要来自本国的公民，公民和战士原本就是一体的，国家为了安全，就必须保持一定的公民人数，并且给他们一定的政治权利和经济权利。由于海上交通的便利，希腊的商业得以繁荣，商人们一旦有了钱，便要求同旧贵族们分享政治权利，从而使社会朝着民主的方向发展。雅典民主政治的要旨是"主权在民"，每个公民对于国家事务都有议政参政的权利。国家一切重大事务都由公民会议表决通过，任何个人不得违背公民的意志而自行其事。随着社会的继续发展，他们并不满足于这一初始条件，而是根据自己特殊的地理条件和历史特点创造出一种全新的文化。黑格尔曾将东方的古代文明排斥在历史之外，认为只有到了希腊时代，人类才真正进入了历史状态。这种认识有失偏颇，但也有一定的道理。

罗马法的理性主要表现为：法律推理与研究的方法、模范的法律制度、法律的分类模式和法典化倾向及成就。就法律方法而言，尽管罗马法学家在他们对法律的探索过程中是讲究实际的，他们将规则仅仅视为是"对事情的简要陈述"。但是，他们在2世纪和1世纪引进了希腊辩证推理方法，同时对一般的法律制度进行抽象概括。法典化来源于对法律的普遍性和系统性的追求冲动，这种追求的实现的前提在于人们承认人本身具有相当程度的理性，依据它人类能够认识、解决法律中的问题，从而最终获致法律的完美状态。重视理性的作用，在某程度上亦有助于法律专业化的目标实现。罗马时代法学家的言论和观点被写进教科书和法典中。一般而言，法学家和法律职业者所受的训练使他们摆脱各种偶然性的支配，他们更多时候是依赖于他们所受的训练，运用分析推理、辩证推理的方法来运作法律；并且，高瞻远瞩是他们区别于非法学家职业群体的标志之一。他们也重视经验，并理性地去分析、归纳、推理这些经验。

希腊和罗马的民主政治不同于东方的专制主义政体，其原因在于古代希腊人和罗马人的公社是城市共同体，而不是乡村共同体。以古希腊和古罗马的理念建立起来的民主法律制度对于西方民主政治的形成和发展产生了较大的影响，开创了西方历史上民主政治的基础，为近代西欧各国提供了传统，也为近代西方民主政治提供了意识形态基础。"西方文化是由希腊的理性和艺术、犹太的宗教、罗马的法律汇合而成"。① 从某种意义上说，西方法治思想中的自由、平等、权利等基本理念不仅仅是希腊人奠定的，也是罗马人奠定的。但我们也应认识到，罗马是奴隶制共和国，其贵族和奴隶主是人，而奴隶不被当人对待。

三 文艺复兴时期的理性对资产阶级法治的影响

中世纪基督教的政治理念和政教分离的政治实践，为近代的民主思想和民主政治奠定了基础。"在教会看来，政治统治的基

---

① 布兰沙德著：《理性的分析》，见《当代美国资产阶级哲学资料》第 1 集，商务印书馆 1978 年版，第 141 页。

础不是武力，而是一种天意的法则。这种法则是与一种道德观念、一种精神力量，即公理、正义和理性联系在一起的"。[①] 基督教是整个中世纪的西欧占绝对统治地位的意识形态，一切人都必须信仰上帝，敬畏上帝和服从上帝。上帝的存在，弥补了国家权力和世俗道德规范在人际关系中的缺憾。为了不使世俗的统治者侵犯教会的权威，倡导神权高于王权。由于神权高于王权这一信条被人们所普遍认同，以致在中世纪的西欧，最高统治者并不是各国的君主，而是罗马教皇。神权制约着王权，这不仅在于它对于王权的制衡功能，而且还在于由于此种制衡，便利了其他民主力量的产生和壮大。基督教对西方民主政治的影响，是近代西方"自由、平等、博爱"思想直接的理论来源。此外，基督教为了贯彻上帝的原则和规范社会秩序，建立了系统的法权体系，也为近代民主政治的实施找到了理论上的根据。上帝面前人人平等，既是上帝信仰的核心内容，也是民主政治的人性基础。基督教对平等思想的强调，必然导致法学领域的变革。基督教的某些观念和仪式都有助于人们的民主与法制观念的形成。市民社会兴起后，由于特有的社会结构和经济关系，人们最不可缺少的需要是个人自由，这就引来了文艺复兴运动和宗教改革。启蒙时代的哲人普遍感觉到一股新的力量，通过各种形式流布于社会，他们称之为"理性"。正是这股理性化力量，把西方社会带入现代的纪元。

文艺复兴的思想贡献就是"人的发现"，提倡人的个性发展，肯定人的世俗权利。这是一个从基督教的神学理性到近代科学理性跨越的鸿沟。文艺复兴"是把希腊人和罗马人对法的共

---

① 汪太贤著：《西方中世纪的神学法治理念》，人大复印资料《法理学、法史学》2001年第8期，第78页。

同理念和信念，即关于法律与正义、法律与理性、法律与权利等之间关系的思想，以及社会应当建立法律统治的思想等告诉人们，让人们恢复或重建对法的信任"。① 发扬人类理性，反对精神独裁，这也是 17 世纪哲学的基本精神，新教在信仰方面提倡个人独立思考和理解《圣经》，不要盲从教会权威，并认为理性可以限制盲目崇拜，可以控制、约束色欲、肉欲或情欲。信仰和理性并不矛盾。

　　科学需要理性思维，17 世纪以后最具近代意义的是科学理性的发扬。近代科学理性，激励了人们求知的热情，以及对真理面前人人平等的理想的维护。在科学理性的支持下，孟德斯鸠和卢梭将民主政治的理论引向自由平等的层面，以"天赋人权"展开对封建王权的斗争。18 世纪的资产阶级思想家所构建的政治哲学，为以后人类的政治生活提供了基本的原则和精神。如人人平等，是基督教的理论贡献，近代思想家将这一观念直接引入世俗的政治领域，为资产阶级的民主政治奠定了学理上的根据；个人本位，近代社会强调以个体为本位，尊重个人的价值和权利，每一个体都有独立的人格和权利，同时每一个体都应对自己的行为负责，做到权利和义务的统一；财产法权，近代民主政治的经济基础是财产的私有制，资产阶级思想家将其作为民主政治的基本原则；思想自由，它是近代民主政治理论的主要内容之一，也是民主政治的保障。思想自由的重要性在于人是理性的动物，会思想，有自由意志。争取思想自由，是近百年来人类争取政治民主的主旋律；权力制衡，如何实现平等自由，实现民主，那就是分权，启蒙思想家的基本思路是滥用权力是一种普遍的政

---

① 汪太贤著：《论罗马法复兴对近代西方法治理念的奠定》，人大复印资料《法理学、法史学》2001 年第 3 期，第 90 页。

治现象，也为人性之恶所决定。任何对权力的贪求和把持都不仅仅是出于对权力本身的追求，而是追求权力所带来的物质利益。因此，只要掌权者可以为所欲为，没有限制，权力就必然会导致腐败，会给全社会带来灾难性后果，治理的办法就是限制权力，以权力制约权力。普通法的法律理性是一种司法理性，是一种以法庭为核心的理性，"普通法的法律理性的特点就在于理性是内在于法律的，它与没有内在理性的立法理性构成了对立的两极"。① 普通法的理性主要表现在审判过程中，"普通法的这种强调审判过程的法律理性，与以立法理性为核心的德国'法治国'相比，实际上是一种完全不同的法治观念。它的核心特征是程序性与自助性"。② 而德国的法治国是一种以立法理性为基础的治理方式。在人们看来，理性是最高的权威，是大法官，任何事情都得经过理性的裁决。

四　垄断资本主义时期理性对资产阶级法治的影响

新人道主义所产生的以人性和人道为理性，为资本主义经济形态和治国方式找到了理论依据。18 世纪末和 19 世纪上半叶，西方的理性表现为：一是黑格尔的理性主义，二是孔德的实证主义。黑格尔则侧重于对理性作思辩性的认识与阐释，孔德则侧重于对理性作科学主义的把握。两人的共同点是，将理性之光照射人类活动的各方面，并试图各自建立起系统的理论大厦。黑格尔对理性的推崇，是借用柏拉图的学说和基督教神学的基础，凭着自己的思辩建立起一套庞大而体系化的哲学。他认为："哲学用

---

① ［英］奥登著：《韦伯：法律与价值》，查良钲译，上海人民出版社 2001 年版，第 170—171 页。

② 同上书，第 188 页。

以观察历史的唯一的'思想'便是理性这个简单的概念；'理性'是世界的主宰，世界历史因此是一种合理的过程"。① 历史是"理性"的展开和实现。孔德用科学理性解释一切社会现象。在他看来，科学就是一个整体，各门具体的科学不过是这一整体"唯一的树干上分蘖出来的不同的分枝"。可以说，19 世纪的宗教是以理性为基础的，理性不仅有认识世界和改造世界的一面，它还有为世界立法的一面，这对于稳定人心和信念起着作用。19 世纪中叶以后，虽然由尼采等人掀起了非理性主义的巨浪，由于西方的文化思潮与哲学对黑格尔理性主义和孔德实证主义的批判，使理性主义失去了昔日的光辉，但理性精神仍得以保存。它对西方垄断资本主义时期法治产生了影响。

　　但资本主义的理性也存在着缺陷。正因如此，西方 17 世纪以后的空想社会主义思想家圣西门、傅立叶和欧文对资本主义制度加以揭露和批判，对未来的社会作了设想，试图通过自己的理论构造一个新的世界，以达到人人平等的理想。但由于当时社会历史条件和他们从理性或人性善出发，因而反对革命和政治斗争，把新社会实现的希望寄托在统治者的明智和天才人物对这种思想的宣传上，企图用和平的办法来改造社会只可能是一种幻想。在空想社会主义思想的基础上，马克思、恩格斯在 19 世纪40 年代创立了唯物史观和剩余价值学说，从而使社会主义变成了科学。唯物史观和剩余价值学说揭示了资本主义必然灭亡、社会主义必然胜利的客观规律。马克思"试图推翻资本主义社会，但其批判性的文字又帮助了资本主义社会的自我调节。他给资本主义看病，找出其症结，写出病历分析，并宣布其病症无药可救。而资产阶级的经济学家根据他所写的病历分析，却开出了救

---

① ［德］黑格尔著：《历史哲学》，三联书店 1956 年版，第 46 页。

治的药方。资本主义能有今天的繁荣和稳定，最应该感谢的是卡尔·马克思"。①

第四节　中国古代人治的非理性因素对中国法治的制约

在传统中国，法律是统治阶级专政的工具，君权神圣，法律是权柄。几千年的中国人治历史充分说明，天人合一的思维与内圣外王的自信，非但没有营造出太平世界，反而成了一切文化与政治弊端的根源。"若将全部权力赋予一个人，所造成的却是奴役，而非和平"。②

一　封建社会的中国人是不太相信法律，敬畏掌握法律的人

中国传统法从先秦到清朝都是君主制定，臣民遵守，是专制老百姓的，对封建统治者没有约束力，特别是对于君主。按照儒家的经典表述便是"修身养性齐家治国平天下"。这样，既可纯洁人心，又可和谐社会。本来，每个人都有追求幸福、快乐、平静、和平和美好生活的权利和自由，但在中国传统的观念里，法律是最高统治者的创造物，是君主权力的象征，君主不仅是造法的机器，而且是法律的化身，权利和自由又从何谈起。中国的历史进程也确实证明了这一点。中国中央集权的封建专制国家是以它对广大个体小农的残酷压迫、剥削及其超经济强制为基础的。没有任何一个国家像古代中国这样，在几千年的历史中，政治权力一直在社会生活中发挥着支配一切、主宰一切的巨大威力，它支配着社会的资源、资料和财富，支配着农业、商业和文化、教

---

① 启良著：《西方文化概论》，花城出版社 2000 年版，第 481 页。
② ［荷］斯宾诺莎著：《政治论》，商务印书馆 1999 年版，第 48 页。

育、科学技术，支配着一切社会成员的生死和得失荣辱。整个社会的所有臣民及其活动，都不同程度地受君主的支配，围着君主运转，君主具有绝对权威，他个人的好恶成为社会的价值标准，人们的命运取决于君主的喜怒好恶，皇帝无限的权力，国家财力、物力的高度集中，这既可以用这种力量来干好事，给社会带来福祉，也可以用来干坏事，给国家和社会带来灾难。皇帝一个人头脑发昏，全国人民就得跟着倒霉，一个人的错误导致整个民族的灾难，整个国家没有一点办法来阻止这种错误。君主集权制度造成了周期性的社会动荡，造成了一代代王朝的兴亡。中国如此周而复始频繁发生的惨烈社会剧变，不是喜剧，而是悲剧。非常遗憾的是每一次封建农民革命都没有最终给国家、民族带来光明的前途，而是结构和性能与旧体系几乎没有差别的新的君主专制体系。

二　口号带有非理性的色彩

农民起义者在起义时曾提出过"等贵贱、均贫富"、"均田免粮"、"有田同耕、有饭同食、有衣同穿、无处不均衡、无处不饱暖"等美丽动听的口号，但革命一旦成功，权力一旦到手，他们的政治活动和政治设施又成了他们用来维护自己、压制摧残百姓的工具。因此，中国革命虽多，并没有给中国百姓带来什么好处，相反，却给社会和民众带来一次次人生浩劫和生产力的破坏。君主专制排斥民主性，这就使得君主在处理政治、经济等各种问题时具有明显的偶然性和随意性。君主专制政体制造了素质相当低的民众，从而消融了制约君主的社会力量，这又为君主进一步的肆虐开辟了道路。一个人一旦成了君主，掌握了国家最高权力，便可以把国家的行政、立法、司法、赏罚以至生杀各种大权集于一身。掌握了权力的官员从行政事务、经济财政、日常礼节、裁断案件、种庄稼盖房子、发型服饰等都要管，导致的是百姓无所适从。另外，统治阶级内部残酷而频繁的争权斗争根本无规则可言，而且，每一次争夺最高权力所酿成的动乱，都给社会、给民众带来深重和无穷的灾难。在用人方面，重用亲人、近人成了不可避免的现象，任用酷吏也成了必要的手段。朱元璋把治理官风的重点放在惩治贪官污吏上，提出"杀尽贪官"的口号。他对贪官所施刑罚严酷得令人毛骨悚然。他以挑筋、断指、断手等酷刑对贪官进行严惩。一件案子往往牵连诛杀上万人，而且主要是官吏和大地主。但朝廷内外，贪污贿赂照样盛行，杀了一批，又冒出一批，真如雨后春笋。历代封建帝王的政治目标，都只是在于巩固权势地位，而对于民众，打江山的时候是被利用，坐江山的时候是被支配。历史的循环还是使一些人"人一阔，脸就变"，农民领袖上升为统治者后，照样专制，没有给人民带来权利和自由。

三　封建人身依附关系难以实现理性思维

在封建社会里，封建统治者把控制人民和占有土地视为同等重要的事情。对人民实行严格的户籍管理制度，使农民与土地牢固结合在一起，并对农民的生产和生活过程进行政治干预，实行严密的连坐制度和森严的等级制度，控制人们的社会行为方向，引导鼓励符合统治者意向的行为，打击违背统治者意向的行为，控制人们的谋生之路，将整个社会纳入符合统治者意志的轨道，实现社会生活的封建政治化。在土地方面，封建国家拥有最高的土地所有权和支配权，支配着个体小农经济。基本形成了政治支配、占有土地和生产者，土地依附政治，农民依附土地的严密等级的人身依附关系，最终形成封建皇权决定着广大农民的生死存亡大权。经济和政治的不平等意味着不可能会有人格的平等，也就意味着统治者可以凭其喜怒好恶为所欲为，被统治者只能逆来顺受。

四　思想文化专制带有随意性

为了维护文化上的专制，从秦始皇焚书坑儒时算起，政治权力直接干预文化几乎成了中国的传统，2000多年来一直未改变过。封建专制政体与文化专制主义是一个不可分割的整体，文人成了儒生、官僚、封建地主这个生态循环圈中的一个环节，专制政体必须用文化专制的措施加以维护，压制民众的民主思想，以保证君主专制的绝对权威，而文化专制的措施又往往是靠政治权力来强制推行的。韩非提出的"言轨于法"和"以吏为师"的主张，为禁绝百家和实行文化专制提出了切实的方案，而秦始皇是中国第一个统一的中央集权封建君主专制政权的缔造者，实施了著名的"焚书坑儒"政策。汉武帝用一种文化思想压制其他文化思想，从此奠定了儒家独尊的局面。明清时期，中国封建社会的专制主义中央集权政体形式已发展到了空前的高度，与此相一致，封建统治者从政治上对知识分子的思想控制也更加严厉，突出表现在惩治思想犯罪和大兴文字狱上。本来，科举制度给中国官僚机构选拔人才提供了重要渠道，但也给中国知识分子和中国的文化事业带来了一些消极和负面的影响——中国知识分子缺乏主体意识：文化只是手段，只有当官才是目的，读书只能去热衷于四书五经，热衷于科举考试，以便走上仕途；学术文化成为升官发财的手段和工具，文化人失去了作为独立的认识主体存在的可能性，只能永远作为政治的附庸。另外，中国传统文化所强调的不是人的自由、人性的解放，相反，它的主旨是想方设法如何统治人、束缚人，其功能主要是维护封建专制统治。中国传统文化总体上不是把人引向个性解放和人格平等，而是引向了个性的泯灭，使大多数人不能成其为人。这从儒家道德理论中可以看出。儒家道德理论从表面上看，特别注重发挥人的主观能动性、主观修养与自我完善，然而问题恰恰藏在其中。"三纲五常"理论导出的最明显的后果之一就是把人作为工具。

五　古代酷刑的由来与非理性（完全凭喜怒好恶）有着天然的联系

"酷刑指的是通过对人身体或身体的特殊部位的肆意摧残，引起被施刑人的痛苦、恐惧以至死亡，从而达到警世世人，发泄愤怒或实施个人报复目的以至变相嗜好的一种行为"。① 中国的酷刑死刑有凌迟、斩首、车裂、腰斩、炮烙、剖腹、活埋等。伤害刑有：劓刑、割舌、墨刑、宫刑、刖足、笞杖、鞭刑、廷杖等。审讯方式名目繁多，不胜枚举。野蛮和极不人道的酷刑行为，令人一听就会毛骨悚然，给中国整个社会的正常生活带来无法想象的危害，也令现代中国人难以想象。酷刑的产生与当时统治者的情感和喜怒哀乐有密切联系，也是整个社会缺乏理性的结果。

第五节　法治要求克服任意性，依理性思维行事

在一个还没有完全实现法治的国家，当个体的理性行为加入到一个整体过程中时，往往会因为自身的利益可能变成非理性的。其后果是，如果人人都想个人投机得利，结果大家都会成为

---

① 包振远、马季凡编著：《中国历代酷刑实录》，中国社会出版社1998年版，第1页。

输家；人人都想成为刀俎，结果大家一道成了鱼肉；当群体与个体发生矛盾时，往往不是通过法律规则来相互协调，而是以强凌弱，把个人的利益彻底淹没，其结果是每个人的利益都没有得到尊重，甚至掌握权力的人一旦代表集体决策失误时，就会导致灾难性的后果，这种后果从经济的角度讲，会导致经济的破坏和生态环境的破坏；从社会的角度讲，会导致社会的动荡，最终还是损害了个人的利益。新中国建立后10年"文化大革命"的惨痛教训和经济建设中的重大失误，特别是"文化大革命"的出现，作为党和国家领导人要负主要责任，可参加过这场内乱的每个中国人能推卸这场责任吗？为什么一个人的错误决策会变成一个民族的灾难？道理很简单，就是这个民族缺乏理性的结果。"文化大革命"是一次非理性的活动。"历史不会重演。变异的历史'返祖'的现象却在人类社会中多次的出现过。它并非从前历史的再现，可同以往的历史有着惊人的相似之处。经历过苦难，抚平过创伤的中华民族对此的痛感要比其他民族深刻的多。所以，也正是我们这样的民族发出了由衷的哀叹和心底的呼喊：'中国不能再走弯路了！'"①

　　从思想意识的角度看，思想指导行为，理性的思想推动着人们建立制度。依法治国，建设法治国家是市场经济成熟发展的客观需要，也是中国经济与国际接轨的必然趋势。近几百年来，肯定人性为善的传统中国人，以感情处世，由于感情的好坏喜怒无常，其结果换来的是不稳定的社会。非理性导致的狂热和无知容易使公民失去独立思考和判断的能力，形成对统治者宗教般的服从与崇拜。只有以理性为基础，建立相应的制度，才能抑制恶

---

　　①　刘泽华、汪茂和、王兰仲著：《专制权力与中国社会》编者献词，吉林文史出版社1988年版，第2页。

性，发扬善性，把书本上的法治变成现实中的法治。

从市场经济和入世的角度看，市场经济要求实行法治，法治建设要求国民具备理性思维。"法律的普遍性实质上是一定的人们以自身的理性、智慧为基础，通过立法和法律的方式对社会结构和人们的多色行为世界进行科学抽象的结果"。① 理性是感性的升华和结晶，是人类由"自然王国"走向"必然王国"的思想基础，是思想的知识化和系统化。韦伯认为在现代资本主义的市场经济正式形成之前，西方社会已逐渐形成了一种理性的法律，对现代市场经济的形成和进一步发展起了决定性的作用。反过来，现代市场经济的发展又促进法律制度的进一步理性化。"法律和市场经济呈现出一种辩证的、互动的、不断理性化的关系和进程"。② "现代市场经济要求的不只是更多的法律和制度，而且需要更多的具有'形式理性的'法律制度以及社会文化。因此，随之而来的问题则是我们的社会文化和法律制度是否已具有足够的'理性'或'形式理性'来包容、促成和发展现代的市场经济"。③ 由于经济活动和法律制度的运作，需要更多的理性。这就要求中国加入世界贸易组织后，必须赶快与世贸组织规则接轨。而这种接轨首先得从理性思想入手，中国人应在理性的思想指导下，使自己的行为符合法律的规定，如果违反了法律，也要服从法律的裁决，不要再托关系、走后门。实现法治的一个重要前提就是要对人们进行理性的教育，使人们的思想意识和知识系统化，观念综合化，思维逻辑化。

---

① 王人博、程燎原著：《法治论》，山东人民出版社 1998 年版，第 159 页。

② 苏力著：《法制及其本土资源》，中国政法大学出版社 1996 年版，第 79 页。

③ 同上书，第 80 页。

从法治的角度来看，如果法制不健全，立法质量不提高；如果不转变观念，不对公民开展法制教育；如果传统的东西太多，甚至顽固不化；如果还是依感情办事，随心所欲，凭喜怒好恶办事，那么，真正意义上的法治还是难以实现。法治代表着一种规范性的指引，而不是个别性指引，它具有连续性、稳定性和规范性的特点，它规定人们的权利、义务和责任。法治不是人们感情冲动的产物，它是人们沟通理性的体现，并在理性的指导下，人们相互尊重，相互交换意见，进行协商讨论，大家都遵守以理服人的准则，摆事实讲道理，唯理是从，以"理性"的方式达成共识，求同存异，以共识来形成共同的活动，彼此合作，以法的方式来治理社会。

"法律规则的背后总蕴涵有一定人文类型的法律传统所凝聚的价值理性，而此价值理性深蕴于一定国族的人生态度"。① 宪法是理性和正义的集中体现。依法治国的核心是依宪治国。正如有学者指出的，"宪法的至上性不能从法律形式的角度来理解，宪法之所以有高于一切国家机关、社会组织以及个人的权威，是宪法的产生是理性和正义的象征"。② 理性的宪法观念是建立和完善现代宪政制度的普适性前提和基础。

总之，理性不仅应体现在立法、执法、司法和法律监督等方面，还应体现在全体公民的日常社会生活之中。首先，享有立法权的机关要理性地立法，既要注意法的系统性、连续性和稳定性，又要注意法与社会生活的统一，避免立法的随意性。其次，政府的行政活动既要遵守行政合法性原则，也要遵守行政合理性原则，保证行政工作的相互协调和配合。再次，司法人员要提高

---

① 许章润著：《说法活法立法》，中国法制出版社 2000 年版，第 39 页。
② 朱福惠：《宪法至上：法治之本》，法律出版社 2000 年版，第 53 页。

自己的素质，培养理性执法的思想，避免执法过程中的感情用事，保证执法的公正性。此外，全体社会成员应不断转变自己的观念，实现由传统的臣民意识向公民意识的转变和由依情感办事观念向依法办事观念的转变，做到社会主体各行其是，各负其责，严格按照市场规则办事。

第四章

法治的理论之源

理论对实践具有指导意义，法治的实践和实现需要法治的理论做指导。没有系统法治理论指导的法治活动是盲目的实践或支离破碎的法治活动，不可能建立真正的法治社会。无论是西方法治的发展，还是中国法治的实现，都离不开法治理论的指导。由于中国漫长的封建社会没有法治根基和人治的盛行，以及国外已有成熟的法治经验，决定了中国法治的实现应当借鉴外国的法治经验和建立自己的法治理论，这样可以尽早实现中国社会的法治化。

第一节　法治理论概述

一　法治理论对法治的意义

根据认识论原理，理论对实践具有重要指导意义，只有把理论回到实践中，用理论指导实践，才能发挥理论的作用。人类要真正做到自觉地创造历史，必须首先自觉地认识自身的人性并创造出适合自身发展的理论。从法治的角度看，法治理论本身不能直接建立和完善法治社会，它必须被广大民众所掌握并通过广大民众的法治实践活动，才能变成建设法治社会的精神力量。法治实践活动只有在一定理论指导下才具有自觉性和主动性，人们才能自觉地去从事法治实践。

　　法治理论对法治建设的指导作用主要表现在：法治理论可以使社会广大民众了解和把握法治建设的重要性，引导广大民众按照法治的要求去从事社会实践活动；法治理论可以使广大民众在社会实践活动之前，根据法治的要求来确立既符合自身需要，又符合法治社会的客观实际的方案、计划、步骤和措施，对自身的实践活动作出符合法治要求的科学预见；法治理论可以使广大民众按照法律和自己的意愿及时调节自己的行为，指导广大民众选择符合法律和自己意愿的实现目标的最佳行为方式；法治理论可以使广大民众能够实现对自身的认识，并根据法律要求自觉地调整自己的活动，以适应法治社会发展的需要。

　　在古罗马，罗马法包含着自然法精神、私法精神和理性精神。这三者影响了近现代社会中人们对法律的观点和对法律的研究方法，并且激发了当代人的社会主体意识。人们普遍认为，自然法是正义的法、理性的法，是与人的本性、自然本性相协调的法。它指引着西方社会逐步从野蛮走向文明。

　　早期基督教理论宣传上帝面前人类普遍平等、蔑视富人和仇恨统治者的反抗精神。《圣经》不仅是教会立法最有权威的依据，具有最高法律效力，而且也是教会法庭遵循的重要准则，甚至对世俗法院也有一定约束力，是西欧封建法律的重要文献。这对后来的资产阶级法治所提倡的法律面前人人平等具有重要意义。

　　资产阶级思想家的法治理论对资本主义法治的产生和发展产生了重要的影响。在资本主义法治进程中，由于资产阶级学者的研究和贡献，形成了许多不同的学派和理论，他们通过研究和解释历史悠久的法律文献、探索和比较了许多国家的法律制度的特点，对自己的理论不断加以完善，提出了关于"天赋人权"和

"主权在民"的主张。为资本主义的法治作出了巨大的贡献。《独立宣言》以资产阶级的天赋人权论和社会契约说为理论基础。它宣称："人人生而平等，他们都从他们的'造物主'那边赋予了某些不可转让的权利，其中包括生命权、自由权和追求幸福的权利。"革命胜利后的资产阶级按照法国孟德斯鸠三权分立的理论，建立了以三权分立、互相牵制、互相平衡为基础的法治社会。

在现阶段，法治理论对实现依法治国具有重要意义。依法治国是我国的治国方略和发展目标，依法治国的实现离不开法治理论的指导。我们应坚持法治理论与法治实践相统一的思想，认真系统地研究法治理论，针对我国的历史和现实，特别是研究民主治国论、公平正义论、权利控制论、契约论、民权论和平等权论等，为实现法治的统一提供理论指导。

法治理论对法治的形成具有重要意义。由于我国长期的人治传统和缺乏法治的根基，法治对于我们而言是一块正在开挖的处女地。党的十五大正式提出依法治国、建设法治国家的治国方略，我们应以此为基点，认真研究西方国家的法治理论和中国社会治理的历史和现状，对法的历史和现实材料进行归纳、综合和概括，总结出人类社会发展的规律，创制出适合中国特色的法治理论，使我国的依法治国方略具有行动的法治理论基础，保证依法治国方略得以更加科学和顺利的实现。

法治理论是学习和研究法律的基础。法律具有指引、教育、评价、预测和强制的功能，这些法律功能的实现，需要进行普法教育和法治理论的指导。法学理论工作者应积极进行法治理论的研究，为广大民众提供法律理论武器。

法治理论是法治建设的基础，它对法的实施具有普遍的指导意义。由于我国至今尚未形成一套完整的理论体系，人们对法律的认识不统一，再加上地方保护主义的影响，其后果就是全国法律实施的结果不统一，千差万别。为了实现法治统一，保证依法治国方略的落实，应加强法治理论的研究，找出法学理论与客观社会的要求存在的不同程度的差距，找出法律内部的矛盾和法律实施存在的问题。

在法治社会，法的价值观念对于整个法的观念和社会观念有着重大影响，指引着法的目标，制约着法的进程。它对立法、执法、司法、守法和法律监督有着重要的指导意义。从立法的角度看，法的观念和价值是立法的基本出发点，法的价值观出问题，其后果就是"失之毫厘，谬以千里"。在法的实施过程中，法的观念倾向直接影响着执法司法人员的观念、执法热情和执法后果。在守法方面，法的价值影响着大众对法律的看法和态度以及法治效果。在法律监督实施方面，要求法律监督主体具有更高的法的价值观念。而法治观念的形成离不开法治理论的指导。

二 国外法治理论对法治的贡献

法治理论是政治家、法学家们提出的依法治理国家的治国方式。

古希腊是西方法理学发展的先驱，是自然法思想的发源地。古典自然法学在将法（自然法）的本质归结为人的理性和本性的同时，也往往将体现这种自然法的实在法解释为人的意志的体现。苏格拉底主张法律是人类的幸福标准。柏拉图主张把统治者放在法律之下，用法律来约束统治者。亚里士多德主张建立共和政体，反对一人之治和"贤人政治"。他认为共和政体是最为理想的政体，因为它实行的是法治。通过法律进行统治是最好的统治，法律是"没有感情的智慧"，它具有一种为人治做不到的公正特点。通过法律来进行治理，在法律上，统治者和被统治者都是平等的，都同样享有法律规定的权利。伊壁鸠鲁学派用社会契约论的观点来阐明法律，认为公正是社会的彼此约定的产物，并把彼此的约定看做是用来衡量法律的尺度。斯多葛派认为自然法是普遍存在和至高无上的法则，其效力远远超过人类国家所制定的法律。斯多葛派的自然法理论对罗马法产生了影响。

古代罗马的法律思想理论产生了罗马法，罗马法发展成为西方国家的一种法律传统。罗马执政官西塞罗在继承和发展希腊法律思想的同时，又将罗马特殊性的法学理论糅合在一起。从公元前5世纪中叶的《十二铜表法》到公元6世纪中叶的《法典汇编》，是西方法律思想史中的一份宝贵的文化遗产。按照自然法理论，一切人都是自由平等的。罗马帝国还承认五大法学家的著作具有法律效力。

中世纪的法律思想理论与神学紧密联系。在中世纪的法律思想中，神学家们在自然法外面加了一件神学的外衣。神学代表人物圣·奥古斯丁利用希腊斯多葛派的思想与基督教教义相结合，阐明国家与法律的性质，形成了神学法律思想理论，使国家与法律服从教会，认为神法是公平和正义的体现，自然法只是沟通上帝的永恒法和世俗法的桥梁。随着封建社会的发展，经验哲学的代表人物托马斯·阿奎那的法律思想理论具有近代的法律含义，它把自然法思想同政治、宗教结合在一起，使寺院法和城市法也得到相应的发展。法律与政治权力相比较，法律占有优先地位，法律高于君主，君主遵守和实施法律，君权受到了削弱。

资产阶级法律思想理论的形成和发展，促成了资本主义法律的形成和发展。

17、18世纪，资产阶级利用自然法理论摧毁了中世纪的神权学说，为资产阶级法律的发展准备了理论条件。资产阶级代表人物洛克、卢梭、孟德斯鸠和杰斐逊等人提出了"人民主权"、

"契约自由"、"民主"、"自由"、"平等"、"共和"、"立宪"、"三权分立"等学说。他们主张依法治国、主权在民、法律至上和法律面前人人平等，并把法治与民主紧密相连，注重权力的限制和制约，以法来管理国家、约束政府权力，运用公共权力治理社会。资产阶级法学家认为，只有以法治代替人治、以法律的最高权威代替个人的最高权威，以少数服从多数的原则代替全国服从个人的原则，法律高于权力，法律至上，民主政治才有保障。因此，民主政治同法治原则是分不开的。这种思想理论为近代思想家创立民主和法治理论奠定了基础。

洛克认为，如果法律不能被执行，那就等于没有法律；而一个没有法律的政府是政治上的不可思议的事情。在封建专制独裁统治下，皇帝或国王的权力至高无上，总揽立法、行政、司法大权。洛克提出了立法权和执行权（行政权）的分立，并指出立法权高于行政权，他讲的立法权和执行权分别指国会和英王。因此，洛克的分权就是把立法权、司法权从国王那里分出来，在当时的历史条件下，他的分权理论在政治上具有显著的进步意义。英国在资产阶级与封建贵族分享政权的事实已成为历史以后，按分权理论，根据国家权力的表现形式将其分为立法、行政、司法机关，分别由不同的国家机关行使，并相互制约。17 世纪，英国发生资产阶级革命。1689 年 10 月英王威廉接受了《权利法案》，1701 年 6 月签署了《王位继承法》。这两个法案确立了英国以三权分立为原则的君主立宪政体。

孟德斯鸠的分权理论是洛克的分权学说的进一步发展和完善。为了避免国家权力集中于少数人或一个人手中，他主张按照立法、行政、司法三权分立的原则组成国家。他根据英国的政治制度说明各种权力之间的制衡关系，指明立法机关由两部分组成，都受行政权的约束，而行政权亦受立法权的约束，彼此协调。孟德斯鸠的分权理论与洛克的分权理论相比有重大的发展。通过立法、行政、司法的划分，相互牵制，使得三种权力能够达到有效的制约。民主和自由是孟德斯鸠理论所追求的目标。他在《论法的精神》把政体分为共和、君主、专制三种。他认为共和政体是良好的整体，实行行政、立法和司法的分权，互相制衡，是公民自由的保障。他对专制政体和教会则作了无情的抨击。这些理论为新兴资产阶级对于保护人身、财产的安全和言论出版自由等立法提供了法律理论依据。

　　法国的卢梭从坚持民主共和国的观点出发，提出"天赋人权"说。卢梭他认为，自由和平等是人的天赋权力，不容剥夺。他极力抨击封建专制制度蔑视人权，践踏自由。卢梭从"社会契约"说出发，得出了"人民主权"的思想。他认为，一个国家的主权者只能是由缔约者个人组成的共同体，即人民，只有人民才是主权者，立法权只能属于人民。他认为"法律乃是公意的行为"。这些思想成了资产阶级民主制的理论基础。

　　美国的制宪者十分重视洛克和孟德斯鸠关于三权分立学说中的制衡思想。美国于1774年通过的《独立宣言》以卢梭的天赋人权论和社会契约说为理论依据，明确宣布人人生而平等，每个人都享有包括生存、自由和谋求幸福的权利。为了保障这些权利，人们才成立政府，而政府的正当权力，须得到人民的同意。如政府损害人民的利益，那么人民有权来改变政府或废除政府，以建立新政府。宣言在历史上第一次以政治纲领的形式提出"天赋人权"和"主权在民"的主张。1787年美国宪法体现了法国孟德斯鸠三权分立的理论，进一步系统地规定了三个权力互相牵制、互相平衡。宪法规定立法权属于国会，行政权属于总统，司法权属于独立行使审判权的法院，这种把立法权、行政权和司法权三种权力分开，而且互相牵制、互相平衡的原则为后来大多数资产阶级国家宪法所接受。

从法国资产阶级革命和法治建设情况看，18 世纪法国著名的启蒙思想家伏尔泰、孟德斯鸠和卢梭提出的"主权在民"、"三权分立"等原则，成为法国革命反对等级特权、封建制度的有力思想武器和《人权宣言》的思想基础和理论依据。1789 年法国通过了《人权宣言》是法国资产阶级反对封建专制主义、建立资产阶级民主制的政治纲领。其基本内容是关于人权、政权和法制的一些原则规定。认为人权是人类理性的体现，是天赋的、人类自然的和永恒的要求；确立了洛克和孟德斯鸠所提出的三权分立原则，提出了一系列资产阶级法治原则包括：法无明文规定的不为罪；法律面前人人平等；禁止非法控告、逮捕或拘留；法不溯及既往，无罪推定；任何人不得因其意见、甚至信仰的原因而遭受干涉。1791 年法国的第一部宪法，把《人权宣言》列为序言，作为宪法的组成部分。从此以后，资产阶级宪法无不标榜尊重个人自由和权利平等的原则。这些理论也成了 1791 年法国资产阶级制定第一部宪法，建立君主立宪制的政权的理论基础。

19 世纪，历史法学、分析法学和德国唯心主义法学理论居统治地位。历史法学的鼻祖萨维尼认为，法律不是立法者制定出来的，就像语言不是语言学家发明的一样，法律同语言都是民族精神的产物和表现，是通过对历史的研究来发现什么是法律。只有"民族精神"或"民族共同意识"，才是实在法的真正创造者。并认为，习惯法是法的基础，是体现民族意识的最好的法律。康德认为，法律以理性为基础，是人类理性的主观决定的历史产物，人类必须依靠法律来生活，法治应存在于国家之上。康德对法所下的定义是："根据自由的一般法则，一个人的任意可以和其他人的任意相共存的总和"。① 黑格尔认为，法律的本质就是理念，纯粹为精神的产物，是精神的东西；法律的内容是意志，而这种意志的本质就是自由，强调人的自由包括对财产的占有、使用和转让的自由。他的所有权理论主张私有财产神圣不可侵犯是贯穿资产阶级法治的一项基本原则，反映了德国资产阶级的利益和要求。这些学说为德国资产阶级法律的建立和发展提供了理论依据。

英国的边沁从功利主义原则出发，反对自然法是永恒不变的说法，主张法律应该根据社会实际的需要，不断谋求进步，并认为法律是立法者有意识创造的。英国的约翰·奥斯丁认为，法律的本质就是实在法，以国家强制性制裁为主要手段并使其实现。

进入 20 世纪后，西方资产阶级法律思想有了新发展，出现了社会法学派、新分析实证主义法学派、新自然法学派、新康德主义派、新黑格尔法学派等。这些学派强调阶级调和和阶级之间彼此合作；社会利益和个人利益互相结合，维持社会秩序，在法律上强调社会化；自由主义和保守主义两种思潮同时并存等。社会法学中的连带主义法学创始人狄骥认为，社会连带关系是一切社会规则的基础，这是一种"客观法"，高于国家制定的实在法。社会连带关系是一切社会的基本事实，有社会就有连带关系，连带关系是构成社会的第一要素。人有两种属性，即人是个人的，又是社会的。人的这两种属性决定了人类的分工和合作的感觉，合作的感觉使人们相互援助，分工的感觉使人们各司其职、各尽其力。社会越发达，连带关系就越紧密。狄骥以连带关系为理论基础，建立一种庞杂的社会连带主义法学体系，即法律规则和法律行为，客观法和实在法，法的任务和作用等。客观法

---

① 沈宗灵主编：《法理学》，北京大学出版社 1999 年版，第 55—56 页。

是最高级的法律，具有自身的强制力量，决定着人们的行动；实在法本身不具有约束力，只有在符合客观法的情况下才有约束力。法的作用和任务在于适应"交换公平的感觉和赏罚公平的感觉"，在于维护社会公平和社会连带关系。

美国实用主义法学创始人霍姆斯对普通法的发展及其基本原则、运作、特点和精神等做了深入的研究，认为法律的生命是经验。法律是人们的行为模式，也是法院遵循的模式，法官必须按照法律来审理案件。他通过一系列判例案件，阐述了社会正义的思想，阐述了公民拥有言论、出版和良心自由的权利，后来成为美国完善公民拥有言论、出版自由的法律的理论基础。美国社会学法学主要代表庞德强调法的目的和任务在于以最少的牺牲和浪费来尽可能多地满足各种相互冲突的利益。法是社会工程的工具，而且认为法是自然秩序的稳定器，是维护文明社会，对社会实行有效控制的最重要的手段，是维持和推进文明生活最直接而实际的工具。强调用社会学的方法研究法学，主张在行动中研究法学，根据社会生活中法律规范所造成的后果进行研究，要求法学家着重研究现实社会，重视法律实践，特别是司法活动的社会效果。

1971 年罗尔斯的《正义论》继承并发展了洛克、卢梭和康德等人提出的传统的社会契约论。罗尔斯的政治哲学的核心则是正义。罗尔斯强调"正义的至上性"。他以洛克、卢梭和康德的社会契约论为基础，认为正义是社会的首要价值，是至高无上的。《正义论》从自由到正义的转变实际上是从自由向平等和社会契约说的转变。他还论及到原始地位和社会正义原则，认为如果一个社会的主要制度的安排能够满足最大多数人的最大幸福，那么该社会安排就是恰当的，因而也是正义的。罗尔斯将此理想假定为"原初状态"。原初状态保证了基本契约的公正性。因而罗尔斯一贯主张，社会政治制度应当建立在正义原则的基础上，为此，他描述了一种满足正义原则的社会基本结构，这一社会基本结构的主要制度是立宪民主制，它是一种旨在建立法治社会的政治制度。罗尔斯提出了法治的正义律认为法治和自由是紧密联系的，如果法律规则是公正的，那么就构成了合法的期望的基础，由于正义是一种抽象的观念，因而只有正义感仍是不够的，人们还必须有安全感。

以上资产阶级法学家的各种学说和理论，对资本主义法律的制定和实施起到了重要的指导作用，促使资本主义法律不断变化、发展和完善。

三　马克思主义政治体制理论对法治的影响

马克思、恩格斯是科学社会主义的创始人，他们的一系列思想理论，为社会主义政治体制理论奠定了基础。在阶级问题方面，马克思在 1875 年的《哥达纲领批判》一书中提出了未来共产主义社会可以划分阶级的思想。认为共产主义的发展要经历社会主义社会和共产主义社会两个阶段。马克思和恩格斯对未来社会的阶级和阶级斗争发展做了探讨，认为阶级的产生是人类社会发展到一定阶段的产物，阶级斗争贯穿于阶级社会的整个过程，只有到共产主义社会，阶级和阶级差别才能消灭。在民主政治方面，马克思、恩格斯在《共产党宣言》和《法兰西内战》等著作中做了阐述，认为，民主是人民的权力，是无产阶级的政治统治，是人类历史上最高类型的民主，民主的发展受到物质经济条件和社会思想文化条件的制约，它批判地继承了资本主义的某些原则和形式。关于政党理论，认为政党是代表一定阶级、阶层或利益集团的政治组织，无产阶级政党的组织本身是完全民主的，同时又是高度集中的，它反对个人专断和个人崇拜，政党将随着阶级的消灭而自行消亡。关于国家学说，认为工人阶级必须打碎旧的国家机器中的官僚军事机构，建立人民自己的政权机关，由人民群众自己组织起来管理社会公共事务，体现"人民主权"的原则，人民通过选举制产生一切公职人员，并可以随时撤换他们，民主共和国的政体形式实行民主集中制原则；无产阶级夺取政权后应尽最大限度满足人民群众的物质文化生活需要。

列宁针对社会主义由理想变为现实的情况，把马克思主义与俄国革命实践相结合，发展了马克思主义的政治体制理论：关于社会主义发展阶段理论，认为无产阶级从夺取政权到共产主义建成，其发展过程要经历"三阶段"或"四阶段"。从资本主义过渡到社会主义，还有许多艰苦的过渡阶段，社会主义是共产主义的初级阶段，社会主义有一个从不完善到完善的过程。关于阶级斗争学说，认为在资本主义向社会主义的过渡时期，阶级仍然存在，阶级斗争有时是非常激烈、非常残酷的。社会主义就是要消灭一切阶级。关于社会主义民主理论，认为民主既是国体又是政体，实现民主是社会主义的目标之一，民主的实质是人民参加管理，民主与法制紧密相连；健全民主必须不断改革党和国家的领导体制，实行党政分工，民主集中制和个人负责制相结合，民主将自行消亡。关于国家政权理论，认为无产阶级专政是个国家概念，苏维埃国家是新型民主国家和新型专政国家，国家的消亡是一个漫长的历史过程。关于执政党建设理论，认为无产阶级政党必须坚持民主集中制原则，加强执政党的作风建设，坚决反对官僚主义思想，党要处理好与国家政权的关系，要保持党的队伍的先进性，要正确开展党内斗争，既要发扬党内民主，又要反对派别活动。

斯大林提出了建立苏维埃联邦共和国、实行两院制、集体领导制、建立普遍的直接的平等的和无记名选举制等政治体制理论，但实践中却形成了高度集权的政治体制模式，即权力集中于党，党的集体领导变成了个人集权，权力缺乏制约，干部实行层层委派，这与社会主义民主政治发展的客观要求相违背。

随着戈尔巴乔夫政治新思维的确立，苏联的政治体制理论发生了较大的变化。戈尔巴乔夫上任后，提出了"完善社会主义"的理论，提出了民主和公开性的理论，公开性与民主不可分割，党和国家机关的工作应当公开化，让人民了解事实的真相。关于人民自治理论，认为人民自治是一种管理国家事务和社会事务的民主制度，人民自治包括民主和自治相结合与国家管理和人民自治相结合的内容，人民有权参与重大社会问题的决议。关于全民国家理论，强调要使苏维埃国家体制完全符合"全民国家"的概念，要使苏联国家制度达到完全的全民性。关于人民代表大会制度理论，戈尔巴乔夫认为要使苏联的国家制度达到完全的全民性，就需要有一个权力组织和管理组织——苏联人民代表大会。代表由选民依照选举程序选举产生，人民代表大会有权决定联盟的一切问题。关于全民党理论，认为苏联是一党制国家，共产党是一支强大的思想政治力量。关于党政分开理论，戈尔巴乔夫强调实行党政分开，党的领导是政治领导，党决定大政方针政策，负责干部的挑选、配备和监督。值得注意的是戈尔巴乔夫的改革带来了噩运。

由于戈尔巴乔夫社会主义理论没有强调法治的重要性和建设自己的法治理论和法律制度，致使社会处于个人的控制之下，名为集体领导，实为个人集权，政策随着领导人的变化而变化，缺乏法治的稳定性和连续性，最终戈尔巴乔夫的改革与新思维导致苏联和东欧的解体。

四　中国古代欠缺比较完整的法治理论

2000多年前春秋时代的孔子十分重视国家统治者的人格修

养和道德素质，统治者应当向尧舜那样具有圣人般的内在素质，才可以"修身、齐家、治国、平天下"，创造了儒家思想。儒家理论源远流长、博大精深，其治国理论对于中国历代文明和经济建设作出了贡献，至今仍然闪烁着智慧之光。孔子认为："自古皆有死，民无信不立。"统治者应当对社会具有公信力，不可以减少民众对于政府的信任。孔子曾多次主张国家须有利民富民的经济政策，提出"政之急者，莫大乎使民富且寿也"，认为治理国家就是要使人民富裕安康，反映了儒家"富民"的治国理念。为了达到这个目标，应当尽量减少征税，注重实业，节约人力财力，实现人民富裕。以儒家思想为代表的治国理论，对后世和现今一些国家仍有影响。孔子的"有教无类"的教育思想是儒家"仁政"理念的重要基石，为以后的教育和现今的全民教育提供了理论依据。

在中国的封建社会，儒家的治国理论就是德治。德治作为一种治国理论实际就是德治学说。儒家的德治理论学说作为一种治国理论不是独立存在的，而是一种为己修身的心性之学，是儒家为己修身的一种落实。人要立于世，必须靠内在的精神提升，因此儒家选择了为己修身这一精神路向和以德治国。这与西方文化的个人所走的外向路线和依法治理是截然不同的。根据儒家德治学说，通过对历史的反省，发掘人性深处的需求，提出了仁爱的主张，同时也提出一个理想社会的楷模。由于儒家立足于为己修身，并没有提出一种独立的治国理论，也没有提供非人格的制度建设，国家社会并不能由此而达至秩序，因而儒家的德治并没有提出系统的治国理论。

《周易》是儒家极为重要的经典，其思想主旨必然与儒家思想的主旨是一致的。《周易》有着十分丰富的治理或管理国家的理论。儒家为了有效地治理国家，管理社会，十分重视对人性的研究，认为国家的统治者必须具备元、亨、利和贞。从孔子的"性相近、习相远"，孟子的"性善论"，荀子的"性恶论"，直到宋明理学把人性分为"天地之性与气质之性"的学说，其根本主旨都在于如何认识人性，从而能更有效地治理国家。统治者具有仁德，就可以统治别人。为了实行仁德，要通过修德来防止邪恶，保持仁义和诚信之心，赢得民众的拥护，民众就自然会接受统治者的统治。

老子的无为、辩证、以柔克刚的思想理论是典型的中国式的智慧。庄子的天人合一的精神历来为统治者所推崇。孔子的礼治，韩非子的权术、专制理论，墨子的兼爱思想，孙子的兵法等，对中国的传统社会产生了深远的影响，甚至有的思想对世界其他国家也产生了重要影响，但对法治的实现也存在不利的一面。

新中国成立初期，我国开展了学习和研究马克思主义法学的活动，法学总的来说是在马克思主义指导下建立起来的。但由于多种原因，我国法学的发展却是在崎岖的道路上前进的。初期相继建立了大批政法院系，创办了法学研究刊物，成立了法学研究机构，编译了相当数量的法学研究资料，在一定程度上介绍了我国古代和国外的法学著作和法律思想，总结了民主革命时期的法治建设经验，并出版了若干法学教材。但伴随着1957年反右运动和10年"文化大革命"，法学理论研究处于停滞状态，甚至面临崩溃的边缘，法治建设遭到破坏。中共十一届三中全会以来，随着我国法治建设的发展，法学理论研究已取得了相当可喜的成绩，为法治建设提供了相应的理论指导。根据中国法治发展报告，从1977年算起，30多年来，法学理论工作者不断突破理论禁区，积极参与国家的立法工作，为建设社会主义法治国家作出贡献。法学界先后讨论了法律面前人人平等、法律与政策的关系、法律的阶级性与社会性、民主与法制、法治与人治的关系以及法制与法治、权利与义务、依法治国、人权、司法改革、中西法律文化比较、法律体系、法律关系、法律解释、法律效力等重大理论问题。但我们也应当看到，法学理论研究仍然赶不上法治建设的发展要求，影响着法治建设的发展，法学理论有待于进一步深化和发展。法学理论工作者应当根据法治建设发展的需要，发挥潜力，勇于创新，加快步伐，推动法学理论的发展，为中国法治建设打好理论基础。

第二节　法治理论完善的探讨

一　完善法治理论的意义

我国是一个具有几千年封建历史和实行几十年计划经济体制，政治、经济、文化均不发达的国家，行政机关拥有巨大的行政权，干预政治、经济、社会的各个领域。而公民与行政机关相比处于相对弱势的不平等地位，难以实现对行政机关实施有效的监督。正是因为这种情况，研究法治理论对我国法治建设具有重要意义。

法治理论可以促使人们观念的转变，有助于改变中国的人治传统。中国是一个具有人治传统的国度，人治在中国具有最悠久的历史，从未出现过真正的法律统治。法律在任何时代都仅仅是工具而已。法治是立法、执法、司法、守法和法律监督实施的统一，是一种整体化的社会行为和社会模式，需要全社会的共同努力。法治建设是一个社会系统过程，需要系统的法治理论做指导。法治是一个错综复杂深层次的、亟待综合治理的经济和社会问题，法治理论也应根据社会情况的需要加强综合问题的研究。法治理论也是一个不可分割的整体，需要法律理论工作者作出系统的理论研究和理论设计，使法治理论构成一个有机联系的整体。通过对全社会进行法治理论教育，使人们的观念由原来的人治观念向法治观念转变，共同推动我国的法治建设。

法治理论有助于法治的启动。法治理论是人类管理国家和社会的智慧结晶，人类实行法治的科学根据，也是人类社会全面走向法治的精神依据。对于一个非法治的国家来说，要实现法治化，如果没有法治理论，是很难进行的。法治理论有助于人们彻底挣脱历史的人治重负，从而确立依法治国的治国方略，并为法治建设而努力。

法治理论的发展和完善可以促进法治的发展和完善。法治创立后需要不断的发展和完善。只有把法治理论发展起来并运用到法治实践中去，指导着法治实践，使法治理论为民众所掌握，化为民众的自觉行动，才能把法治理论转变为人们所需要的法治现实，达到预期的效果。同时，法治理论必须在法治实践中经历不断的检验，加以修正、完善和不断创新，形成系统的法治理论，并具有可操作性，再用于指导法治实践活动，为法治建设的发展和完善提供理论指导。我国法治理论的发展和完善应坚持开创性和可操作性的统一。

邓小平法治理论的形成和发展，是与我国经济体制改革、政治体制改革以及处于二者结合部的行政管理体制和机构改革的进程紧密相连的。我们应以邓小平的民主法治理论做指导，结合中国实际和国外的经验，深入研究法治理论，建设有中国特色社会主义法治理论。深入社会进行调查研究，是提高法治理论水平的不可缺少的一个环节。我们应在调查研究的基础上作出理论总结，日积月累，积少成多，这样，不久的将来，我国法治建设的理论就会硕果累累。

二　对法治理论的完善思考

研究法治理论，应当"古为今用"、"洋为中用"，吸收有助于我国法治建设的理论经验和成果，为我国的法治建设服务。我国的法治理论应加强人民代表大会制度和权力制约、法律细化、法治等问题的研究。

首先，建立有中国特色的法治理论。人民代表大会制度是比较符合我国国情的根本制度，它直接反映我国人民民主专政的国家性质，体现了我国政治生活的全貌，是人民实现当家做主的民主权利的基本形式和途径。我们应以人民代表大会为基础，研究我国的法治理论，建立健全人民代表大会制度，正确认识西方的三权分立与我国奉行的"议行合一"、"民主集中制"。"议行合一"旨在强调立法、行政、司法三权相互间有机的结合和统一，但并非反对国家权力的分工和监督制约。分权就是为了制约权力，防止权力滥用，防止某一国家机关或者个人的独裁和专制，从而保证国家政治上的稳定，而制约权力的目的是保障人民的权利。在我国，人民在民主选举的基础上产生人大作为代表人民行使国家权力的机关，其他国家机关由人大产生，向人大负责，而人大向人民负责。我们应加强对国家机关的分工和制约关系的研究，最终形成有中国特色的监督制约机制。

其次，移植国外的先进法治理论。法治作为一种治理方式，人人需要，社会主义国家也不例外，如分权理论，无论是社会主义国家还是资本主义国家对权力的制约都是一种实在的需要，只是资本主义国家制约权力的本质是维护资产阶级的整体利益，而社会主义国家制约权力的本质是为了真正保障人民的权利。资本主义法治建设已有 300 多年的历史，已经积累了相当丰富的经验。资产阶级的法律面前人人平等、权利保障和制约、契约自由、人民主权、民主法治观、依法办事等思想，对于我们今天进行社会主义法治建设也具有重要意义。我国的法治建设必须立足于中国的国情，从中国的实际出发，积极研究社会主义民主法治理论，同时借鉴国外先进和成功的经验，特别是成熟的市场经济的理论，做到既继承中国传统的优秀的文化遗产，又移植国外当代的适应市场经济发展的法治理论，为我所用，为中国的法治服务。中国不搞三权分立，但可以吸收其合理的因素。

再次，建立与世界贸易组织规则相配套的法治理论。我国加入世界贸易组织的时间还不长，对世界贸易规则的研究还比较少。经济全球化把全世界连接成为一个统一的大市场，形成一个开放的、动态的经济社会，并在全球范围内实现资源的有效配置，使国家之间越来越相互依赖、相互紧密合作。随着经济全球化的进一步发展，国家与国家之间的关系将越来越紧密。经济全球化促进了调整国际经济关系的各种法律的丰富和发展；促进了国际经济贸易法律规范的统一；促进全球多边经济贸易和区域多边贸易法律和政策的协调和统一；促进了新的国际商业惯例的形成；促进各国国内法的不断完善并进一步与国际经济政策和法律保持一致；形成了一套比较完整的解决国际经济贸易争端的机制。① 加强对国际经济贸易法律和政策的理论研究，为经济贸易工作者和国内立法者提供理论指导，才能使中国经济与世界经济融为一体。

最后，研究中国民间法理论。民间法是乡土社会得以维系的根基，是国家法的肥沃土壤。我国立法特别是民事立法不容忽视民间法，应当加强民间法的理论研究。"国家法与民间法，实乃互动之存在。互动者，国家法借民间法而落其根、坐其实；民间

---

① 王传丽主编：《国际经济法》，中央广播电视大学出版社 2001 年版，第 7 页。

法藉国家法而显其华、壮其声"。① 我们应认真研究民间法,为立法机关提供立法依据,实现民间法的国家意志化和国家法的民间化,使国家法更容易为百姓所接受,并在执法和司法实践中充分运用国家法和公序良俗处理民间纠纷,为法治社会的建立和完善奠定理论基础,创造条件。

---

① 谢晖等:《民间法》(第一卷),山东人民出版社 2002 年版,总序第 2 页。

第五章

法治的价值之源

　　法治的价值影响着法治的取向和走向。价值是人们对社会的一种满足需要的追求，是个人与社会的统一，它引导和调节着人们的社会实践活动。人们的社会价值观和价值取向的不同会形成不同的社会追求。奴隶社会和封建社会，社会的价值追求是符合统治阶级的需要，建立的是等级特权社会，与之相适应的是人治，资本主义社会强调的是自由、平等和人权，因而与之相适应的是法治。我国实行社会主义市场经济，权力属于人民，以及公民权利与义务的统一性，决定了与之相适应的要有法治保障。因此，要积极发展和完善价值体系，为创设法治体系奠定价值基础。

第一节　价值概述

　　人文精神及其价值是法治的精神底蕴，是法治的动力源泉。法治作为一种制度和运行方式，是社会关系的平衡器，必须生长于社会肌体和扎根在人文精神及其价值的土壤里。作为马克思主义的中国，我们应当根据当前的现实，树立解放思想和实事求是的科学态度和精神，培植平等、自由、正义和权利等现代人文价值精神和价值，为法治建设打下精神基础。

一 法的价值概述

价值是现代西方政治学理论和法学理论中经常使用的一个概念。根据《牛津法律大辞典》，"价值因素包括：国家安全、公民的自由，共同的或者公共的利益，财产权利的坚持，法律面前的平等、公平，道德标准的维护等。另外还有一些次要的价值，如便利，统一，实用性等"。① 价值是内在的主观概念，它所提出的是道德的、伦理的、美学的和个人喜好的标准。任何人类的造物都是人类一定价值的载体。法治也不例外，总是凝聚着人类对国家、社会的愿望，以及对自己的生活境遇和生活质量改变的需求。西方学者认为法的价值包括秩序、公平、个人自由、个人主义、责任、生命、个人隐私和财产权等。人的至尊与法的至上的有机统一，是当代法治发展的基本路向。"公平正义、仁爱诚信，安全、自由、平等、人权、民主与宽容，是世道人心的最高价值，也是一切人世规则与人间秩序之惟一合法基础，合理而惬意之人世生活，必当内涵与尊奉此最高价值。法制之产生源此必要，法制之功能在毕役此功，法律遂为或当为人类求存求和求荣之天下公器"。② 许章润还认为，"公平、正义、平等、自由和容忍，作为现代人类天理良心的核心理念与最高价值，是现代性法制秩序与理想的人世生活的应然必需"。③ 法的价值是以法的属性为基础的，它以实现秩序、自由平等、人权、正义和促进人的全面发展等价值属性为基础。法的价值对立法、执法、司法和守法以及法律监督都有影响，它指导着法治的实现。法治的内容应

---

① ［英］沃克著：《牛津法律大辞典》（中译本），光明日报出版社 1988 年版，第 920 页。

② 许章润著：《说法活法立法》（序），中国法制出版社 2000 年版，第 2 页。

③ 许章润著：《说法活法立法》，中国法制出版社 2000 年版，第 149 页。

体现秩序、民主、自由平等、人权、正义和促进人的全面发展等价值。法治的精神就是对人自身命运与价值的关注。

法是人类社会生产力和价值观念等发展到一定程度的产物。从社会法学的角度看，法的价值更具有重要的意义，"在社会法学的视野里，严格法条本位、泥固不化的法应被彻底抛弃，法律准则及其原理实乃通向公正社会这一最终结果的路标，目的的合理决定了手段的选择，工具理性全面臣服于价值理性"。① 在自身与社会的发展中，随着生产力的发展，产品有了剩余，生活日益丰富，人类逐步认识到自身安全和作为自身发展物质条件安全的社会需要。人类于是寻找满足这些需要的途径、方法、手段，并经历了一定的历史过程。在这个过程中，人类的价值观念逐步形成和丰富。法就是人类在这个过程中，为满足人们价值观念需要的基础创制出来的。在初始阶段，社会法的价值在不同层面的形成时间是有所不同的。在法的创制方面，法的价值形成于法产生之前。对于一般民众方面，法的价值形成于法产生之后，在法创制者与一般民众的法的价值观都出现以后，二者就开始了长时期的相互区别和相互影响。

法既是人类社会发展的自发产物，也是人类有意识的理性成果。人的自然性、社会性、意识性的结合是法的价值的人性基础。在我国历史上逐步形成了以下主要的法的价值观念：正直，公平，惩恶，划一，天，仁、礼，等级，宗法，无讼等价值观。中国传统的法的价值观是中国从古代社会法产生之时起，世代相传，并不断发展完善的，其内容博大精深。中国传统的法的价值在中国延续了几千年，其内容已像血液一样融入了中华民族的肌体。虽然中国社会在 20 世纪中叶发生了根本性的变革，但传统

① 许章润著：《说法活法立法》，中国法制出版社 2000 年版，第 137 页。

的法的价值观念仍未因此退出历史舞台。

法的价值观念是法治发展的出发点和思想基础，它影响着从立法到法的实施、法治发展的全过程。价值观念的混乱必然会引起人们在立法、执法、司法、守法和法律监督方面的混乱。我国社会主义的价值观，既要以传统的价值观作为历史底蕴和根基，又要吸收适应现代市场经济发展需要的外来的价值观，古为今用，洋为中用，相互补充。我国传统的法的价值观并不等于封建法的价值观，也不是资本主义法的价值观。"中国传统的价值观在主体、基本内容、指导思想、发展目标上都与社会主义法的价值观有着根本区别，在基本的方面还是根本对立的"。[①] 现代法治的价值功能重在促进、保护、引导、调节、鼓励、组织、管理和预测，它不同于传统法制重在禁止、制裁、束缚、限制、惩罚的消极的价值功能。法律不是束缚和惩治人们的工具，而是保障人们正当权益和平衡利益关系的平衡器。

二　市场经济条件下法的价值

"法律总是指向一定的价值，并以这种价值的实现为其目标。而法治所蕴涵的法律价值，更是体现了人们对法律的价值需要，成为人们制定法律的价值标准和执行法律、遵守法律的指导思想"。[②] 法治的价值要求法律必须明确、公开、适度、统一性和可操作性，法律应维护自由、民主、人权和平等。

市场经济就是竞争经济，其原则就是要求等价交换，即交换的商品应是货真价实和双方的互利互惠。市场交换和市场竞争需要与之相适应的价值观念。市场经济建设是经济发展、社会进步

---

① 卓泽渊著：《法的价值论》，法律出版社1999年版，第142页。
② 王雨本主编：《法制·法治》，中国公安大学出版社1998年版，第26页。

和法治健全的系统工程，是经济、社会、生态、环境、法治的同步开发、协调发展的过程。在这些关系中，经济、社会、生态、环境的发展和保护需要法治作后盾，市场经济的发展需要社会、生态、环境和法治的保障。经济建设是一个综合发展的过程。随着社会的发展，法治精神已开始渗透到国家政治、经济和社会生活的各方面。我国政治、经济、文化、社会、生态保护、生活以及其他各方面的工作逐步走向法治化，这将为我国经济发展创造一个综合全面的环境。随着社会主义市场经济的发展，与之相适应的法的价值观正在逐步形成效益价值观、自由价值观、平等价值观、权利义务相统一的价值观、公平价值观和正义的价值观。这些价值观正在推动着经济效益、社会效益、环境效益和其他效益的产生和发展，为市场经济提供自由的运行基础和运行规则，增强了市场主体的维权意识，保证了市场主体的平等和公平竞争，维护着市场经济的有序发展。

在市场经济条件下，传统的官本位、义务本位、人治主义、臣民意识等传统价值受到了挑战，取而代之的是民本位、权利本位、法治主义、国家、集体和个人利益相协调等。

第二节　有关西方法治的价值学说

法总是体现一定自由，自由是法的永恒的主题。无论是从制度方面还是从精神方面而言，自由既是法治产生的根源，又是法治始终关怀的目标。西方人文精神的理性追求在一定程度上奠定了近代法治的思想基础，人文精神对人的关怀和人文精神倡导的自由平等精神影响了西方法治的价值取向。西方的法治是伴随着人的价值的不断发现逐步向前演进，也正是人的价值的发现形成了西方人文精神和法治。西方价值观念有一个长期的形成和发展过程。这个过程也是民众不断斗争的过程。

一　古希腊的法的价值说

人类是既有理想又有理性的动物。理想源于理性，理性基于人的本性。人类能够凭借自身理性，营造一个理想世界，以提高生活质量，改造客观现实，实现其自身价值。

早期的柏拉图根据人的德性，提出哲学家治国的方略。这种方略的思想渊源是他老师苏格拉底的"美德即知识"思想。他认为人的灵魂由理性、意志、情欲三个部分组成，与此相应就派生出三个阶层的人即统治者、军人和人民，他们有着三种不同的美德即智慧、勇敢和节制。智慧是治国的才能，是统治者必备的品质。勇敢是军人必备的品质，是国家安全的保证；节制是农民和工匠的品质，它是控制自己欲望，用高尚的品质抑制低劣品质。

与柏拉图不同，亚里士多德认为统治者和常人一样，也有意志和情欲。在他看来，法治的优越性在于：法律是多数人制定的，体现了多数人的智慧。因为人性中有恶的存在，所以亚里士多德提出法治主张，以法治抑制恶性。亚里士多德强调与法治密不可分的民主政体包含权力属于大多数人和自由两项内容。民主与法治的根本宗旨就是自由。自由则在于做一个人想做的事情。在这种性质的民主政体中，每个人都过着随心所欲的生活。亚里士多德认为，共和政体是最为理想的政体。其之所以最为理想，就因为它实行的是法治，而不是一人之治。

二　资产阶级法的价值说

人文精神完善于文艺复兴时期的人文主义思潮的兴起，并为近代法治国家奠定了精神基础。在人与上帝、人与自然的关系认识中，人文主义颂扬人的价值和幸福。在人文主义的启迪下，西方在 17、18 世纪爆发了以自由、平等、人权、博爱和现代民主为追求目标的启蒙运动。在这一场资产阶级的启蒙运动中，人文精神所包含的自由、平等、人权、博爱和民主精神唤起了人们对法治的追求，并成为西方法治的精神。

人文精神包含着法律的价值，是法治的精神底蕴，是法治形成和发展的动力之源。法治的人文精神就是立足现实去追求人的理想，实现人自身的价值。法治的基本价值就是以人性为基础，对人自身命运的关怀，保障和实现人的社会权利。人文精神及其蕴涵着的法治的价值孕育出了法治的心理、观念和思想，进而形成法治制度。正因为如此，才出现了一系列为确保人的权利的法治原则，如人民主权原则、分权与制衡原则、法律面前人人平等原则、私有财产神圣不可侵犯原则、契约自由原则、罪刑法定原则和法不溯及既往原则等。由于有了这些法治的价值原则，一些国家把自由和权利作为追求目标。

法学家对法治价值的形成起了重大作用。以洛克、黑格尔、马克斯·韦伯、哈贝马斯、罗尔斯等法学家关于正义和自由的论述为例说明。

在洛克看来，自由权利永远高于法律。正是为了实现自由，法律的价值才能充分体现出来，法律的地位才显得特别重要。自由是人类的崇高理想，法律以保障自由为目的，政府的权力必须受制于法律。因此，法律对权力的制约具有正当性，法治的建构具有必然性。洛克认为："如果法律不能被执行，那就等于没有法律；而一个没有法律的政府，我以为是政治上的不可思议的事情，非人类的能力所能想象，而且是与人类社会格格不入的"。[①]

---

① ［英］洛克著：《政府论》（下篇），商务印书馆 1988 年版，第 132 页。

"法律一经制定，任何人也不能凭他自己的权威逃避法律的制裁；也不能以地位优越为借口，放任自己或任何下属胡作非为，而要求免受法律的制裁。公民社会中的任何人都是不能免受它的法律的制裁的"。① 法律高于权力，法律至上是法治的基本要求。洛克的自由理论为资产阶级的民主政治和法治的形成提供了依据。他的自由、权利、平等的人文思想，不仅在英国的法治原则、制度中得到了体现，而且对其他西方国家法治价值目标的确立都产生了影响。

黑格尔则把法与自由融为一体，把自由看成是法的灵魂。他认为，法的基础一般来说是精神的东西，它的出发点是意志。意志是自由的，因而自由构成法的实体和规定性。只要有自由的意志存在，就有法。法就是作为理念的自由。黑格尔以自由作为基本精神的法，体现了他对自由的重视。

马克斯·韦伯对法的"合法性"问题作了较多论述。他的论述是从合法性的一般概念开始的。他认为任何一种政治统治都要尽力设法把自己标榜为是"合法的"，都要唤起人们对其统治的"合法性"的信仰。"合法性"统治的观念意味着内心的服从，而且这种服从不是仅仅出于经济利益的考虑，也不是仅仅因为感情或理想的认同，更不是仅仅基于对强力的害怕。合法性问题指的实际上是"制度"的"适用"问题。

哈贝马斯对法的合法性论述是以马克斯·韦伯的有关论述作为出发点的。他认为合法性与政治秩序有关，合法性就意味着某种政治制度的尊严性。合法性是历史的、具体的。他认为最早的统治者都使自己的统治披着宗教神圣的外衣，因而合法性意味着神圣化。在资产阶级启蒙时代，由于占主导地位的是社会契约思

---

① ［英］洛克著：《政府论》（下篇），商务印书馆1988年版，第59页。

想、代议制政府和天赋人权观念等，国家的公共权力来自人民的授予，授予的目的是为了更好地保护人民的权利，法律的制定应由人民的代表所组织的议会进行，因而把法律是否来自议会和是否保护人权作为判断其合法性的标准之一。

博登海默认为，法律是一个复杂的网，而这网主要由秩序和正义两大要素综合而成。正义说的是构成法律规范大厦的那些规则、原则和标准的公正性和合理性。自由、平等、安全、公共福利都是正义的重要组成部分。

罗尔斯的正义论继承并发展了洛克、卢梭和康德等人提出的传统的社会契约论。古典自由主义的核心是自由，霍布斯、洛克、康德、密尔等人关注的重心都在于自由价值和自由制度，罗尔斯的政治哲学的核心则是正义。如果一个社会的主要制度的安排能够满足最大多数人的最大幸福，那么该社会安排就是恰当的，因而也是正义的。在正义原则与社会政治制度的关系上，罗尔斯一贯主张，社会政治制度应当建立在正义原则的基础上，为此，他描述了一种满足正义原则的社会基本结构，以此来说明正义原则的运用方法。这一社会基本结构的主要制度是立宪民主制，它是一种旨在建立法治社会的政治制度。1971 年，罗尔斯的《正义论》出版，这对西方学术界产生了巨大影响。《正义论》阐明正义论的结构性特征，为民主社会提供最恰当的道德基础。《正义论》从自由到正义的转变实际上是从自由向平等的转变，罗尔斯的新自由主义的一个显著特点即是对"社会正义"的强调。

西方近现代资产阶级法学家的价值的出现得益于西方的自由贸易和科技的发展。如果没有资本主义经济的发展和文艺复兴对人的本质、尊严、个性、自由的发现，没有人道、理性、科学的人文精神，就不会出现资产阶级法学家的法律思想、法律文化和法律价值观，也就不会产生现代法治。只不过这种文明是建立在资本主义经济基础之上的。

第三节　我国法律价值的体现

一　法治有其价值追求

法治社会就是人类摆脱依附走向独立和自由时发展起来的。没有人类对自身独立和自由的不懈追求，就没有专制社会的衰落，也就没有商品经济和民主的兴起，也就不会产生法治。法治的价值就在它对人的意义，它只有在张扬人类理性，表达人类理想，实现人类信仰的时候，法治才能成为发挥人的聪明才智和实现美好愿望的阶梯，才能实现对自身的人文关怀。

我国传统法的价值观存着这样的情况：重专政价值，轻人权价值；重集中价值，轻民主价值；重义务价值，轻权利价值；重集体价值，轻个人价值。导致的结果就是忽视民主制度的发展和完善，人民当家做主缺乏具体法律保障，人的权利容易被忽视，容易产生特权，权力大于法。当权利和义务发生冲突时首先强调的是义务而不是权利，破坏了法的价值的权利义务的平等性和一致性的准则。由于 2000 多年的封建社会影响和左的倾向，一次又一次政治运动，给中国人民带来了不尽的痛苦和灾难。随着改革开放和市场经济的发展，为了落实宪法和法律赋予广大民众的权利，党的十五大提出了依法治国、建设法治国家的治国方略，为确立法治的价值和实现法治打下了政策基础。实行依法治国、建设法治国家，就是要唤起人们的价值主体意识、公民权利意识，使人们学会运用法律武器来维护自身的独立人格、自由、尊严和切身利益。

法治建设首先就是要确立权利本位的目标取向。我们的价值目标就是建设社会主义法治国家。建立与社会主义法治相适应的价值观念体系，其中包括价值目标、价值主体、价值实现原则、价值实现途径以及社会控制方式。社会主义法治国家的价值主体就是人民群众。人民群众通过各种途径和形式掌握和行使管理国家的权力，通过民主选举、民主决策、民主管理、民主监督，保证人民依法享有广泛的权利和自由，尊重和保护人权。社会主义法治国家建成的过程，就是公民权利得到切实保障和全面实施的过程，就是人民的价值主体意识得到充分实现的过程。

社会主义法治国家的价值实现原则就是在法律面前人人平等。实行依法治国，建设法治国家，关键在于树立法律的权威，严格依法办事，依法管理国家。社会主义法治国家价值实现的途径就是司法公正与司法改革。司法公正和司法制度改革已经成为当前中国实行依法治国的一个重要的实现途径。推进司法改革，从制度上保证司法机关依法独立公正地行使审判权和检察权，建立冤案、错案责任追究制度，加强执法和司法队伍建设。

社会主义法治国家守法的价值应是法律至上。只有树立法律至上的价值和观念，提高干部和群众的法律意识和法制观念，人们才会自觉养成遵守法律、依法办事，而不是依个别领导干部的意志办事。

现代法治追求的是社会秩序、社会正义、民主、自由、平等和科学性。我国法律的制定和实施必须反映客观规律，必须遵循和运用客观规律，并体现社会正义和社会秩序，优化社会结构，保障自由民主的实现。

二　法的价值体现

法的价值通常包括秩序、理性、自由、平等、人权、正义、和谐等。"法律是一个集公平、正义、自由、法的安定性、效益等价值的相互冲突相互调和的综合价值体系"。① 法的价值不仅对立法具有指导意义，而且对法的实施也具有指导意义。国家的立法活动都是在一定的法的价值指导之下制订出来的。如果没有一定的价值作指导，立法就会陷入混乱状态，破坏法治的统一，最终导致法律实施的混乱。除了法律的制定需要有价值的指导外，法的实施也离不开法的价值的指导。由于法律仅为人们提供一个模式，而这个模式本身仅仅指明一定的范围和方向，这样，再好的法律，如果人们的价值取向出问题，也会导致法律的实施出现失误，最终影响着法律的一体遵循。因此，无论是法的制定还是法的实施，都得以法的价值为导向。我们要以法的价值为导向，培养人们的法律价值观念，要求全体公民认识到法律所保护的利益与自己的利益是根本一致的，要求全体公民充分而正确地行使法律规定的权利，忠实地履行法律规定的义务，维护法律的尊严，保证法治的实现。

法的价值主要体现在以下几方面：

自由。自由是人类最高的价值。自由不应是口号，而应是我们的目标。我们应从自由中寻求平等。自由就是追求私人生活的安全，享受文明社会的生活。从法律与自由的关系来看，无论是明智的资产阶级法学家、思想家或是马克思，都肯定了法与自由这一标志人类进步程度的概念的内在联系。孟德斯鸠说："自由是做法律所许可的一切事情的权利"。② 黑格尔从自由是对必然性即规律性的认识的辩证观点出发，进一步把自由视为法的本质。法律是实现了的自由的王国。因为在黑格尔看来，法律是规

---

① 屈茂辉著：《类推适用的私法价值与司法运用》，载《法学研究》2005 年第1 期，第 11 页。

② 孟德斯鸠著：《论法的精神》（上册），商务印书馆 1961 年版，第 154 页。

律的一种，是人的规律，这种规律被人的理性所认识，法是自由的体现，遵守法律就可以获得自由。法律是人们实现自由以及保障人的自由的武器。

正义和效率。正义可分为立法分配正义，执法实现正义，守法遵循正义，司法救济正义。正义是司法的生命，效率是公正的应有之义。司法是法治之根本，没有公正的司法，就不可能有健全的法治。司法不公、效率低下，严重地损害了群众对法治的信心，损害了群众依法办事观念和习惯的树立与养成。加强司法监督，可以促进一些违法案件的纠正，加快案件的审理，促进一些个案的公正和效率，并可以在一定程度上促进司法机制的改善。加强司法监督，可以提高司法人员的办案水平，促进整体的公正和效率。当然，绝对的公正是不存在的，因此，必要的容忍是法治社会应具备的品质。一个社会只有司法有权威，法治才能有权威，公正才能有保证。法律是社会关系的调整器和社会冲突的调节器，是人们正当行为和利益的保障器和人们的越轨行为的矫正器。

平等。公民权利和义务的平等性，是指我国公民享受权利和承担义务都是平等的。权利和义务是法的两大基本内容，任何法律规范的具体内容都不外乎权利和义务。每一个公民平等地依法享有权利，平等地依法承担义务；平等地受到法律保护，平等地受到法律制约。任何公民都不得有法外特权。平等性表明了公民在国家生活中的地位，因此平等权是公民参与政治的必不可少的条件。法的权利、义务应当具有平等性。它表现为全体公民，不分民族、种族、性别、职业、出身、信仰、教育程度、财产状况和居住期限等的差别，一律平等地享受法的权利、承担法的义务，绝不允许任何人享有法律范围之外的特权。平等权要求执法机关和司法机关在执行法律和运用法律时对所有公民都一律平等，对于任何公民的合法权益都平等地予以保护，同时对违法行为一律予以追究，不使任何违法犯罪分子逍遥法外；公民一律平等地遵守宪法和法律，不允许任何人享有特权而蔑视法律，也不允许任何公民因受到歧视而承担法外义务，受到法外惩罚。任何组织或公民都不得有超越宪法和法律的特权。

民主和人权。民主和人权是法治最核心的价值追求。作为法治的核心价值追求，民主和人权应该贯穿于整个法律体系、法律制度和法治实践，使法律涉及的政治、经济、文化和社会生活的方方面面，都体现民主和人权。民主是法治前提和基础。民主是多数人的统治，是通过运用多数人的共同意志来体现公意。民主的统治形态是法律支配权力的逻辑起点。民主是政治文明的重要内容和表现，是社会文明的重要组成和标志，是人类追求真、善、美的成果和结晶，是社会趋向更高层次有序化，高扬社会主人翁主体地位从而更有力地驱动生产力发展的必然要求。因此，一个国家的法治状况代表和标志着这个国家和人民的文明程度和水平。人权是一种绝对价值，不因地域、言语、肤色、性别和经济条件，有所差别。人权是世界性的，是人类全体性的。保障人权是宪政首要的和终极的价值诉求。宪法的人权内容需要法律、行政法规、地方性法规、行政规章等来加以落实。

合法性。合法性是指它合乎法律的规定和法律的正当性、权威性和实际有效性。法律的合法性是一种公共权力的合法性，也就是立法权问题，是指立法权及其行使的正当性或权威性，它是一种内心的价值判断，而进行任何价值判断所使用的标准都是人们内心的价值观念，而且，从本质上讲，法的合法性乃至于任何政权的合法性都是一种内心的信念。合法性对于立法者来说，就是要遵守立法的原则和立法程序，使自己制定的法律与宪法的精神相一致，保持法律体系的统一性和法律内容的合理性。从司法的角度看，法官应出于对法律的信仰，把公平与正义作为法官的最高追求，重视提高自身的修养，不仅具有高尚的道德情操、崇高的职业道德、深刻的人文关怀精神、高度的廉洁自律意识，还要具有过硬的专业知识，深刻领会立法原则和精神，善于运用法律推理和法律解释，以精湛的专业知识去正确运用法律原则，弥补法律空白，作出有利于社会经济发展和社会正义的裁判，树立起法律的权威。

和谐。和谐社会是民主法治、公平正义、诚信友爱、充满活力、安定有序、人与自然和谐相处的社会，建设和谐社会是确保国家长治久安、人民共同富裕的战略决策。和谐社会并不是没有矛盾的社会。构建和谐社会的过程，就是在妥善处理各种矛盾中不断前进的过程，就是不断消除不和谐因素、不断增加和谐因素的过程。这个过程离不开法治的保障，法治的目标价值就是追求社会的和谐。

第六章

法治的民众心理之源

　　法治心理是民众对法治建设所持的态度和倾向。它是法治实现的动因，是法治的心理源泉和推动力，推动着法治社会的形成和发展，并源源不断地为法治提供思想动力和精神支撑。中国的民众心理是中国法治实现的内在因素。每个社会成员应多一些规则意识，养成按规则办事的习惯，抛弃传统的依人情办事的习惯。

第一节　民众心理概述

一　民众心理与心态

　　民众心理是指社会大众对社会现象的认识、看法和所持的心态，是特定历史时代由社会成员固有的、没有经过心理学家或其他职业思想家加工制作的精神状态，是社会大众在社会实践中表现出来的对社会现象的相对稳定的思想、观念、情绪和态度等。它是对社会存在的直接反映，直接与日常生活相联系，表现为认知、感情、意志、兴趣、习惯、气质、成见、倾向、性格、信念和能力等。民众心理是人脑的机能，是社会意识的组成部分，是社会现实的反映。社会生产力、生产关系以及在此基础上产生的政治关系、社会阶级和阶层的地位和利益，决定了个体或群体的心理性质，制约着个体或群体的心理发展。

健康的心理素质是良好人际关系的基础，它要求人的目标和要求要与社会实际相协调，与法治的要求相协调，与社会利益和他人利益相统一。做到情绪稳定和乐观，保持适度的欲望，正确处理所发生的事，理性地对待成功和失败。由于社会和自身的原因，人们往往会出现一些心理问题，主要表现为焦虑、孤独、空虚、压抑和怀疑等状态。增进心理健康的方法很多，包括树立正确的人生观和世界观，正确面对挫折等。心理健康问题，作为一个全球性的问题，已随着人类逐步迈进现代社会而日益凸显出来。

民众心态是指民众在一定历史时期形成和存在的社会心理状态。社会心态影响着每一个社会成员，使社会成员以为这就是自己的观念、态度和意志并受这种观念、态度和意志的支配。社会心态是一定历史时期形成的表达和代表社会成员态度、观念、意志的社会心理状态，它又通过社会成员社会认同的需要而强化、左右、诱导社会成员的态度、观念、意志以及信念的形成、保持和变化。它所表现的不仅是个体的社会心理，而且是某个群体甚至整个社会的社会心理状态。

民众心态受社会客观条件的制约，如社会公平与否影响着社会成员关于社会公平的价值判断和心理感受。当人们认为比较的结果是合理的时，就会产生公平心理，反之则产生不公平心理，不公平心理使人们对他人和社会产生怨气，从而影响经济活动和社会稳定。

心态与心理是两个既有联系又有区别的概念。心理是人脑的机能，人的心理是客观现实在人脑中的反映，是社会的产物。人的感觉、记忆、思维、情感和意志等都是人脑对客观世界的能动的反映。心理包括认识心理、情绪心理和意志心理。认识心理包括感觉、知觉、记忆、思维、想象等。情绪心理是指人们在认识客观事物时对事物采取的一定的态度如满意、喜怒、恐惧等主观体验；意志心理是人们对事物认识的一种稳定的心理状态。人的认识过程、情绪过程和意志过程是紧密联系的，而不是彼此孤立的。心态是指人们通过自己的主观认识对社会现象所表现出来的态度和倾向。两者的联系：心理和心态都属于主观意志的范畴，都属于心理活动，都会受社会环境的影响。两者的区别：心态是人们对事务或现实所持的态度和观念，心理是人们的一般活动；心态是因人而差异，心理是人人都有；心态表现在人们的外部活动中，心理属于内部活动过程；心态会直接影响社会效果的实现，心理不会。

另外，心态与理性的相同点在于都属于主观的范畴，属于人们的心理活动。其区别在于：理性是相对于感性的一个概念，是综合性的思考和判断问题，是认识问题的方法，而心态则属于对问题所持的态度和心理是否健全的问题。理性的结果是追求对问题有一个全面的客观的判断，而心态追求的是适态，避免变态。理性是依知识的积累和经验的丰富而养成，它与知识和思维有关，心态是因个人或社会影响或教育方式甚至特殊刺激影响而导致，与道德水准有关。理性容易受感性影响，心态容易受动机和欲望影响。理性为办事人员提供一个科学的思维方式，而心态是办事人员对问题的主观反映。良好的心态与理性结合是我们追求法治实现的两个主观要素。

积极的心态会带来积极的结果，保持积极的心态，你就可以控制环境，反之环境将会控制你。人们要想拥有一个积极的心态，就要学会积极的思考。我们要把心态调整到正常的状态，积极而冷静地思考，客观地看待法治建设，经常阅读法律书籍和进行积极的法治心理暗示，调整心态，拥有一个积极的法治心态，铲除不健康的对法治的恐惧心理。

二　心理心态与法治的关系

法治心理是指民众对法治建设表现出来的思想、观念、情感和所持的态度，是民众对法治建设各方面（环节）的自发的、潜在的、相对稳定的心理反应，是民众在法治化过程中对社会现象以及由此形成的法治体系建立、法治活动的一种自发的心理反应，民众在社会生活过程中，在对法治社会环境的长期认识的基础上形成的一种心理积淀，表现为民众对法治建设的认知、情感、态度、情绪、兴趣、愿望和信念等。法治心理的好恶决定着民众对法治活动的倾向，民众的心理向背影响着法治建设的成败。健康的法治心理可以推动法治的发展；抵触的心理会对法治的发展起阻碍作用。由于我国的法治建社起步晚，人们对法治的认识还存在着不健康的心理障碍。法治心理制约和影响到民众的法治行为，这种法治行为一旦扩大到整个社会范围，构成一个社会的法治氛围，就能预示法治状态的好坏，影响到社会政治的稳定。

法治心理构成了法治发展的心理基础，民众的法治心理的向背往往决定着法治建设事业的成败。一个缺乏现代法治心理基础的法治建设，即使建立了一整套书面的民主政治制度和理论，也只能算是拥有了缺乏民主法治精神的躯壳。传统的人治心理并不会因法治的提出而消失，专制意识和臣民心理仍然遗留在民众的脑海深处，并制约着中国法治化的进程。在一个对政府盲目依附和对权力顶礼膜拜的社会，法治建设的实现显得谈何容易，而在一个缺乏民主法治心理的社会，由于眼前利益的驱使和缺乏对民主法治的价值理念的认同，这使具有长远利益的民主法治的实现也显得十分困难。我国民主法治的发展有赖于民众法治心理变迁的程度。

法治心态是指人们对法治所持的各种想法、态度、心理状态和行为倾向。法治心态的形成有其复杂的历史和现实原因，也与个人、家庭及社会环境等因素有关，它在一定程度上反映了人们对法治的赞同或漠视、容纳或排斥的心理。这对我国法治建设无疑会带来许多不利的影响。法治心态的形成，不是一种个体现象，而是一种社会文化现象，既与传统文化有关，也与社会转轨时期社会结构的变迁，外来文化的冲击，道德价值的重建有关。法律在保护权利的同时，必须对另一部分人的利益作出限制，受限制者在此时可能表现出不同的心态。

心态对法治能产生重要的影响，因为良好和平和的心态有利于法治的实现，偏激和情绪化的心态对法治的实现会起副作用。理性的心态对法治有利，感性的心态对法治不利。健康的法心理是法治的基础。实现法治有一个重要基础，就是国民应有健康的法心理。对法治心理的培养，要通过心理疏导、心理指导、心理矫正、心理引导，帮助公众树立积极、健康、向上的法治意识和法制观念。

营造一个良好的法治氛围，给人感到法治带来的好处。同时，国家机关干部应严格要求自己，以身作则，做遵纪守法的模范，用良好的依法办事的行为去影响社会成员；社会应配合学校对青少年讲一些法治知识。要按不同的人群和职业进行法治知识教育，让人们避免由于情绪和冲动而违法；把人们的行为引到法治轨道上来。注意培养人们高尚的情操、良好的习惯，积极支持人们参加法治教育活动，让人们在法治教育活动中，增进对法治的认识和了解，去除人们对法治的神秘感；改进法治教育方法，使法治更容易深入人心。

法治的实现，关键在于法的实施，使法律真正成为人们普遍遵守的行为准则。而法律能否得到真正的普遍遵守，成为人们的行为准则，主要取决于执法者适用法律的行为和广大群众对法律的认识水平和心理态度。执法者要树立法律至上的法治理念，广大群众要树立法律至上和守法的观念。加强立法和深入普法，使人们具有法律知识，是法治实现的前提和基础。而法治的实现还需要将正义、公平、公正等观念信仰化，成为人们行为的自觉意识。执法者要保持独立地位，不偏不倚，不徇私情，敢于同一切破坏法治的行为和现象作斗争，不怕各种威胁和利诱，保持执法的职业准则和公正廉洁，保持对公正的追求，以自己的身体力行来影响社会。

三　现代法治社会要求民众的心理从封闭走向开放

民众心理作为一种复杂的社会意识现象，是由社会认知、社会动机、社会态度、社会情趣等要素构成的。这些要素在不同社会群体之间相互渗透、相互影响，具有层次性、动态性和开放性。法治社会要求人们的心理由超稳定的封闭结构状态向一种动态的开放状态转变，呈现一种动态的开放状态。

中国的传统社会是一个国土封闭、制度封闭和人心封闭的社会，这种封闭的、超稳定的政治经济文化结构，必然产生一种超稳定型的封闭的社会心理结构。数千年来，中国的封建统治者自以为处于世界文明的中心，既不欢迎外国人进入国门，也不支持本国人外出经商。儒家文化为中国人制造了一个严密而坚实的精神牢笼，无法逾越。人们的心理空间也像皇家的紫禁城、北京的四合院那样封闭。因而求安求稳是传统中国人的一种普遍的心态，安分守己是百姓的心理，长治久安和国泰民安则是统治者的心理。再加上自给自足的小农经济使得一家一户的社会单元成为与世隔绝的世外桃源。这种传统的封闭结构在中国延续了几千年，使整个社会心理形成了一种封闭状态，缺乏向外移民扩张的意愿。

随着改革开放和现代化的发展，随着科技发展和信息传递的加快，现代交通、通讯工具的日益发达使得人们的交往打破了空间的阻隔，极大地消除了地域的限制。打破了传统的经济体制和社会结构，超稳定的封闭结构逐步被一种现代化的动态式的开放结构所代替。打开国门，对外开放，与外国的交往日渐增多、日益扩大，逐步从与世隔绝到与世界融为一体。总之，一种动态的开放的社会结构在实行改革开放以来的 20 多年中逐步在中国内地形成。中国实行改革开放的 20 多年，整个社会心理结构正是经历了一个由超稳定的封闭结构到动态开放的变迁过程。正是由于改革开放和现代化发展及其导致的现实社会的结构变迁，产生了社会心理结构变化的外力场。社会心理结构并存着两种心理状态：一种是对改革开放的心理认同，另一种是对改革开放的心理冲突。

随着我国教育事业向科学化、现代化的不断发展，心理教育已经受到社会、学界和中小学校的普遍重视，并在一些城市、地区的中小学初步开展起来。中国民众的社会心理变化巨大而又深刻，表现为从传统人治的取向向现代的法治取向的演变，这将进一步促进中国社会主义现代化事业的深入。但是，应该看到，由于从传统人治社会向现代法治社会的转型并非一蹴而就，而是一种艰难的过程。社会心理表现为兼有传统人治取向和现代法治取向仍是当今人们价值观念上的一个基本特征。因此，新的经济体制、社会结构、文化模式和法治社会的形成、完善并充分发挥功能，仍然需要长期的努力。

现代科技发展与应用的速度加快，迫使人们的社会心理改变和重新调整的速度也加快了，也就产生了准备迎接和适应变化的心理特征。由于社会情感是在过去的长时期中逐渐形成的，人们已经习惯了自己的情感反应，高科技的应用要求民众在短时间里变换到另一种情感状态，许多人难以顺利完成情感状态转换，引起社会情感和心理状态的失衡，对社会情感造成了一定的不良影响。现代科技创造了一个日益复杂多变的世界，实现了千百年来人类的许多梦想。"嫦娥奔月"、"顺风耳"、"千里眼"等都成为现实，宇宙飞船、航天飞机、雷达、射电望远镜、人造卫星等都是我们这个时代突出的科技成就。现代科技使人类实践的范围和深度扩展到前所未有的境地，而且还在不断扩展。同时，民众心理也在随着现代科技的发展，社会认知、社会感受、社会愿望、社会动机也日益变得复杂和多样化。科技进步为民众的心理需要提供广阔的空间。

市场经济条件下经济成分、经济利益、社会生活方式、社会组织形式和就业方式的多样化，决定了我国必须制定相应的法律来为社会经济提供服务。市场经济和法治建设决定了社会成员的思想认识和价值观念的多样性、复杂性，甚至还会出现某些消极、涣散和混乱的现象。改革开放使社会成员认识到科学技术的飞速发展和国际国内市场竞争日益激烈以及个人的自我发展，必须依靠解放思想、实事求是，不断创新。这有利于社会成员开阔眼界，增加见识，活跃思想。依法治国增强了人们的时效意识和民主法治意识。随着社会主义市场经济的发展和依法治国的推进，使得社会竞争空前激烈，社会成员的工作态度发生变化，这就促使社会成员必须逐渐革除过去的依赖心理，树立起竞争意识。市场经济和依法治国要求一切经济活动和政府的经济职能都必须纳入法治的轨道，这使人们的法律意识不断增强。同时，我国社会长期存在的封建主义残余思想和愚昧落后的观念，在新的历史条件下也会沉渣泛起，对人们的思想产生消极影响，导致一些人宣传迷信思想及歪理邪说。

随着世界经济的一体化，现代交通通讯工具的高度发展，使得地球变得越来越小，变成了"地球村"。中国长久封闭的门户一旦开放就成了这个"村落"的一家。中国民众的心理迅速经历了一个顺应、融化的过程。对外开放使西方的价值观念、生活方式、思维模式等很快就被许多中国民众所接受。中国民众开始了从农业经济为基础的社会心理结构向以现代科技和市场经济为基础的现代社会的心理结构转变。

法治社会是一个开放的社会，不仅地域开放，而且心理也是开放的。法治心理是社会心理中变化最为迅速而多样的层面，随着法治社会进程的不断深入，人们对法治社会也表现出了更为开放、宽容和理性的心理态度。

第二节　民众心理状况

一　概述

我国正值社会经济转型时期，社会结构的变迁和外来文化的冲击，文化的反思以及种种西方思潮的冲击，彻底地动摇了人们固有的价值观念，个人工作、家庭、社交等人际关系日趋复杂，各类心理问题丛生。随着社会的日益工业化、市场化、都市化、自动化，人们活动的节奏加快，竞争加剧，交通拥挤，环境污染突出，居住环境狭窄和来自学业、就业、工作的压力，使民众有可能导致心理疾病。在价值体系重建的过程中，由于我国法治现代化进程中会遇到一些暂时的困难，再加上社会各阶层经济利益调整的不平衡，分配不公现象仍然比较突出，使得民众觉得法治仅仅是一种工具而已。

科学技术的发展推动了人类道德意识和法治观念的进步，但到了 20 世纪后半叶，高科技的某些应用后果，对已经形成的道德标准和道德心理造成了严重的冲击。现代科学技术已远远超出了科技和经济领域之外，对人类的精神道德领域也造成了深远的影响，特别是"克隆"技术的开发成功和推广应用，将使人类的心理承受力受到最严峻的挑战。

在我们的日常社会生活中，有些人在思想观念、语言交流与实际行为中，随意地排放了许多对他人心理有不良影响的精神垃圾，可能成为导致民众不良心理状态的重要原因。随意挖苦和取笑他人，把不良情绪向他人宣泄，炫耀财富，婚丧嫁娶比排场，以财以貌取人。要治理好民众社会心理环境，必须拿出一些相应的政策与措施，提倡和鼓励有利于民众健康心理的东西，反对破坏民众社会心理环境的有害的东西，对民众心理状况进行分析调查，做好民众心理的引导工作，树立良好心态，共建法治社会和和谐社会。

二 影响法治的不良心理的表现

健康的心理素质是良好人际关系的基础。良好的心态有利于法治与社会实际相协调，把法治看得很重要，为了祖国的法治事业，愿意挑起法治的重担，并把法治作为自己的精神追求。反之，不良心态是建设法治社会和和谐社会的最大障碍，这种心态对法治建设不屑一顾，经常做出违法乱纪的事，不择手段攫取社会财富，不顾社会影响。在现实生活中，心态"失之毫厘"，会对法治建设"谬以千里"。民众不良的性格和特点有可能成为法治建设的最大阻力。我们应针对不同的法治心理特点，通过舆论教育，树立良好的社会风尚，加强对民众的人生观和法治观的教育，根据不同人的社会心理，采用不同的方法，晓之以理，动之以情，导之以行，帮助人们摆脱心理情绪上的痛苦，提高他们明辨是非的能力，划清守法与违法的界限，培养人们参与法治建设的自觉性，共同为法治建设贡献力量。在此，有必要对影响法治建设的民众不良心态做出归纳和总结。

（一）法治心理障碍和病态心理

法治心理障碍是由于法治环境因素造成心理状态的对法治发展不健康认识。病态心理是指个体的人们在社会生活中表现出来的不正常的心理活动。它的出现与人的生活经历、身体状况和人格特征相联系。表现在群体生活中为盲目攀比、自私、有偏见、浮躁、迷信等。病态社会心理的产生主要是由于病态社会文化的不良刺激，导致某些意志薄弱者接受某些病态文化的价值观念与生活方式，在认知、情感、人格、意志等方面出现了偏离正常社会心理的不正常的心理活动。不同的人其表现形式也不相同。有的表现为特别乐观积极，有的表现为悲观消极。有的对法治有强烈的反映，强烈的法治心理反应，可能出现法治思维判断上的失误，对法治产生空白感，强烈的法治自卑感及痛苦感，缺乏法治精神，法治情绪低落。有的则表现为反应迟钝，由于人治思想的影响，明显产生对法治的反感，对法治缺乏信心，认为还是人治好。它可能使当事人不能按常人的标准完成其社会功能，不能正常评价法治的功能和效果。任何人的心态都包含着积极的因素和消极的因素，并由此构成人的心理结构。心态是否有利于法治的发展，关键在于积极的心态和消极的心态之间的比例。心态好的人积极心态起主导作用，心态不好的人消极心态起主导作用。我们应对不良心态加以引导、教育和帮助，化消极心态为积极心态。

法治心理障碍的另一种表现形式为变态心理。主要表现为变态认识、变态情绪、变态行为、变态人格。变态认识的特点在于这种认识既不符合客观实际，又与一般人的认识不一致。

变态的行为是指对一般人看来是一种离奇的行为。变态人格是一种严重偏离正常人的人格。变态人格并不是精神病，而是人格的某些方面非常突出，远超出正常人格的范围。变态人格的特点在于整个心理活动不协调。它表现为情绪的极不稳定、对人缺乏感情、认识与活动脱节、行为的目的与动机不明确、行为的高度冲动性。对环境不适应、与人格格不入和不能从失败中吸取经验教训。变态行为在法治问题上表现为总是对法治持怀疑态度，对依法办事的行为也总是认为没有依法办事，对法治建设不信任。变态情绪在法治问题上表现为对法治的不满和愤怒，稍微看到法治的不足就表现为强烈的批评甚至否认法治。变态认识善于幻想，总是幻想法治是包医百病的灵丹妙药，一旦法治的作用没有表现出来，就对法治的作用百般猜疑。变态人格在法治问题上表现为法治心理活动极不稳定，对法治缺乏感情，并具有很强的冲动性，对法治缺乏一般人的正常感情。这些心态对法治的发展是不利的。

病态心理具有普遍性、无意识性和一定程度的盲从性。盲从心态是一种强大的社会惰性，它既泯灭自立性，扼杀创造力，助长守旧心，既影响个人的发展，又阻碍社会的进步。产生盲从型心理的原因主要有：旧中国的"君臣关系、三从四德"等观念是产生盲从型心理的温床；金字塔式的行政管理体制和行政命令式管理是制造盲从型心理的工具。社会生活中的人，害怕偏离组织、领导和同事而受到孤立，往往在许多情况下为了维系关系，或者为了某种利益，而遵从领导，或模仿同行，或随大流。盲从心理表现在指挥决策者身上，就是对上级唯命是从，对同级被动模仿。盲从心理在纳税人看来，偷税的也不是我一个，税务机关人手有限，查到我头上的可能很小，不偷白不偷。由于病态文化是一种丑恶现象并长期存在，必然会给社会、集体和他人以及自己带来危害。要克服病态心理，必须建立坚定的信念，完善的人格，并经过长期不懈的努力。

（二）焦虑和怀疑心理

焦虑是指人们对环境中一些即将来临的、可能会造成危险和灾祸或者要作出重大努力的情况进行适应时所发生的一种心理状态，是一种忧虑、恐惧和焦灼不安兼而有之的情绪反应。一定程度的焦虑可以调动机体的生理防御机制，使人的心智活动增强，有利于摆脱困境。但是，过度的焦虑则会破坏人的心理平衡，使人记忆力减退，注意力不易集中，逻辑思维能力下降；体内肾上腺和脑垂体的过度活动、糖贮存的过度消耗，可能会出现胃溃疡、胸腺退化、免疫系统破坏等不良后果。坚强的意志，开朗的性格，乐观的情绪，长期生活经历中锻炼而成的对紧急局面良好的适应能力，对于解除焦虑状态，则是一剂最好的灵丹妙药。为了远离焦虑，避免焦虑对身心健康带来的不良影响，平时应当正视现实，主动面临挑战，以适应复杂多变的环境。

怀疑是一种不健康的心理，对法治的不信任和怀疑心理主要产生于首先是对法治建设抱的希望太高，结果法治建设过程中出现了一些问题，因某些问题处理不当，遭到了挫折，成为法治建设中的受害者和失落者，由希望变成失望，反过来对法治不信任，还有一些人是从一开始就对法治建设产生怀疑和不信任。当一个人由初期的希望变为失落后，他的不信任感就会增长，怀疑心理就会加大，对法治建设就会产生痛苦，一部分人由痛苦而产生极端不信任心理，有时这种不信任心理陷入痛苦的深渊，不能自拔，甚至对法治建设产生绝望。存在怀疑心的人往往对别人的一言一行，一举一动都认为是有特殊用意的，因此引起很大误会。具有这种变态认识的人，往往与周围的人关系紧张。

（三）逆反心理

逆反心理是一种与众人对立的、和常态性质相反的、逆向反应的情绪体验和行为倾向，表现为态度偏激和不配合，反着做。逆反心态是生理、心理诸要素经过一系列多层次的变化改组而形成的暂时神经联系的活动状态，它的发生不受制于客观事物的性质，而是取决于主观的愿望，常带有一些破坏性的后果，逆反心态主要来自 10 年动乱的劫痕。10 年动乱中，一些正直的人被打成反革命，有的坐牢，有的生活无着，在心理上留下了对社会的不正常心态。

（四）妒忌心理

主要产生于领导层和既得利益层。妒忌是一种不服、不悦、自惭、怨恨甚至带有破坏性的复杂的感情。妒忌是由主、客体的差异、悬殊及其改变造成的。它是一种对别人的优势欲得而不能所引起的不正当心理，它是私欲的产物。妒忌心自古有之，早在先秦诸子百家之后，2000 多年来中国基本上没有出现过具有独创性的思想家，主要原因还是统治者的妒忌杀人使中国的天才人物较之西方民族更难存活。妒忌心表现为相互竞争、你追我赶的共同发展和相互拆台、拖后腿，谁也过不好两种。正常的妒忌心有利于社会的发展，有利于竞争。不良的妒忌心理互相拆台，拖后腿，不利于社会经济的发展。从法治的角度来看，当法治对某些人不利而对另一些人有利时，就有人会破坏法治，阻碍社会的发展和进步。有的人认为："人治对我有利，为何要让你享受法治之福而于我不利呢？你比我幸福，我就不舒服。"法治对大多数人有利，必然对少数人是限制；人治是对极少数人有利，而对多数人是限制和约束。很多人看谁比自己幸福就受不了。这种人认为法治的平等性对自己不利，不愿进行法治建设。新中国成立后，随着封建思想废除，人们的思想发生了很大的变化，随着法律面前人人平等的普及，封建等级特权有所减少，但专权和妒忌心理仍然存在。

（五）随意和蒙混心理

随意的心态对法治建设作风飘浮，不认真，随便，信口开河，随意性很大，本来很严肃的法治问题变得不严肃，很规范的事变得不规范了。这种心态反映了一个深层次的法治问题，应该引起重视。蒙混过关，也是绝大多数违法者的心态，否则，他们就不会故意违章。而当强制执行力削减时，其侥幸心理会大大增强，从而出现变相对抗执法的行为发生。缺乏文明的自律与自觉，正是社会进步的一大障碍。

（六）法治淡漠心理

淡漠心态是指人们对待事物因遭受某种打击带来的不幸而对其失去了信心。从法治的角度看，人们在这种心理的支配下，对法治建设往往表现出漠不关心，对法治的追求十分冷淡，甚至会产生敌对情绪。这种心理表面消极，但却从另一个侧面反映出人们对法治的渴望和追求，也反映出人们对法治认识的不成熟和遇到挫折时的不稳定性和摇摆性。这种心态表现在执法人员的执法工作中所取得的成绩未能被群众和媒体的认可，甚至遭到非议、误解、批评和无端的指责时所产生的。这些人员平时所做的工作不但得不到群众的肯定，反而要受到责骂，感到委屈而产生多一事还不如少一事、多管不如少管、少管不如不管的心理。对这种心理，我们应加以引导，增强其对法治的信心。

（七）矛盾心理

在行政执法过程中，有的执法队员一方面对违章者的行为感到厌恶，另一方面又看到其生活艰辛、赚钱艰难，认为他们是生活在低层的弱势群体，值得同情。但由于工作的要求，执法的需要，又不能不履行职责，因而在执法中有时会感情用事，优柔寡断，往往象征性地暂扣其经营工具或以低限对其实施处罚，有时甚至对违章现象视而不见，未能依法办事、公正执法、严格执法。

此外，还有迷信心理和安分心理。迷信心理相信有一种超自然的力量决定着自己的命运，对于事业遭遇到困难和挫折时常常心里苦闷，缺乏独立思考。迷信心理是心理不健康的表现，它使人意志消沉、悲观失望、性格软弱，丧失信心。从法治的角度讲，迷信心理表现为法治的实现应由上天掌握，与己无关，不愿为法治建设做出自己的努力。安分心理对法治建设持平静心态，谨小慎微，只求现状，平静过日子，目光短浅。这对于法治建设的长远目标发展仍有不利的影响。

三　影响民众法治心理的原因

影响民众心态的原因是多种多样的，既有客观因素，也有主观因素；既有生物因素，也有社会因素。他们彼此之间相互渗透，相互转化，共同影响着人们的心态的发展和变化。由于生活环境、社会地位、所受教育状况、科学文化水平所决定，人们的心理状态和想法也不一样。

首先，传统思想的影响。中国的传统社会是一种官本位社会。官本位思想在人们的头脑里根深蒂固。在这种社会中，"身份"被赋予了一种尊卑意义，而其法治意义则被消解殆尽。由于几千年来封建社会的高度集权和新中国成立后，计划经济模式下形成的长官意志和惯性作用，使我们的执法人员养成了"我执法就是我说了算"的唯我独尊的思想意识。虽然我国有一定的法治传统，但这主要是一种辅助的治国措施，历史向我们展示了这一传统的反面，法治只是传统背景下制约百姓的单向活动，并不具有当今意义上法治。

我国既有"法治"的传统，也有崇尚人治、轻视法治的不良习惯，特别是 10 年"文化大革命"，法治建设遭到严重破坏，这在人们心中留下了难以磨灭的影响，并且严重干扰了人们对法治的选择。

其次，现实社会因素的原因。由于现实生活的影响，法治地位并没有得到根本改变。人们的经济收入少，生活待遇差是一个一直困扰法治实现的重要因素。尽管党和国家想了许多办法，努力提高人们的生活待遇，改善人们的工作条件，但是，国家大，不可能一下子就能把法治建设的事做好。另外，法治建设是一项周期长，见效慢的工作，不可能短期内能实现。因此，违法违规，贪污腐败的现象不可能短期杜绝。这些现象会加剧人们对法治的不信任心理。

社会实践活动是人们心理发展的基础，是主客观之间的中介和桥梁。环境是影响人们心理的社会物质条件，人们生活环境的不同，其心理发展也会存在差异。这就决定了人的经历不同，其心态也会不同。由于 10 年浩劫使许多人蒙受冤屈，是巨大的政治挫折，与周围同志顶撞、吵架和别人对自己的蔑视、诽谤或妒忌、疏远、猜疑，引起民众心态发生变化。

适应新形势的能力差。由于人们的综合素质还不高，跟不上时代的步伐，仍用老眼光看待事物；用旧观念处理新形势；用旧方法处理改革开放中遇到的新问题；一些人受利益的驱动，一切以"钱"为中心，利用职权滥罚款、滥收费等，引起民众对法治的怀疑。

教育也是一种影响人们心理的因素。教育是教育者对被教育者的一种有目的、有系统、有计划的影响过程。这种影响对人们的心理活动意味着良好的教育方式会对人们产生良好的影响；教育方式的不当会扭曲人的心理，产生不良的心态。中国是世界上最大的发展中国家，人口众多，经济落后，国民素质差，文盲、半文盲人数达 2 亿左右。像中国这样的大国，搞法治最大的障碍之一就是教育的落后。通过教育，使人们正确认识法治的地位和作用，增强人们对法治的自信心和自豪感，吸引更多的人关心和从事法治事业。

法治的要求与人们的行为活动极不相称。在当今社会，法治的作用已为广大群众所认识，但是，法治的崇高和至上，与法治的实践形成了鲜明的反差。法治实施的效果不好，决定了人们对法治的兴趣也低下，这与法治的崇高和至上是极不相称的，如果这种状况不尽快改变，势必会影响人们对法治的心理认同，甚至会产生强烈的心理拒斥作用。

再次，个人自身原因。个人主观因素是指个人的认识、情感和意志的综合，是个人注意的集中或分散、思维的活跃或刻板、情绪的兴奋或平静等心理状态，是指个人的需要、动机、兴趣、信念、人生观等的心理倾向。对于同一问题，不同的人有不同的心理态度。生理发育的发展和成熟是心理发展的基础，它对个人的心理发展具有不可低估的作用，它影响着个人的心理发展。生理发育不成熟或不健全的人容易产生不平衡的心态，总觉得不如人或超人一等，要么自卑，要么自傲。个人的文化水平、法律意识普遍较低，分析问题、处理问题的能力带有一定的局限性。

挫折的形成除了客观因素外，主观因素是决定性的。人的肌体状态、性格类型、心境背景和抱负水平、体验水平、挫折耐受力等主观因素是重要的。一般说来，体质好的人比体质差的人受挫力强；理智型的人比情绪型的人受挫力强；心境好的人比情绪忧郁的人受挫力强，等等。

第三节　调整心理,端正心态,为法治创造一个软环境

一　概述

健康的心理、良好的心态和情绪是健康的基础，也是法治得以实现的基础。影响心态和情绪的因素既有环境因素，也有生理因素。不论消极观念、落后心态，都只是一种暂时现象。从法治的角度看，健康的心态反映出人们对法治社会发展的积极追求。

面对市场经济的发展和法治国家的实施所造成社会心理上的不适应和消极影响，人们应从社会心理上进行调整。首先，民众应拓宽社会认知，全面了解市场经济和法治社会。社会认知是社会心理的传导器和感应器，社会心理所受的影响都是通过社会认知发生的。当人们对某一认知对象所接受的信息都是同一类的时候，便可能产生认知偏见。因此，要对市场经济和法治社会有一个全面的认识，就要拓宽社会认知的范围，从多方面、多角度了解市场经济和法治社会，避免认知偏见。其次，培养对市场经济和法治社会的情感和习惯。为了能适应市场经济和法治社会的变化，应培养对市场经济和法治社会的情感，不能因为市场经济和法治社会碰到困难而加以排斥。再次，要把社会心理因素设计到市场经济和法治社会中去，努力减少民众对市场经济和法治社会的担忧心理和紧张情绪。

由于市场经济和法治社会的实施时间不长，人们对存在的问题从心理上会产生一种失衡状态：对不正之风"闻着臭，吃着香"的矛盾心理；"有权不用，过期作废"的投机心理；急功近利的浮躁心理；看一切都不顺眼的赌气心理。这种心理实际上已影响着中国法治的实现。面对这种消极现象，我们既要看到其严重性，又要看法治的发展要求是社会的主流。对于消极心态，我

们要通过家庭、学校、社会等各方面对民众进行道德和法治教育，培养良好的道德品质、严格的法治观念和健康的心理习惯，形成正确的人生观和法纪观。充分运用舆论的、行政的、法律的手段，对违法犯罪行为给予必要的谴责、处罚和制裁，抵御外界不良因素的影响，预防不良动机的形成，促使不良动机的良性转化。通过社会环境的纯洁和净化，培养人们的良好心理品质，为法治建设打下良好的心理基础。

经过几十年的风雨兼程，民众的心态经历了从浮躁到平衡。20世纪80年代中国改革开放和社会发展过程中的承包热、经商热、"下海"热、出国热、西方文化热、股票热、投资热、房地产开发热等，但随着改革的深入发展，热度明显下降，理性化的趋势增强。80年代，人们对于改革开放的关注，更多地集中在工资增长和物价问题上。到了90年代，人们更多地关注法律制度和腐败等深层次的问题。同样的热点问题，80年代与90年代也有很大区别。例如，同样是经商热，80年代"下海"的盲目性很大，90年代的"下海"者理性增强。随着改革开放20多年的发展进程，整个社会心理也经历了一个由无序到有序、由浮躁到平衡，由困惑到逐步成熟的演化变迁过程，民众的心理承受能力不断增强，改变了民众的社会心理结构，使民众心理实现了新的稳定有序状态。随着整个市场经济和法治建设的深入和发展，民众的社会心理逐步与市场经济和法治建设相同步，民众心理逐步成熟，社会心理的理性因素增强，非理性因素削减，民众少了许多狂热和浮躁，这对于市场经济和法治建设来说，无疑是一种必要的条件。

二 调整心态，使其符合法治建设要求

我国在漫长的文明发展过程中创造了先进的文化，同时也留

下了封建的糟粕。儒家思想是中国封建社会的正统思想，重人治而不重法治，重血缘、讲亲情是中国封建社会延续的主骨架。这种思想长期渗透进国民的心灵深处成了现代法治建设的最大心理障碍。由于法治心理是社会成员在法治建设中产生的，是人们在日常生活及相互交往中根据以往的经验和直观感受自然而然地形成的，因此法治心理的形成过程是一个极其复杂的缓慢过程，是法治环境长期作用的产物，是长期社会化的结果。法治心理的形成将对法治建设产生积极的影响。由于封建人治心理的根基深深扎在社会成员心里，因此要用法治心理去取代人治心理，塑造一种新的法治心理需要一个长期而复杂的过程。笔者结合中国的历史和现实，对人们法治心态的形成做一些探讨。

首先，普及法律知识，提高法律意识。依法治国，建设法治国家是我国的治国方略，法治事业是全社会的事业。法治心态对法治建设有着重要影响，正确认识与对待心态问题，发挥每种心态的积极作用，避免其消极作用，有助于法治事业的发展。从人的气质心理来看可分为胆汁型心理、多血型心理、黏液型心理和抑郁型心理，每种心理各有其特点。我们要充分认识到不同心理都有容易培养的良好品质，例如，多血型心理的人易培养活泼和易感的特性，胆汁型心理的人易培养动作迅速的特性，黏液型心理的人易培养安静和耐性的特点，抑郁型心理的人易培养情绪稳定和深刻的特性。同时防止或克服每一种心理易产生的不良倾向。针对不同的心理特点，加强对民众进行法治心态的教育，让民众树立牢固的法律意识，充分认识法律无处不在，在法律面前不要心存任何侥幸心理。由于我国的法治建设起步晚，民众的法律意识淡薄，法治心理不成熟，因此必须抓好民众的法治心理教育和辅导，矫治民众的心理倾向，扭转到法治建设的轨道上来。

　　从社会的要求来看，加强法治心理教育，培养人的宽容心。宽容是心理养生的调节阀，是一种良好的心理品质。宽容不仅包含着理解和原谅，也显示着气度和胸襟、坚强和力量。法治建设过程也需要人的心理的宽容。人在法治社会交往中，既要善于维护自己的合法权益，也要能容得别人，面对适当的吃亏，最明智的选择是学会宽容。一个不会宽容，只知苛求别人的人，其心理往往处于紧张状态，从而导致人际关系也处于心理紧张状态，使心理、生理进入恶性循环。这对于建立法治社会和和谐社会是不利的。学会宽容就会严于律己，宽以待人，这就等于给自己的心理安上了调节阀。

　　其次，加强对人们的心理健康教育，做好心理矫治工作。心理引导和法制教育可以增加民众对社会、对法律、对道德以及对自我的认识和认同，使人更好地处理好个体和群体、社会的关系。全面推进素质教育决不能忘记旨在培养和提高民众心理素质的心理健康教育。在新形势下，加强民众心理健康教育工作必须坚持以培养人为中心，以提高民众的心理素质为重点，着力于心理健康知识教育、个性心理品质教育、心理调适能力和适应社会能力培养，培养市场经济和法治建设需要的合格人才。科学分析民众的思想特点和心理特点，注意发现和调动民众思想和心理中的积极因素，促使民众的心理需要与市场经济和法治建设协调发展。

　　再次，培养良好的法治习惯和心理品质。法治要求全社会成员要自觉遵纪守法和严格执法司法。为了保证法治的实现，人们应当反复训练与法治相关的能力和习惯，习惯成自然。法治建设是长期和反复的过程，法治要深入，不能当儿戏。加强对民众的思想政治、职业道德、法治教育和心理素质教育，使民众树立正确的世界观和价值观，树立良好的职业道德风尚和法治观念，具有良好的心理品质。

顺其自然，适当调整，树立良好心态。碰到问题和困难应当适当宣泄，但不要具有公害性和伤害他人。善于全面看问题，不要总是看到阴暗面。乐观是一种积极向上的性格和心境，是心理养生的不老丹，也是法治建设对人们的要求。从法治的角度看，乐观可以激发民众对法治建设的活力。而悲观则是一种消极颓废的性格和心境，它既影响民众的身心健康，也影响着法治建设的开展。

还有，积累丰富的知识和经验，具备良好的心里基础，建立合理的思维能力结构，为法治建设打下坚实的基础。思维能力由分析能力、综合能力、比较能力、抽象能力和概括能力所组成。这些能力相互联系，组成完整的思维运动过程。为了发展人们的法治思维和综合能力，养成对法治进行分析和综合的习惯，就必须全面的、均衡的发展人们的法治思维能力，使人们在思维过程中，运用自己的综合思维能力，结合其知识和经验去提出社会问题、分析社会问题和解决社会问题，并不断丰富自己的法律知识和经验，使思维活动建立在雄厚的知识的基础上，提高思维能力。

稳定的思维、积极的心理和高尚的情操是法治建设的重要心理条件，它能够提高人的智力水平和体力水平，保持良好的心态，因而只有培养稳定的思维习惯，才能进一步保持法律的稳定性。一个人对法治事业的热爱，是进行法治思维的必要条件。法治内容越丰富，个人与社会的一致性就越和谐、协调，情操就越高尚。法治思维的一贯性和逻辑性要求首先是保持法律整体的有机联系和一致性，其次修改法律应注意保持法律前后的连续性和逻辑性，不应前后矛盾。

最后，培养强烈的法治事业心和责任感。法治是有目标的，

　　法治的目标需要民众的积极支持和配合，而民众的事业心和责任感是法治发展的动力。西方法治的发展有一大批具有强烈的法治事业心和责任感的人在推动。法治事业心和责任感促使民众积极进行法治思考，为法治发展提供动力。在转型期的中国，法治建设成了治国方略。中国法治的实现需要培养民众强烈的法治事业心和责任感。为此，我们实现了大学教育由过去"精英教育"向"大众化教育"的过渡，并在这一过程中贯穿了法律基础教育。这有利于民众整体素质的提高。我们应加强民众的思想道德教育和法治教育，培养民众的法治事业心和责任感，增强民众心理健康教育工作的紧迫感和自觉性，积极为发展社会主义法治事业创造条件。

　　总之，法治离不开良好的法治心理和心态。我们应认清民众的法治心理和心态，有针对性地进行民众法治教育，培育其主体意识、权利意识、参与意识、监督意识、法治意识、宽容意识，努力创造一个公平、公正、和谐、稳定的社会法治环境，尽量减少社会丑恶现象对社会成员的不良心理影响，为社会成员健康法治心理的形成创造一个良好的社会氛围，使民众形成一种崇尚公正、民主和法治的法治心理，从而实现由人治心理向法治心理的转变，最终实现法治的目标。

第二编

法治之基

　　法治建设如同建设高楼大厦，首先得探其源，建其基。基是表面外露的部分，就如墙基，有显性，属可看得见之物。法治之基与法治之源的区别在于，基在源之上、之外，乃法治的基石、法治的立足点和支撑点。中国法治之基应基于中国的经济、政治、社会现实和法治大厦所需之基础。

第七章

市场经济：法治的决定性基础

计划经济是政府经济，要求政府直接参与经济管理和资源分配；市场经济是法治经济，需要法治调整经济和市场对资源进行配置。积极发展和完善市场经济，特别是农村经济，建立农业商品市场，由自然经济向商品市场经济的转变，形成市民社会和契约社会，为法治奠定坚实的物质基础。

第一节　概述

一　市场经济是我国社会经济发展的必然要求

市场经济是一套规范个人行为、给人以刺激并使人能够从中获得好处的制度安排，是一种保护个人自由选择的交易机制。市场经济是现代各国经济发展的有力杠杆，是实现社会主义现代化、强国富民的必经途径和必要手段；市场经济包含着人类经济文明的丰富内涵，体现着人类经济建设与发展的智慧和经验。"与国家干预和集中计划相比，市场经济具有不可比的优越性：（1）能够使企业和劳动者的积极性得到充分发挥；（2）能够有效地配置经济资源；（3）能够更好地提供对经济增长的刺激和贯彻经济增长的目标；（4）可以提供更广泛的信息，并且信息的成本不高；（5）可以避免和减少直接行政控制下的低效和腐败。"①

　　市场经济是要求主体自由平等的经济。但是奴隶社会的奴隶是奴隶主会说话的工具，封建社会的农民对地主存在人身依附关系，整个社会等级森严。而资本主义社会针对封建等级和人身依附，提出了平等、自由。资本主义市场经济的确立，一方面权利和自由得到保障，另一方面权利和自由受到约束，并随着市场经济和社会化大生产的发展而逐渐增强。社会主义国家的人民当家做了主人，人格的独立性得到了发展，市场经济的主体平等得到了充分的体现，人们学会了自我管理和自我约束。

　　市场经济是保障公平竞争和政府宏观调控的经济。市场竞争包括市场竞争开展的充分性和市场竞争开展的有效性。市场竞争必然会导致垄断产生，即使完全的市场竞争也不能解决收入分配不公正的问题，仅仅依靠"看不见的手"来调节市场，必然导致市场失灵。为了克服市场自发运行而导致的市场失灵，做到既充分发挥市场的调节功能，又要有政府对经济和市场进行适当干预和调控，因而国家干预论应运而生，以实现市场经济中各种生产要素的统一和效率、公平的统一。国家对市场经济的干预，是市场经济发展到一定程度的必然产物。从历史发展看，无论是以经济自由主义为主旨的政府，还是奉行国家干预主义的政府，注重政府干预的法制化都形成其经济管理的一个基本特点。

　　市场经济需要多方面的配合。首先，市场经济必须有一个完整的市场主体体系，通过市场主体体系这个载体，把国内市场与国内市场、国内市场与国际市场有机地结合起来，实现中国法律与国际法律的对接；其次，市场经济要求把竞争、效率

---

　　① 罗肇鸿、张仁德主编：《世界市场经济模式综合与比较》（总序），兰州大学出版社 1994 年版，第 5 页。

和效益有机结合，并做到合法、合理和兼顾社会公平，充分体现民主、自由、平等以及公开、公正、正义等原则和精神，调动市场经济主体的积极性和开拓创新精神，优化社会资源配置；再次，市场经济建设是经济发展、社会进步和法治健全的系统工程，是经济、社会、生态、环境、法治的同步开发、协调发展的过程。在这些关系中，经济、社会、生态、环境的发展和保护需要法治作后盾，市场经济的发展需要社会、生态、环境和法治的保障。

市场经济是文明经济，要求经济效益与社会效益、精神文明相统一，注重对公民和法人的权利保障。

新中国成立后形成的计划经济体制，使我国社会高度政治化，公共权力成为维系整个社会的核心，使社会个体的生存完全依附于公共权力，这是造成我国经济社会领域陷于"一管就死，一放就乱"怪圈的主要原因。新中国成立50多年来，在经济体制上走了一条从排斥市场到市场为辅再到市场为主的艰难道路。改革开放之前的历史条件使我们把市场经济看作资本主义的洪水猛兽，从而坚决地排斥，集中计划的程度越来越高。但在改革开放过程中，浮在意识形态层面上"姓社姓资"的争论始终没有停歇，它不断地冲击和钳制着中国经济改革的市场化趋向。在理论上，对市场经济一直是"犹抱琵琶半遮面"，只承认有限度的市场调节，不承认整体上的市场经济。因而，我国市场化趋势的改革，就必然存在着可逆性和摇摆性。通过改革，人们切身体会到，越是向市场靠拢，经济越活，市场上的商品越是丰富，人们自由选择的空间越大，人们的生活水平就越是提高。经过10多年的沧桑历练，终于可以与市场经济全面接轨，真正走向成熟、理性、开放和公平，由垄断经济向市场经济迈进，与WTO规则接轨。随着人们对市场、法律和政策等相关因素的了解和把握越来越深入，我国最终走出了计划经济本位论的樊笼，步入了市场经济的轨道。

实践证明，现代市场经济是最具效率和活力的经济运行载体，它既包含了刺激微观活力的成功实践，也包含了完善市场规则和宏观调控的成功实践。市场经济的灵活有效性、公平竞争性和法规有序性等特征，决定了它具有极强的吸纳能力和兼容能力。迄今为止，全世界除极个别国家之外都纷纷走上了市场经济的道路。中国经济改革的最终目标是建立社会主义市场经济。

二 市场经济是在一定意义上的法治经济

现代法治的基础是市场经济，现代市场经济必然是法治经济，把法律作为对经济运行实行宏观调控和微观调节的最主要手段，其他各种手段都必须纳入法治的范围，并要求整个社会生活与之相适应。市场经济规则既是一种经济制度，也是一种法律制度，同时也是现代法治文明的结晶和硕果。

法治是市场经济的必然要求。市场经济是交换经济，交换的有序进行必须有强有力的法律保障；市场经济的运行过程需要法律调整；市场主体的独立性和平等性需要法律加以确认；市场经济的开放性需要法律规则来打破地区封锁和条块分割，保证整个市场的正常运行。

市场经济主体的独立性和平等性要求法律面前人人平等。独立性是平等性的前提，平等性是独立性的体现。平等性是市场经济对市场主体的基本要求，也是公民在法律面前人人平等原则的体现。随着市场经济的建立，市场经济要求经济主体依法自主经营、自负盈亏、自我发展、自我约束。通过不断限制强者和不断保护弱者的过程，从法律上和事实上实现市场主体的平等化。法律要求任何参与市场活动的组织和个人都应遵守宪法和法律，享有宪法和法律规定的权利，承担相应的义务，不得享有任何特权。

市场经济活动离不开法律手段的规制和调节。市场经济要求经济主体有更多的自主性、自由度并承担更大的竞争风险，就必然要求有严格、科学的经营管理形式和制度，要求稳定的、严密的市场规则和规范，以使经济活动有序地进行，并具有更高的效益。市场经济要求人们不断地去探寻、创设、发展和完善各种有关生产、经营、流通、交换和分配的制度、管理办法和规则，使有关的各种法律法规也愈来愈周密、完善，努力建立和健全现代经济管理机制。

市场经济要求贯彻公平竞争、效益优先的原则和机制。这些原则和机制只有在法治的社会环境中才能获得充分的发展和有效的运行。竞争机制是市场经济体制的一个重要特点，也是实行改革开放的重要目标。市场经济通过自由竞争和社会经济资源自由转移，使经济资源在各部门之间配置达到最优。但是竞争又会给人们带来压力，引起人们的心理冲突；人们的价值观念的多元化和市场经济的公平和效益也会引起人们的心理冲突。如前所说，法律是各种社会关系和社会矛盾的平衡器，这些冲突需要用法律的手段来解决。

社会从野蛮走向文明，从落后走向发达，其市场经济得以发展和完善，本身就是一个法治不断完善的过程。西方通过几百年的法治发展，社会经济越来越发展，法治也越来越发达。法治为其经济发展创造了一个稳定的社会环境和良好的秩序。

随着我国市场经济的发展，法律越来越完善，法治也得以发展和完善。可以说，市场经济发展过程本身就是一个与法治相伴和相互协调的过程。

第二节　市场经济是法治的决定性基础

经济基础决定法治产生、发展和变化，市场经济决定了法治必须适应市场经济发展的要求。

一　市场经济为法治提供了广阔的存在和发展空间

市场经济为法治提供强大的物质基础和物质支持，为法治提供发展条件，并加快法治的发展进程。市场经济促进法律的制定、修改和废止的进程，促进法治的实施，促进法治的发展和完善，促进司法领域的变化和全民法律意识的增强，为法治促进和保障经济发展提供更加广阔的空间。可以说，市场经济的发展过程就是法治的发展过程。

市场是配置资源的有效手段，市场机制能够实现资源的最优配置。市场的好处在于他们给予买卖双方提供选择的自由，并且通过价格机制达到经济活动的协调。市场在优化资源配置方面发挥着重要作用，但又存在着许多市场机制无法施加影响的外部因素，影响着资源配置的效果。市场机制本身的缺陷需要借助市场机制以外的力量予以校正和弥补。这些问题需要法律来调整。法律是解决这些问题最有效的常规性办法。

在奴隶社会和封建社会，人类曾经通过特权和政治权力来配置当时人类最重要的生产资源即土地和劳动力，人类为此付出了高昂的代价。如重农抑商政策在封建社会初期对农业以及社会经济的发展，对新兴地主阶级政权的巩固起到了积极的作用。例如，商鞅变法采用各种手段实行重农抑商政策，鼓励发展农业生产，促进了秦国的经济实力不断增强，为后来秦始皇统一六国奠定了物质基础。西汉初期实行重农抑商政策，调动了农民的生产积极性，促进了汉初经济的恢复与发展。但是到了明清时期，随着生产力的发展，商品经济的活跃，中国资本主义萌芽已经出现，而封建统治者仍坚持重农抑商政策，把商农的发展对立起来，从而阻碍了资本主义萌芽的成长，违反了经济发展的规律，这样就失去了其产生之初的进步性。

15世纪初，正当文艺复兴运动进入初期发展阶段之时，重商主义兴起。当时社会上追求商品生产更快发展，追求商业资本的迅速增加和货币资本的不断积累，已成为一股潮流，旧的封建制经济被新的商品货币经济所代替。到了资本主义社会，随着社会分工的发展和深化，市场在配置资源方面的作用日益明显和加强。资本主义经济是商品经济，它具有开放性和扩张性的特点。但是，市场并非万能，市场对某些经济现象无能为力，需要由法律来加以调整。政府为实现就业、稳定物价、促进经济平衡增长的目的，对市场依法进行干预。其中，在宏观调节方面注重立法的作用，坚持依法调节，已成惯例。政府采取将经济政策法律化和制度化的方法和手段，依法进行宏观调节，使法律在维护和保障市场秩序，促进经济增长等方面，发挥了其他手段所不能取代的重要作用。这种做法随着市场经济的发展又得到进一步的发展和完善，成为国家干预宏观经济的原则和基础。由于承认市场有缺陷，所以需要通过法律手段来弥补。

我国在改革开放以前，由于强调和维护计划经济，因而对待市场则是另外一种态度，把市场看做是划分社会制度的标准，而不是配置资源的方式。1992年初，邓小平同志视察南方并作了重要谈话，再次明确提出："计划多一点还是市场多一点，不是社会主义与资本主义的本质区别。计划经济不等于社会主义，资本主义也有计划；市场经济不等于资本主义，社会主义也有市场。计划和市场都是经济手段"。① 1992 年召开的党的"十四大"，明确确定把建立社会主义市场经济体制作为经济体制改革的总目标，解决了一个关系社会主义现代化建设大局的重大问题。十四届三中全会通过的《中共中央关于建立社会主义市场经济体制若干问题的决定》，进一步勾画了建立社会主义市场经济体制的蓝图和基本框架。邓小平同志关于社会主义可以搞市场经济的思想最终得到贯彻。在市场经济条件下，市场这只"看不见的手"，调节着人们的生产和消费。按照亚当·斯密的说法，市场经济是一种最能满足人类生活需求的经济体制，也就是人们自由劳动、自由交换的市场体制。它的最大特点是经济自由得到最大体现。但完全凭市场机制自发调节资源分配，就会形成社会各阶层之间的收入差距过大。这说明，市场经济既有积极的市场调节功能，也有政府对市场的适度调控功能。市场与政府作用的交互结合是现代经济发展的依托和保障。市场经济的特点及其本身存在的缺陷和政府作用的实现，必然要求法律规则对其加以填补和调节。因而，市场经济越发展，人们对法律的要求就越多。

二　市场经济必须建立和完善法治

从历史发展看，资本主义发展到今天，一方面是在市场中追求自由活动，使它朝着追求市场规律的方向发展；另一方面是对市场规律所带来的自然结果进行介入和调整，从而确保社会成员收入分配相对合理。做好这两方面的工作靠的就是法治，因而，资本主义市场经济的发展促成了资本主义法治的发展和完善。经过多年的法治建设，建立起一套完整的市场法律体系以及干预市场的法律机制，确保了政府干预市场以法律手段为主的可能性和

---

① 《邓小平文选》第三卷，人民出版社 1993 年版，第 373 页。

现实性。同时也确保了政府干预在顺应市场发展要求前提下逐步走向全面化、经常化、固定化和合法化。

我国现在仍然处于社会主义初级阶段，经济文化相对落后，各项改革还处于深化中，立法还有待完善，执法和司法组织有待改革和完善、健全；公民办事的习惯也还有待于法制化。我国根据经济社会发展的客观要求，1982 年《宪法》颁布实施以来，我国对现行《宪法》分别于 1988 年、1993 年、1999 年三次运用《宪法》修正案的方式进行了修改，通过 17 条修正案，把一系列重大理论观点和重大方针政策写入《宪法》。其中，1993 年《宪法》修正案第三条把"社会主义初级阶段"、"建设有中国特色社会主义理论"写入《宪法》序言第七自然段；第五条规定将《宪法》第七条中的"国营经济"改为"国有经济"；第六条规定将《宪法》第八条第一款中"农村人民公社、农业生产合作社"改为"农村中的家庭联产承包为主的责任制"；第七条规定将《宪法》第十五条中的"国家在社会主义公有制基础上实行计划经济"改为"国家实行社会主义市场经济"。1999 年《宪法》修正案第十三条规定《宪法》第五条增加一款"中华人民共和国实行依法治国，建设社会主义法治国家"。《宪法》修正案及时反映了建设有中国特色社会主义实践的成果，为改革、发展和市场经济奠定了根本的宪法基础。

第三节 积极促成市场经济的发展和完善

随着社会主义市场经济体制的完善，社会成员主体意识的增强，市民社会的逐渐发育，法治也在逐步健全，人们更多地享受到了改革开放和经济增长的成果。同时，在建设法治国家和市场经济的过程中还有更多的工作需要党和政府以及全社会成员的共同努力。笔者认为主要做好以下工作。

一 实现多元市场主体的平等地位

市场经济要求具备统一性、自由性、公正性、竞争性等条件。而要维护全国市场的统一性，首先要求全国市场经济活动遵循统一的法律、法规，做到市场的公正性。其次要做到法制统一，使一切市场参与者，在市场经济活动中应遵守同样的法律、法规，不容许市场主体的身份不同、待遇不同。

市场主体是构成市场的基本要素。市场主体具有独立的人格，享有充分的经济自由，是市场得以运行的基本条件。而人格独立、经营自由在法律上集中体现为市场主体所拥有的生产经营权。平等性要求市场主体在生产经营和消费过程中除了存在规模大小的差别外，在法律面前都应处于平等的地位，享有平等的权利，承担相应的义务，不应存在经营上的等级和特权。

我国不同所有制之间目前仍然存在等级差别和待遇差别。全民所有制企业法、集体所有制企业法、私营企业法、三资企业法、合伙企业法的等级和政策待遇本身就存在差别，再加上人们观念的影响和人治因素的原因，带来的后果往往是：一是在生产经营活动中的待遇和满足条件不同，通常为全民企业地位高，国家满足的条件好，实属所有企业的老大，集体企业次之，私营企业的生存条件差，往往需要在夹缝中求生存，甚至拉关系走后门。二是国家给予的保障不同，全民企业有国家作后盾，社会保障好，老有所养，因而有吸引力，人才聚集，但人浮于事的现象比较普遍，集体企业差一些，私营企业就无法保障了。三是处理纠纷的差别，全民企业属国家所有，处理纠纷的也是国家机关，总有一家人的感觉，而集体和私营企业就不一样了。四是劳动人事管理不同，全民企业有一套劳动人事管理办法，劳动者相对有劳动保障，而集体私营企业特别是私营企业就很难谈得上劳动保障。五是在投资和责任上的差别，全民企业是国家投资，是花纳税人的钱，而不是花管理者的钱，盈亏对管理者自己的利益影响没有集体和私营企业的大，亏了有国家承担（实际是纳税人承担），管理者自己总是可以找到诸多理由和途径推脱责任，而集体企业属于劳动者集体投资，亏损的责任在劳动者集体，与劳动者有利害关系，私营企业由私人投资，盈亏都由投资者个人承受。这些现象的存在对于市场主体而言，彼此间是不公平的，而这种不公平的存在，是由于企业间的地位待遇差别导致的。

要改变这种差别，首先得从法律入手来建立主体的平等地位。从主体的职能和作用上把市场主体分为经营型主体、管理型主体、服务型主体、裁判型主体和消费型主体。经营型主体包括公司、企业、联营、个体工商户、农村承包经营户、个人合伙和其他经营性个人；管理型主体包括政府、政府行业主管部门、政府职能管理部门和行业协会；服务型主体主要是指中介机构，如律师事务所、会计师事务所、税务师事务所、资产评估机构等；裁判型主体包括法院、政府裁决机构和复议机构、仲裁机构、调解部门等；消费型主体包括接受商品和服务消费的组织和个人。任何市场主体在实施管理或经营消费的过程中应当严格遵守法律，依法行事，职责分明，权、责、利明确，并认真履行职责，做到管理者依法管理，经营者依法经营，服务者依法服务，裁判者依法裁判，否则应承担相应的法律责任，受到法律的制裁。

二 建立和发展市民社会和契约社会

在市场经济条件下，法是市民社会的要求和反映，市民社会的形成和发展使调整市民社会的法律越来越发达。

法治秩序的构建应以市民社会为基础，而市民社会是商品经济的产物，是商品和市场经济的社会载体，市民社会是实现法治的社会文化基础，法治的真正基础和源泉是市民社会。市民社会是与市场经济密切联系的一个概念。根据马克思的观点，市民社会制约和决定政治国家，是法产生的基础。现代法治的实现，必须以市民社会为基础。市民社会主要是指在完全市场经济条件下，由摆脱了封建的政治和宗教束缚及人身依附关系，按照市场经济规律独立自主地进行商品生产和交换的"市民"个体所构成的各种不同的社会关系。人类通过市场使得人类在人与人相互之间的物质交换过程中相互依赖，各有所得。市场的内在精神是自由，即自由地择业、创业，精诚合作，互惠互利，共同生存。市场的理性是恪守信用、遵循市场规则、相互信赖、公平竞争，求得共存；市场的非理性则是尔虞我诈，唯利是图，逃避法律，偷税漏税，坑害他人和社会。这就需要法律的规制和契约的调整。

在自给自足的自然经济中，商业不发达，部落之间则仍然保持着淳朴的以物易物的古风。注重身份的社会控制往往缺乏对财产流动的兴趣；土地也往往与人的身份联系在一起。农场是封建领主的主要收入来源。商品社会是一个开放的社会，它要求要有一个开放的市场，市场应当有参与者，市场的参与者应该是独立的、自由的和平等的，社会分工是专业化的，人人都在参与市场活动，大家彼此构成一个市民社会。市民社会的要素包括商品、市场、参与者和法律规则，而且是开放的，只有这样，市民社会才能运转正常。传统中国是个等级身份制的封闭半封闭社会，由于受农业社会经济现实的制约，无论儒家还是法家都主张"重农抑商"。这种"重农抑商"的价值观念，与"重义轻利"思想相结合，约束着人们的思想和行为，再加上封建社会后期对资本主义采取遏制和封杀，无法形成独立、自由和平等的市民社会。因此，为了建立市民社会和契约社会，为法治建设提供一个良好的经济社会环境，应首先实现由封闭的小农经济向开放的商品经济转变，克服小农经济意识和自给自足观念，转为商品意识和观念，实现由农业社会向商业社会的转变。

三 转变政府职能是发展和完善市场经济的关键

我国经济管理已由计划经济向市场经济转变，由直接管理变为宏观调控。这就需要实现政府职能的转变。现代经济制度包括实行市场经济、股份共有制，建立现代企业制度、现代宏观调控制度、现代社会保障制度、现代金融制度、现代财税制度等制度。现代社会要求政府管理应该做到：一是不怕管，怕就不敢管，怕就管不好；不管可能会犯失职方面的问题。二是不滥管，滥用权力也容易出问题。该管的不管是失职，不该管的管了，则容易扼杀社会的创造力。在法治条件下，政府应选择依法办事。政府应从破除官本位意识入手，杜绝和减少政府对经济活动的直接干涉，实现经济管理的法治化。政府要运用法律抓好经济建设，把经济建设纳入法治轨道，增强全社会依法应对经济建设中问题的应急处理能力，依法打击少数无视法律、不顾良知谋取私利的违法犯罪行为，为做好经济工作创造良好的法治环境，努力保持我国经济发展的良好势头，全面实现经济持续快速增长。

四 克服地方保护主义，实现经济的国内一体化和国际一体化

在我国存在着一种经济现象，即地方保护主义问题严重。地方保护主义的表现形式多种多样，常见的形式有：在发展经济上

单纯追求产值，对环境保护重视不够，地方封锁、包庇护假、待遇歧视、执法司法歧视、"形象工程"、"政绩工程"屡禁不绝等等，不顾国家的整体大局。当地执法机关成了地方局部利益的维护者，少数执法人员甚至与违法犯罪分子沆瀣一气，结成利益同盟，运用法律的外衣谋取私利，极大地破坏了法律的统一性和严肃性。地方保护主义归纳起来主要就是地区封锁和行政强制交易。

从表面上看，地方保护主义给本地方、本部门带来一定的好处。但地方保护主义肢解了市场经济和法治的统一性，阻碍了统一的全国性市场的形成，严重干扰了市场经济秩序。仔细审视，地方保护主义的危害性十分严重，具体表现为：破坏市场的统一性和法律的统一实施；侵害市场主体的合法经营权益；危害到中央的统一领导和单一制国家的宪法体制，影响国家政令的畅通；危害到干群关系和地方政府的威信；加剧了不正当竞争；严重影响着中国与国际接轨。此外，行政垄断还扰乱国家的行政秩序、干扰政治体制的改革，影响到各民族的团结和共同发展、繁荣。

为了根治地方保护主义，首先，要加强立法，为依法管理奠定基础。通过加强立法，实行经济行政管理的公开性和透明性，促进政府部门职能转变，提高依法行政和依法管理的水平，树立全社会的平等观念和全局观念，摆脱地区利益至上的狭隘眼光，创建一个适于经济快速发展的软环境，进而实现市场经济的良性发展。其次，加强宏观经济调控。资源配置的方法，可以分为以行政手段为基础的行政配置和以市场机制为基础的市场配置两种社会资源的配置方式。我们应从整个宏观经济形势入手，正确处理中国宏观经济增长与地方财政之间的关系。再次，继续推进扶贫开发。贫困地区已经成为制约经济发展和形成地方保护主义的重要因素。进一步改善贫困地区的基本生产、生活条件，加强基础设施建设，改善生态环境，逐步改变贫困地区经济、社会、文化的落后状况，提高贫困人口的生活质量和综合素质，使贫困地区人口解决温饱问题，并逐步过上小康生活，实现全社会利益一体化，彼此不存在相互冲突的利益主体和价值判断，为消除地方保护主义创造社会经济条件。还有，规范和统一市场。政府应通过建立一套调整市场交易的法律制度，给市场经济主体提供一个更为广阔、更为规范的法治空间，同时政府也应规范自己的管理行为，做到不滥用行政权力限制外地商品进入本地市场或者本地商品流向外地市场。最后，加快信息流通。建立一套行之有效的经济信息系统，并按照行政层级制组织起来的整个社会去执行，保证信息的畅通，有效揭露地方保护主义，遏制地方保护主义的盛行，实现全国的经济大一统。

经济全球化和信息全球化对法律产生了前所未有的影响，国际商贸、市场准入、证券期货、商务税务、信息交流、环境和公害、人口和移民、国际犯罪，等等，使越来越多的法律现象全球化。在经济全球化过程中，国际法与国内法是相互渗透、相互作用和相互补充的。随着经济全球化的进程加速，国家在处理涉及国际贸易、国际投资、国际金融、国际环境治理等方面的合作将日益增多，我们应努力使国内市场与国际市场相协调，实现全球经济一体化。

第八章

诚信机制：法治的道德基础

道德是法治得以生存和发展的价值基础，道德评价不断地为法治输送养分，离开了道德基础，法治就会成为无源之水。诚信既是一个道德问题，也是一个法律问题。作为道德问题，它是人们在社会生活中根据相互的需要形成的一个内在约束机制，在于内心的约束和人们之间的相互评判；作为一个法律问题，它是现代市场经济活动和法治社会必不可少的法律约束机制。我们应以诚信为基础，以社会需要为满足，建立适应市场经济发展需要的法律体系和实现依法治国。

第一节 概述

诚信问题既是道德问题，也是法律问题。诚信问题还得从道德和法律说起。

一 中国传统意义上的道德

道德作为人们相互之间的行为规范，是依靠社会舆论和人的内心信念来维持的。同时，道德是人的一种理性行为，它的存在是符合社会和绝大多数人的根本利益的。道德是法律的评价标准和推动力量，道德对法的实施有保障作用。执法者的职业道德的提高，守法者的法律意识、道德观念的加强，都对法的实施起着积极的作用。

"德"在西周时是一个融道德、政治、信仰、策略为一体的综合概念。它要求统治者敬天孝亲，对己严格，与人为善，使用刑罚必须慎重。主张"德主刑辅"。周公制礼使礼的规范进一步系统化，礼的原则趋于法律化。周礼确定的基本原则是"亲亲"、"尊尊"。"亲亲"与"尊尊"的一致性，表现了族权与王权的统一。礼与刑在性质上是相通的，在适用上是互补的，违礼就是违法，出礼入刑。但礼与刑的适用对象各有所侧重。汉朝道德的法律化一方面把符合儒家原则上升为法律，另一方面在司法中引经决狱。从汉代以后，儒家的忠信观确立起来，社会以孔子的"人而无信，不知其可以"为基本的道德原则。唐朝继续并发展了汉魏晋以来的法律儒家化的潮流，使宗法伦理关系的礼进一步法律化，以至"一准乎礼"成为对唐律的主要评价。礼指导法律的制订，礼的基本规范直接入律，礼法互补。《永徽律疏》序言中明确宣布："德礼为政教之本，刑罚为政教之用，犹昏晓阳秋相须而成者也"。"相形于西洋的人人各自往外用力、向前争求的人生态度，而形成的彼此牵制、相互防范，在制约中求均衡的外在政治、法律设置，中国的传统思路是，彼此看待都很高，在相互感召中以精神提振向上相为励"。[①]

儒家从人性论出发，提倡用道德来引导民众的言行，通过长期的道德教化使社会充满"礼让"精神和"仁爱"精神，不仅可以预防犯罪行为的发生，而且达到其所谓理想的"无讼"的境界。儒家思想重视家庭伦理，其中"孝"又占了极重的分量，"百善孝为先"。家族伦理可以自然扩展为社会伦理，"孝"向上

① 许章润著：《说法活法立法》，中国法制出版社 2000 年版，第 22—23 页。

延伸为大臣对君主的"忠"，所谓"其为人也孝悌，而好犯上者，鲜矣"。"悌"是兄弟之间的关系，可以横向延伸成朋友之间的"义"。儒家的道德教化是向人们灌输宗法伦理思想和等级观念，其目的在于防止和消灭犯罪现象，达到巩固统治阶级的统治目的。儒家的思想在中国几千年的封建社会中一直居于统治地位，其对当时中国的法律发挥着重要影响。"三纲五常"的儒家礼教是中国古代正统道德的一般原则。法律与道德发生冲突时，自汉唐始便以法律的让步来解决，"亲亲得相首匿"的制度破坏了法律的尊严。儒家倡导在家族中要父慈、子孝、兄友、弟恭，其中"慈"可以向下延伸为君主对大臣的"仁"。只要家族中的传统得以保持，社会伦理也就自然得以维系，"修身、齐家、治国、平天下"。儒、释、道信仰给中国人建立了一套非常稳定的道德体系，所谓"天不变，道亦不变"。这套道德体系是社会赖以存在、安定和和谐的基础。传统文化中贯穿着"天、道、神、佛、命、缘、仁、义、礼、智、信、廉、耻、忠、孝、节"等，许多人可能一生都不识字，但是对传统戏剧和评书却耳熟能详，这些文化形式都是民间百姓获得传统价值观的重要途径。因此，对传统文化的破坏就是直接毁去中国的道德，也是在破坏社会安定祥和的基础。这就是中国人的选择。

二　道德是法律得以存在和发展的基础

道德与法律相互联系，同属上层建筑，都是两种重要的社会调控手段，都是为一定的经济基础服务的。道德对法律的制定和实施有着指导意义，通过立法确认某些道德标准为法律标准。道德法律化是实现法治的桥梁。道德是法律的精神基础，法律是道德的最基本体现。

道德主内，是内在的自律，发自内心的自我约束和社会舆论的外力作用于内心活动。法律主外，是外在的他律，是外部强制性的管束。只有道德和法律的内外结合，方可实现国家的长治久安。法治依靠法律的权威性和强制性，避免了随意性、任意性，保证了国家社会生活秩序和人民的合法权益；德治依靠社会舆论，依靠人的价值判断和人的良知与习惯来维系，在社会生活中也是一种强大的约束力量。

道德是法律的基础，法律是道德规范的制度化实践。"中国法的准据便在人心，即在'天道天理人情'，一以这天道天理人情为皈依。法律的合法性和神圣性在此；坏法恶法，必悖情逆理，必与一般民众的日常生活、普遍心情相抵牾，必与这个民族赖以生存的根本原则、基准理想相冲突"。① 像诸如正义、公平、平等、诚实信用、遵守善良风俗等普遍的或个别的法律原则，其本身就是道德的组成部分。法律有赖于道德的存在，法律规范之所以为广大的民众所遵守，不仅是因为在这些规范的背后隐藏着所谓的国家强制力，更主要的是这些法律规范本身合乎道德原则，并且民众相信它的正确性，合理性以及正义性。道德支撑着法律制度的建立，维系着人们对法律制度的普遍认同感。同时，法律制定也要通过道德作用加以实现，而且法律作用的实现的最好途径是法律规范的价值，通过长时期的社会实践使其内化为人类的道德信念。

法律的基础是道德，法律的立意和归宿是为了公正，公正也可看做是道德要求的范畴。法律实施的过程是个机械过程，它必须以道德作为基础。一个国家的法制是否健全，主要取决于道德规范被纳入法律规则的数量。"法律不考虑潜在的动机如何而要求对现行规则与法规进行外部服从，而道德则求助于人的良心。

---

① 许章润著：《说法活法立法》，中国法制出版社 2000 年版，第 34 页。

道德规则要求人们根据高尚的意图——首先是根据伦理责任感——而行为，它还要求人们为了善而去追求善"。[1]

　　法律的产生有其自身的社会道德轨迹。在原始社会中，生活在一种生产低下且和谐状态中的人类，对于现代意义上的法律需求是不存在的。这就需要一些原始人共同接受的道德充当利益协调者的角色。具有这种道德的人保持着一种平和的心态，生活于和谐的道德社会，也使利益的道德协调趋向于一致。经过三次社会大分工的洗礼，利益向着多元化发展，利益分层的内容在不断的充实并且结构在反复地调整，因此，众多的道德观念也在这种情况下分化出来，产生了同一规范体系下的道德冲突。但是它们却无力以约束自身来调整其自身的矛盾。为了存续一个相对稳定的有利于人类生存发展的社会，历史选择了法律。法律成了道德冲突的协调者，是社会在一定历史发展阶段的产物，并且维护着它产生后的社会秩序。法律凭借着与生俱来的外部强制力，调整着错综复杂的社会利益关系。法律成为调整社会关系的主要手段但并未否定道德的作用。法律的产生与道德有着千丝万缕的联系，而且道德作为一种社会调整手段也并未不可能退出历史舞台。随着社会的发展、人类的进步以及自我意识和社会意识不同程度的增强，它们的冲突也在不断地加强。法律和道德从不同的角度实现对社会的调整。

　　道德对法律有弥补作用。一般的说来，道德调整的社会关系领域要比法律广泛。法律难以触及人的心灵，解决不了人的思想问题，而道德的落脚点在于人心，在于人的思想自觉。法律解决不了信仰和价值观问题，只有道德才能使人树立正确的信仰和价

---

① ［美］E. 博登海默著：《法理学——法哲学及其方法》，华夏出版社1987年版，第358页。

值观、人生观，并以其作为自己的行动指南。法律不可能把社会生活的方方面面统统管起来，而必然留有一些领域由道德来管理。法律侧重于调整人们的外部活动，由国家强制力保证实施，是他律；道德侧重于调整人们的内心活动，一般体现为社会舆论的谴责，是自律。道德是指导和制约人们思想和行为的精神力量。法治的推行及其实现程度，很大程度上取决于提高和改善人们的道德水准和社会风尚。所以强调法律至上并不等于主张法律万能，依法治国必须凭借道德力量对人的行为的深刻影响和对人的思想的强烈净化作用。

三　道德与法律的互补性

道德与法律相互联系，相辅相成、相互促进、相互推动。法治建设需要道德建设的支持和配合，才能使人们的行为有更深厚的思想基础和更广泛的群众基础。

法律与道德的关系在中国经历了一个历史的发展过程。早在西周时，"德"就是一个融道德、政治、信仰、策略为一体的综合概念。"德"既是治理国家、取得民心的主要方法，也是司法行政的指导方针。周礼所确定的基本原则是"亲亲"、"尊尊"。"礼"和"刑"在适用上是"礼不下庶人，刑不上大夫"。汉代提出罢黜百家、独尊儒术，在德、刑关系上实行德主刑辅，并把《春秋》作为决狱的依据。唐朝继续并发展了汉魏晋的法律儒家化的潮流，其特点是"一准呼礼"。其指导思想是"德礼为政教之本，刑罚为政教之用"，德礼和刑罚之间的关系是"本"和"用"的关系。明朝在德法的关系上采用"乱国用重刑"的指导思想，但并不放弃德礼的教化作用。清朝在立法上贯彻了"详译明律，参与国制"的基本指导思想。基本延续了前朝的做法。在我国的封建社会，历代封建王朝奉行"德主刑辅"、"出礼入刑"的思想。其结果是道德具有法律的威势，甚至代替了法律。

　　法律是道德的规范化升华，道德是法律的前提和基础，二者相互联系，缺一不可。由于两者之间各有独特的地位和功能，它们之间有着很强的互补性。法律既是"出乎礼则入于刑"的产物，而德之礼俗秩序早已包容了法律规则和秩序。法律乃是最底线的规则。"而礼俗与法律交相为用，从社会上层直接贯通于民间社会，整个中国乃为一浑然之文化共同体的原因所在"。① 法律从外部的力量、从强制的角度来规范人的行为，道德就是从内心的信念、从人的自觉地遵循来规范人的行为。法治的实现需要道德的土壤，道德的实现需要法治作后盾。

　　市场经济既是道德经济，更是法治经济，法律和道德在实质上是一致的，有着共同的经济、政治和思想基础，法律的基本原则和内容体现了不同层次的道德要求。法律规范和道德规范都是对人们行为的约束力量和鼓励力量，并且通过对人们行为的约束和鼓励而具有指引人们应该怎样行为的功能，保证其对社会发展起推动作用。法律道德化和道德法律化在人类社会发展中是一个交互演进的过程。法律是传播道德的有效手段，"法律肩负着维护社会共同道德的任务"。② "法律的最终目标是使人们在道德上善良。为了求得众人所能达到的最大的善良，世俗法律使自己适应各种道德信条所认可的各种生活方式，但它应该抗拒那些由于道德观念的真正松弛和堕落的风尚而为人们所要求的变更。它应该始终保持走向有道德生活的总方向，并使共同

---

　　① 许章润著：《说法活法立法》，中国法制出版社 2000 年版，第 30 页。

　　② ［英］罗杰·科特威尔著：《法律社会学导论》，华夏出版社 1989 年版，第 118 页。

的行为在第一个标准上面倾向于道德法则的充分实现"。① 道德是法律评价标准和推动力量，是法律的有益补充，二者在某些情况下可以相互转化。"道德和法律是不可分的，没有道德的支持，法律就不成其为社会组成部门，而仅仅是写在官方文件上的词句，只显得空洞且与社会无关"。② 两者相辅相成、相互呼应，互相配合，实现对社会关系的调整。

四　社会需要法治和道德的统一

在一定意义上，市场经济就是法治经济，这主要表明法律对经济的影响和作用的密切关系。法律在社会主义市场经济中的重要作用，搞市场经济离不开法或法治。法律对市场经济的运行起着引导、促进、保障和制约作用。法律确认经济活动主体的法律地位，调整经济活动中的各种关系，解决经济活动中的各种纠纷和维护正常的经济秩序。虽然法律对经济和社会的保障和促进作用是巨大的，但我们也应认识到，法律是概括的，它为一般人的行为提供了一个标准和模式，而实际生活却是具体和千变万化的，因而法律的作用也有其局限性：法律并不是调整社会关系的唯一手段；"徒善不足以为政，徒法不足以自行"；法律的抽象性、稳定性与现实生活相矛盾；法律所要适用的事实无法确定。法律的这些缺陷，弥补的手段就是道德。道德就是渗透于经济、政治、行政、文化、教育、习惯、传统和舆论的思想观念和准则。制定得再好的法律，也需要合适的人正确地去执行和适用，如果一个法律工作者不具备相应的专业知识和思想道德水平，又

---

①　[法] 马里旦著：《人和国家》载《西方法律思想史料选编》，北京大学出版社 1983 年版，第 686 页。

②　[英] 罗杰·科特威尔著：《法律社会学导论》，华夏出版社 1989 年版，第88 页。

如何能正确理解和执行与道德紧密联系的法律呢，也就很难想象法律会得到有效实施。另外，制定得再好的法律，也需要绝大多数社会成员的支持，如果社会成员缺乏守法的思想道德风尚，没有他们对任何违法行为的道德上的抵制，法律也不可能得到有效的实施。再者，法律的不健全和存在漏洞，如果社会成员缺乏起码的道德水平，就会做出不违法却又有害于社会公德的行为，影响社会的健康有序的发展。最后要提及的是，官僚腐败的滋生，一是法治观念的淡薄和官本位思想的突出，认为法律是"专管老百姓"的，二是道德约束下降，心理防线溃堤。因此，市场经济需要道德和法律两手抓，两手都要硬。通过法律推动和影响道德的发展，通过道德推动法律的制定和实施，并弥补法律的不足。

在一些法治国家，治理社会一手靠的是法律，一手靠的是《圣经》，法律管行为，《圣经》管灵魂和内心。"法律与道德代表着不通的规范性命令，其控制范围在部分上是重叠的。道德中有些领域是位于法律管辖范围之外的，而法律中也有些部门几乎是不受道德判断影响的。但是，存在着一个具有实质性的法律规范制度，其目的是保证和加强对道德规范的遵守，而这些道德规则乃是一个社会的健全所必不可少的"。① 在市场经济和依法治国的条件下，治理社会靠的是综合治理，法律和道德成了治理社会和经济的重要手段。

从社会现实来看，我国目前社会面临某些诚信问题，如少数社会组织和个人以各种方式偷逃国家税收；还存在商业贿赂、商业欺骗、商业投机、商业偷窃、掠夺性开发经营和欺行霸市、强

---

① ［美］E. 博登默著：《法理学——法哲学及其方法》，华夏出版社 1987 年版，第 368 页。

买强卖、强制交易等现象。对这些现象，单用法律解决显得无能为力。因而，随着中国经济的整合，需要伦理道德和法治建设相结合。

第二节　诚信：道德的核心、法治的基石

一　诚信概述

据商务印书馆《现代汉语词典》（1990 年版）的解释，"诚实"是指言行跟内心思想一致（指好的思想行为）；不虚假。"信用"是指：（1）能够履行跟人约定的事情而取得的信任；（2）不需要提供物资保证，可以按时偿付的；（3）指银行借贷或商业上的赊销、赊购。诚实信用要求人们在日常的民事经济活动和相互交往中讲信用、守诺言，诚实不欺，以善意的心态和方式履行义务，保证自己有充分时间和精力去办理自己该办的事务，不作出自己无法兑现的承诺，更不能恶意地欺骗别人，骗取别人的信任；接受别人的事务后，应信守诺言，积极主动地完成别人的事务，维护别人的利益，不借用别人对自己的信任而滥用别人的权利，并且尽最大努力去全面维护人的利益；不得规避法律和合同，不得在损害他人利益和社会利益的前提下追求自己的利益。所谓"货真价实"、"童叟无欺"之类的传统商业道德，其内涵就是诚实信用。诚实信用本是一种道德规范，而这一道德规范上升为法律原则和法律规范后，它既是一种道德要求，也是一种法律上的要求，更是各行各业的职业道德。

诚实信用始于原始习俗，古人把宇宙自然的日月运行，天地变化，四季交替等规律即天道，称之为"诚"。人们效法这种天道，对自身的道德境界也提出了符合规律的要求，达到"诚"，强调人应以"诚"去修身养性，提高自己的修养和道德境界，

因而提出"诚之者，人之道也"。继而成为人类社会的道德规范，并步入法律。西周的"五声听狱讼"也是基于古人的诚实。俗语说"君子爱财，取之有道"也含有诚实信用的道理。到了春秋时代，礼崩乐坏，法纪废弛，于是封建思想家呼吁重建诚信的道德系统，使之成为自觉的道德原则，并广泛贯彻到法律生活中。孔子以"文、行、忠、信"教育学生，其中"忠"和"信"则着重于培育学生诚实守信的处世道德。中国传统文化中的诚信观念，孕育于孔子的"忠""信"教育之中。"诚"与"信"两字结合起来表示诚实不欺。恪守契约的诚信概念和要求成了中国传统文化中固有的道德规范。诚信成了儒家伦理的重要原则，并随着中国封建社会的发展，逐步成为中国古代文化的灵魂，体现在以刑为主，诸法合体的法律体系中。但由于中国古代的农业社会商品经济不发达，注重德主刑辅，以德去刑，以礼治国，预防犯罪，防患于未然，先教而后诛，儒家总结提炼出来的诚信原则主要是一种人生哲学和人生态度，再加上中国古代社会的道德、政治、教育、法律、宗教合为一体，因而其用语具有含糊性、交叉性、多义性，并未精确划分，呈胶着状态，往往是法律含义和道德含义混在一起。

国外，诚实信用起源于罗马法，根据罗马法规定，债务人不仅要依照契约条款，更重要的是要依照其内心的诚信观念完成契约所规定的给付。诚信原则作为法律规范，它随着商品经济的出现而产生，既是商品交换的必然结果，又是商品经济不可缺少的调整机制，对后世商品经济的发展起了促进作用。1804 年制定的《法国民法典》继承了罗马法的诚信原则，不过它只适用于债法领域。该法规定，债务人履行合同应依信义原则进行。19 世纪末 20 世纪初，资本主义发展到了垄断阶段，"国家干预"代替了"自由放任"，社会本位主义代替了个人本位主义，法律的社会化成为资本主义法的发展变化的最主要的标志之一。诚实受到了资产阶级立法者的高度重视。代表这一时期的重要法典《德国民法典》规定，契约应依诚实信用原则及一般交易习惯履行其结付，以违背善良风俗的方法故意加害他人者，应向他人承担损害赔偿责任。该法典不仅对民事活动当事人提出具备善意和诚实的内在要求，而且通过这些规定，对法官的自由裁量权予以承认以限制契约自由。并在以后的司法实践中不断发展扩大。1898 年《日本民法典》在总则中规定了应依诚实信用原则行使权利义务，并禁止滥用权利。1907 年《瑞士民法典》使诚实信用原则的适用范围扩大到一切权利的行使和义务的履行。1942 年《意大利民法典》规定，债务人与债权人应依诚实信用原则进行活动，契约应依诚实信用原则进行解释和履行。这样，诚信要求成了现代民法的基本原则之一。它反映了社会经济秩序和市场秩序的客观要求和一般规律，蕴含着恒常性的民法文化价值，成为人人必须遵守的法律原则和伦理道德准则。

作为近代文明产物的契约观念，不仅反映了商品经济条件下平等主体之间在相互交换自己的财物时自由达成的协议和自愿施加的约束，还蕴涵了丰富的社会文化内涵。独立主体间的平等是契约信用的一个基本精神。契约信用构成了一个普遍主义的规范伦理原则。契约所包含的价值原则和行为准则是涵盖全体社会成员的，用于处理普遍的社会关系的道德准则。从世界各国市场经济的产生和发展过程来看，诚信在市场经济的有序发展中具有不可替代的作用。有人把信用作为市场经济的基础，认为市场经济就是"信用经济"，或称为契约经济。在市场的交易行为中，做虚假广告、制假售假、合同欺诈等等，都有违诚信原则；在市场主体退出市场时，做假账、搞假破产等等，都是不讲信用的表现。诚信作为一种要求，是法律的要求，也是道德规范的要求，它是一种自律，也是一种他律，是自律与他律的结合。

"诚者，天之道也；思诚者，人之道也"，从天人同一的高度，力褒诚信的价值地位。诚信作为中华民族光辉灿烂文化的支柱之一，是衡量一个国家一个民族能否立足于世界之林的标志。诚信作为一种道德要求，意思是诚恳老实，有信无欺。诚信是一切道德的基础和根本，是人之为人的最重要的品德，是一个社会赖以生存和发展的基石。诚信是市场经济的根基，拥有良好诚信资源的市场经济，是健康的市场经济，是有秩序的市场经济。诚信是市场经济的基础和生命所在，是建立规范的社会主义市场经济秩序的重要条件。市场经济是信用经济，当务之急必须唤起诚信，重建信用文化。诚信是整个经济发展的根基。诚信作为中华民族的传统美德，几千年来成为人们立身行事的准则，在我国历史上堪称商家楷模的晋商和徽商，都是以诚信而闻名。

二 市场经济和法治应以诚信为道德基础

市场经济是契约经济。契约的维护一靠法制，二靠道德。契约经济的根基是诚信，离开了诚信，经过鉴证的合同也会成为一张废纸，口头的承诺更是不值一文。诚信是市场的通行证，也是维系市场经济良性发展和正常社会关系的重要纽带。诚信制度是市场经济的重要组成部分，也是市场经济制度有效配置资源的重要前提。由于我国缺乏完善的信用制度，特别是缺乏对不良信用行为的惩戒机制和相关的立法保障，我国信用产品的市场化程度较低，使得经济活动中的失信行为大量发生，严重破坏了市场经济秩序，给国民经济和社会发展造成了重大损失。

诚信是立身之本、治世之道，是法治的基石。现代市场经济是法治经济，同时更是典型的信用经济。市场经济和法治经济决定了市场的参与者必须以诚信为本。倘若市场主体丧失诚信，其直接后果是丧失消费者的信任，最终导致的是整个社会公信度的衰减。

市场经济的经营者需要讲诚信。市场经济的发展一方面调动了人们的积极性和创造性，另一方面也诱发了人们的求利心理。市场经济的一个基本前提就是使绝大多数人在法治的条件下追求自己的利益最大化。当人们求利心理被看做是经济发展的原动力后，一些人不顾良心与道德，采用各种的手段追求自身的最大利益。其中最明显的就是造假、贩假。假冒伪劣产品充斥市场，服务质量十分低下，买卖经营靠坑蒙拐骗。此外，少数人交往中的不诚信损害了人际关系的和谐，扭曲了人与人之间的真诚关系。

市场经济的开放性和合作性需要诚信。市场经济的开放性使得每一个人有更多的自由交流、集体的自由结社和活动。自由的交流和活动及其责任构成多样化的规则与秩序，而维系这种规则和秩序的核心道德就是诚信。诚信作为一种经济、文化、社会理念，现在已经成为市场经济社会中的核心理念和基本道德要求之一。它在很大程度上涉及市场主体之间的关系协调和社会的发展与稳定。

法治的基础根植于社会正义和道德正义，法律本身就是对道德原则和规范的确认，如我国宪法中对公民权利和人格的尊重，对爱国主义、集体主义精神的规定等；我国民法中的公平、公正、诚实信用、平等互利原则和公序良俗等，本身就体现了市场经济中职业道德和社会公德的要求和精神。

诚实守信是一个人立足社会的基础，也是一个人应有的基本道德品质。诚信成了中国市场经济首选的必由之路。我们应通过各项立法和各种行业规范的创制，把诚信渗入到不同行业领域中，成为社会各界人士应予共同遵守的准则。严格遵守规范，就是诚信。诚信是崇高的理念，同时更是最低的准则，诚信是基本职业要求，它应存在于人们工作和生活中。

诚信是整个社会道德和职业道德的基石和标志，是社会风气和社会道德风貌的直接体现，是一个地区、一个城市文明建设综合效果的重要表现。只有加强社会公德和职业道德中的诚信教育和立法，使诚信信念渗透到人们所从事的工作和事业过程中，市场经济和法治建设才更有保障。

三　诚信原则在市场经济法律中的体现

在社会主义社会，诚信仍然是社会的一项基本原则和道德要求。只不过在计划经济时代，诚信要求人们冲破一家一户和一个集团的狭小天地，放眼到整个社会，整个祖国和整个共产主义事业，要胸怀坦荡，诚实无私，表里如一，做老实人，说老实话，做老实事，要以实事求是的科学态度为基础，忠于马克思主义的科学真理，达到最高境界的忠诚老实。而在市场经济时代，由于市场经济就是法治经济，国家维护社会主义法治的统一和尊严，因而在道德提倡上诚实信用的要求也将随着时代背景的变化而赋予新的内容。

市场经济是主体多元化的经济和契约经济，也是公平竞争的经济。国家对经济的调控应在法律的范围内进行，只有这样，才不会损害市场经济主体的多元化、公平竞争和市场契约化。然而，随着市场经济的发展和利益的多元化、横向化，个人和组织（市场主体）也比以往更关心自己的利益，有的人走向极端利己主义、拜金主义和享乐主义，骗钱害人，损人利己的事时有发生，危害着社会的稳定和经济的健康发展。正因为如此，社会对诚实信用的要求越来越高，越来越规范和明确具体。我国法律对诚实信用的规定也越来越详细，主要呈现出以下特点：（1）原则性与具体性的结合。由于诚实信用是社会道德和商业道德的法律化。其表现形式丰富多样，并随着社会的发展而出现新的形式，我们不可能用法律把这些以诚实信用为基础的活动方式全部规定下来。这就要求在立法时应粗细结合，该粗放概括的就粗放概括，作出原则性规定，该细化明确的要细化明确，作出具体的规定。原则概括的规定具有指导性和包容性，细化具体的规定便于直接操作和执行，也便于司法机关的司法活动。因此，原则性规定与具体性规定的结合，是解决诚信问题这一法律和道德结合体调整社会的最佳方法。（2）指导性和补充性的结合。指导性主要表现为，一是法律的指引作用，这是由法律的诚实信用原则决定的。由于社会主义法制还有一个不断发展完善的过程；由于人们的认识能力，认识水平的差异，也由于现实条件的限制和立法缺憾，诸如法律规定模糊不清，法律规定与现实不相适应之间的矛盾或法律应规定而未规定，这些情况造成了法律实施的困难。诚实信用作为一项法的原则，可以指引人们如何正确地适用法律。二是道德规范的导向作用。诚实信用作为一项道德规范，它调整的范围比法律要广泛得多，其实施方式也要比法律灵活得多，它从另一方面弥补了法律相关的规定，影响着法的实施。从这个意义上讲，诚实信用也体现了伦理性和法律性的有机统一。（3）具有"帝王规则"地位的特点。诚实信用作为帝王规则，主要表现在：一是它的适用范围相当广泛。它原先与合同关系最为密切，后来逐渐发展演变为民法的一般原则，为大多数国家所采用，备受推崇，被视为民法乃至整个法律的最高原则。它既是人们行为的一个基本行为规范，也是执法人员实施法律的准则。二是从合同法的角度看，也体现了诚实信用原则在合同法中应有的地位。诚实信用首先意味着善意诚信的交易道德，其次意味着要依此原则公正估量当事人之间的利益和当事人利益与社会利益之间的平衡。再次意味着法官享有广泛的自由裁量权来平衡当事人之间的利益。三是与其他原则相比，诚信原则在大多数国家的大多数法律中有相关的规定，我国绝大多数法律都有直接和相关的规定。四是市场经济活动对诚实信用的要求将随着社会经济的发展而越来越多，分量越来越重，地位越来越显赫。

第三节　如何落实诚信机制

诚实信用原则既是道德规范，也是法律规范，它将随着社会经济的发展，人们物质生活水平的提高，相互交往的日益频繁而发展。为了防止交易当事人在参与民事经济活动中企图牺牲别人的利益来维护自己特殊利益的可能性，应从道德和法律两方面发挥诚实信用原则的作用，完善以诚实信用为基础的立法，树立全社会的道德观和法制观，使法律冲锋陷阵，出重拳，道德呐喊助威，共同维护社会主义市场经济秩序。

要使诚信制度成为市场经济和法治建设的基石，必须有相应的制度和措施作保障。

一　制定和完善诚信机制法律法规

市场需要建立游戏规则，游戏规则需要诚信机制和法律支撑，也需要建立科学的信用管理模式。我国在完善市场经济和法治建设的过程中，也应建立以法律为保障的社会信用体系，建立健全公共信用信息网络，完善监督机制，完善政府重大经济社会问题的科学化、民主化、规范化决策程序，增强透明度和公众参与度。要完善统计和经济运行监测体系，加强各宏观经济调控部门的功能互补和信息共享，提高宏观调控水平。建立企业和所有社会成员信用信息档案资料库，利用现代科技手段，保证诚信机制的法制化。

二 建立诚信管理机构和完善监管体制

由于信用体系建设是涉及面广和高度复杂的系统工程，因而需要建立一整套相应的机构和监管体制，成立全国相对统一、相对权威的负责诚信制度建设的管理机构，并发挥政府部门和司法机构的信用监管职能，发动社会各界积极参与。

首先，开展诚信等级评价活动，用制度的力量保证诚信体系的落实，加大失信违规成本，使守信者得益、失信者受损。各级政府应加强对诚信的监管，建立起社会化的社会信用信息的共享机制，对违规违法人员要及时通过媒体向社会披露，加大对欺诈行为的查处力度。

其次，建立和加强信用监督和保障制度，逐步开放信用服务市场，促进在全国范围的充分竞争；废止妨碍公平竞争、设置行政壁垒、排斥外地产品和服务的各种分割市场的规定，打破行业垄断和地区封锁；完善信息报告制度，公布有关管理单位和经营单位的信息，加大查处力度。

再次，强化市场活动中的债权保障制度，严格审查合同条款可能存在的漏洞，严格审查单证票据，防止欺诈，减少诚信损失。

三 建立诚信奖惩机制

诚信是道德的基础，也是法治的基本要求。建立市场经济要以诚信为突破口，创造良好的诚信环境，强化诚信光荣、不诚信可耻的观念，使不诚信者受到惩罚。

建立个人和企业的信誉档案，对企业的纳税状况、守法状况、财务管理状况等进行严格的登记，发挥政府部门要依法行使对守信者的奖励和对失信行为的行政处罚，并运用市场机制发挥商务惩戒作用，使守信者占领市场，失信者退出市场。

加强新闻媒体的监督力度，鼓励新闻媒体披露不讲诚信的人和事，严禁有不诚信记录者担任政府机关和企事业单位的领导和管理人员，对不守信用而造成严重后果者，不仅要在经济上追究其责任，还应追究其法律责任。

国家建立惩戒机制，严格落实惩戒制度，坚持下去，持之以恒，诚信将会从准则走向习惯，为市场经济创造一个健康的社会诚信环境，促进国民经济的增长。

四　领导干部带头讲诚信，带动社会成员讲诚信

政府诚信是决定一个国家能否建立起适应市场经济体制和WTO 规则要求的社会信用体系的基础和前提。我们应在全社会形成讲诚信的风气，各级领导首先要做讲诚信的楷模。正人先正己，教育者首先要受教育，这是一个普遍的原则。诚信教育不只是对百姓进行教育的问题，更重要的是领导者要率先垂范，做好表率。政府机关是公民选举产生的公共管理者，必须强制要求政府部门依法公开披露所掌握的信用记录。只有政府讲诚信，才能带动社会组织、经营者和全体公民讲诚信，形成讲诚信的风气。

第九章

民主：法治的动力基础

民主和法治紧密联系，社会主义民主是社会主义法治的前提、基础和动力，是实现权力控制的力量源泉。只有实现民主，法治的实现才有动力保障。我们应积极发展社会主义民主，完善民主的内容和制度，通过民主立法、专业执法和司法并加强民主监督，为法治的实现打下坚实的民主基础。

第一节　概述

一　民主的含义

民主源于古希腊，其原意是多数人的统治，就是少数服从多数。用现在的话说就是人民当家做主。民主是多数人的统治，同时保护少数人的权力，对不同意见的少数人的宽容。民主就是在考虑多数人愿望同时保护少数人权利的工具。"在所有的政体之中，民主政治是最自然，与个人自由最相合的政体。在民主政治中，没人把他的天赋之权绝对地转付于人，以致对于事务他再不能表达意见。他只是把天赋之权交付给一个社会的大多数"。①西方使用的"Democracy"有以下几种不同的含义：其一，由全

---

① ［荷兰］斯宾诺莎著：《神学政治论》，商务印书馆 1963 年版，第 219 页。

体公民按多数裁决程序直接行使政治决定权，通常称为直接民主；其二，公民通过由他们选举并向他们负责的代表行使政治决定权，称为代议制民主；其三，以保障全体公民享有行使多数人权利的民主，称为自由民主；其四，任何一种旨在缩小社会经济差别的政治和社会体制。此外，还包括公职竞选、言论和出版自由以及法治。

我国的法理学教材通常把民主的内涵定为三要素，即：首先，民主是指一种国家制度，是一个国体问题，是掌握国家政权的阶级对敌对分子实行专政的一种民主制度；其次，民主是一种国家形式，是一种政体问题，是掌握了国家政权的阶级实行国家管理的民主方法，是少数服从多数的管理方式；再次，民主意味着一种平等的公民权利体系，是指公民与国家之间的一种民主状态，表现为公民享有广泛的民主自由权利以及公民的民主自由权利能否得到法律的保障和实现。此外，民主奉行一系列独特的原则，如人民主权原则、少数服从多数原则、平等原则、程序化原则、公民权利原则等。民主和法治不可分，民主需要法治作保障。法治是人民意志的体现，应充分体现公民在法律面前人人平等。列宁认为，"民主是一种国家形式，一种国家形态。因此，它同任何国家一样，也有组织有系统地对人们行使暴力，这是一方面。但另一方面，民主意味着在形式上承认公民一律平等，承认大家都有决定国家制度和管理国家的平等权利"。[1] 民主作为一种国家制度，就是要以国家政权和法治为依靠，切实保障广大人民当家做主，参与管理国家，行使国家权力。

世界上没有完美的制度，但民主这种制度的好处就在于能够最大限度地激发人的创造力。发展社会主义民主和建设社会主义

---

① 《列宁选集》第3卷，人民出版社1960年版，第257页。

政治文明是建设和谐社会的基本要求。我们应坚持和完善社会主义民主制度。健全民主制度，丰富民主形式，扩大公民有序的政治参与，保证人民依法实行民主选举、民主决策、民主管理和民主监督，享有广泛的权利和自由，尊重和保障人权。发展社会主义民主的着力点，就是推进社会主义民主的制度化、规范化和程序化。

民主是政治文明的基础和重要内容。政治文明是人类政治生活的进步状态，是人类政治智慧和社会理性的结晶，是人类社会进步的重要标志。社会主义政治文明的价值取向是民主、正义、公平、理性，其核心内容是政治运行的民主化、制度化和法治化。法治是政治文明不可或缺的重要组成部分。政治文明体现着民主政治理念、民主政治制度和民主政治行为方式的进步程度。

民主与人权关系紧密。民主的基础是承认人权，承认人民的统治地位。民主就是要保障全体公民享有政治、经济、文化、平等、信仰、教育、劳动、休息等广泛的权利和自由；就是要保障最广大的人民群众实现当家做主，管理国家的政治、经济、文化和社会事务的权利。

民主是责任政府，是表达民意、防范权力滥用的机制和安全阀，通过法定程序防范滥用权力。民主必须坚持人民主权原则和代议制度、选举制度、政府责任制度等。在民主社会中，分权与制衡以及法治就成为极其重要的原则。它的基本要求就是人民参与国家政治管理，控制和制约国家的各种权力及其活动，其核心是政府和立法机关由人民经过选举产生，并对人民负责，受人民的控制和监督。

民主与专制是根本对立的。民主总是对个人独裁和专横的否定，是对封建专制的埋葬。专制是一个人说了算，权力拥有者随意立法，没有严格依照民主立法程序来制作法律，它没有也不可能有固定的立法程序。专制往往都是个人的独裁或者少数人的统治，法律通常是专制者个人或少数人随意发布的。法律只是个人或少数人意志的体现，甚至是君王的指示或者命令。民主国家的法律是经过民主的立法程序产生的，法律是广大民众意志的体现。

民主与法治紧密联系，法治必然包含民主，以政治民主性为其本质特征。法治作为一种治国方式，则是日积月累的政治文明（民主）的产物。法治既是民主政治的体现，又是公共权威的国家象征，直接体现着民主的理念和运行机制。现代法治的产生是伴随着资产阶级民主制度和宪政制度建立而形成的。现代法治的基本精神就是法律至上、人民主权、责任政府、分权制衡，依法保障公共权力的合理运用和配置。法治的基本内容是立法的民主性、科学性，执法的统一性、规范性，守法的普遍性、自觉性，司法的公正性、权威性。法治追求政治民主、社会正义、保障人民权利，与社会主义政治文明的价值理念是一致的，都以正义为宗旨，以民主为核心，以公平为原则，以理性为根本。在一定意义上，法治是社会主义政治文明的集中体现，是政治文明的核心内容。法治的政治民主性，反映了人类在构建有序化的社会组织和社会秩序的目标下追求自由、平等和人格独立的共同要求。

依法治国，建设法治国家，要求法制建设与民主建设紧密结合。社会主义民主与法治是一个有机的整体，都是社会主义政治文明的重要组成部分。民主既是法治生成的基础，也是法治追求的目的。民主是依法治国的政治前提和基础。因此，加强社会主义民主法治建设，实现社会主义民主政治的制度化、规范化、程序化，是当前发展社会主义政治、建设社会主义政治文明的核心和关键。

二　民主的形成过程

民主可追溯到古代希腊奴隶制社会。古希腊国家建立了奴隶制民主共和国，实行有选举权的男性公民用选举的方式推出代表，再由代表组成民众大会来管理国家，"每个雅典公民都可以参加这个大会并享有投票权"。[①] 到资本主义社会，资产阶级启蒙思想家在资产阶级革命初期提出了"主权在民"、"天赋人权"、"法律面前人人平等"、"保障人权"等民主口号，为反对等级特权，推翻封建专制统治，建立资本主义政权，发展资本主义提供了理论依据。资产阶级确立了民主的基本原则，如人民主权原则、分权制衡原则、平等自由原则以及依法治国原则。当资产阶级夺取政权后，掌握政权的资产阶级以此理论做指导，建立了选举制、议会制（总统制、内阁制、君主立宪制为其表现形式）和"三权分立"的民主政体。美国思想家潘恩认为，代议制的民主共和国的真正的、唯一的基础是平等的权利。民主的一个基本特征和原则就是平等，民主的价值追求与法治对自由、平等的追求是完全一致的。

在我国历史上，民主一词可追溯到很远的年代。在我国古代，民主大体有三种含义：（1）民主就是"民之主"，即君主；（2）民本，即源于孟轲，被唐太宗李世民发展了的"水能载舟，亦能覆舟"、"体察民情"的思想；（3）以平均主义为核心的小农民主观。[②] 这种中国古代的民主思想，是道德上的民主，而不是政治上的、法律上的、制度上的民主；是建立在"人民无权"基础上的民主，而不是建立在"人民主权"基础上的民主。

---

① 《马克思恩格斯选集》第 4 卷，人民出版社 1972 年版，第 114 页。
② 沈宗灵主编：《法理学》，高等教育出版社 1994 年版，第 175 页。

　　中国清朝末期的戊戌变法运动展现了资产阶级改良派的变法思想，批判了封建主义的专制思想，传播了资产阶级的法律思想，把资产阶级民主法律制度引入中国，实行改良，以达到救亡富国的目的。这次运动虽以失败而告终，但却对后来的资产阶级革命派的民主法律思想产生了直接的影响，为资产阶级革命派提供了借鉴。以孙中山为首的资产阶级革命派提出了比较完整的资产阶级民主革命纲领，积极宣传民主思想，使民主思想得到广泛传播，资产阶级民主革命成为不可抵挡的历史潮流。孙中山主持通过的《同盟会宣言》提出了"自由"、"平等"、"博爱"的口号，以否定君权，提倡民权，废除专制政体，建立资产阶级民主共和国。孙中山的民主思想表现在他的民族主义、民权主义和民生主义中。孙中山的三民主义推翻了专制统治，而且建立资产阶级共和国，实现人民当家做主和国内各民族的平等。辛亥革命胜利后制定的《中华民国临时约法》，贯彻了三权分立的资产阶级政权组织原则，实行责任内阁制，扩大参议院的权力，法院独立审判。《约法》保护民主自由和私有财产，人民享有民主、平等、自由等权利。

　　中国共产党领导的民主革命最终取得了胜利，建立了人民共和国。在社会主义国家，人民是国家和社会的主人，国家的一切权力属于人民，从制度上确立了人民当家做主的地位。由于 2000 多年封建专制思想的影响和法治保障不健全，使新中国的民主道路充满着曲折性。反右的扩大化和 10 年"文化大革命"的沉痛教训之一，就是国家政治生活中的民主制度被破坏。党的十一届三中全会以来的党的历次代表大会都把法制建设与民主建设联系在一起，强调民主法治建设的重要性。党的十五大以来，党和国家把依法治国，建设法治国家作为治国方略，进一步明确了法治建设在国家建设中的重要地位。中共十六届六中全会通过了《中共中央关于构建社会主义和谐社会若干重大问题的决定》，强调和谐社会应该是民主法治、公平正义、诚信友爱、充满活力、安定有序、人与自然和谐相处的社会，把民主作为和谐社会的重要组成部分。社会主义民主有了法治保障，人民依法选举代表组成各级人大参与国家管理，行使当家做主的权利，有权监督国家机关及其工作人员的活动，有权在社会生产生活中参与广泛的民主管理。随着法治国家建设的深入，我国政治生活和社会生活中的民主必将进一步得到发展和完善。

第二节　民主是法治的基础和力量源泉

一　民主是法治的前提和基础

民主是法治的基础。社会主义法治的产生和实施必须以民主为基础，只有建立人民当家做主的国家政权组织形式，人民才可能将自己的意志通过法律形式上升为国家意志，成为法律并通过政权机关贯彻和执行。法律是一国最广大群众的意志的体现，是把最广大民众的民主意志上升为国家意志。法律的精神与民主的要求是一致的。因此，只有建立民主，发扬民主，才能建立反映民主精神的法律，才能保障法律的实施，进而实现法治。法治的实现，就是通过国家政权，把人民的意志、利益和要求加以法律化、制度化，并保证这种法律和制度在社会生活中得以落实。同时人民只有掌握国家政权，成为国家和社会的主人，才能把自己的意志法律化制度化，使它具有普遍约束力和国家强制力。实践证明，只有发扬民主，才能把人民群众的积极性调动起来，把人民群众的正确意见集中起来，使立法真正体现人民的意志、利益和要求，得到人民群众的拥护和支持，成为动员和组织群众的权威力量，做到司法执法机关与人民群众紧密结合，把立法和司法执法机关置于广大民众的监督之下，及时处理各种侵犯公民权利的违法犯罪行为，切实保障民主权利，使法治的实现具有广泛的群众基础。立法工作只有发扬民主，发挥群众的智慧和力量，反映群众的意志和要求，才能得到群众的支持和拥护，才能得到有效地实施。总之，从立法、执法司法、守法到法律的监督实施，都必须体现民主的要求。

民主是法治的前提和基础意味着立法必须坚持民主原则，将立法活动建立在民主原则的要求上，使我们的法律真正体现人民的意志和利益。在此，必须做到立法主体的民主化、立法内容和立法过程的民主化。立法的民主化要求享有立法权的各类主体必须按照民主的原则组成，即按照主权在民的要求，通过人民选举的代表组成立法机关来行使立法权。立法机关的立法决策必须充分反映民意。立法程序的民主化是近代民主革命的产物，专制时代是不可能重视立法程序的。立法程序的民主化要求立法主体在制定、修改或废止法律的过程中必须按照一定的方法、步骤和程式进行，使立法活动科学化、法律化、程序化和公开化。立法内容的民主化要求充分体现主体的广泛性和平等性，并按照法定的科学的步骤进行，将人民当家做主的权利、公民广泛的民主权利法定化，将人民的意志上升为国家意志。

民主是法治的前提和基础意味着法律的实施必须以民主为原则。由于受官本位思想的影响和法律界限的模糊，公民缺乏民主意识，少数公职人员缺乏公仆意识和服务意识，使法治得不到应有的重视。如果公民欠缺知情权、议政权、参政权和监督权，民主权利就难以实现。没有民主监督和人民群众的监督批评，没有以权力制约权力的制度安排，人民的民主权利就难以发挥作用。我们应尽快制定和完善法律法规，加大法律宣传力度，强化政府的法律意识，逐步实现官本位向民本位的转变，保证人民当家做主，调动广大人民群众参与国家事务、社会事务和法治建设的积极性，以保证法律得到有效实施。

民主的价值理念对法治起着极其重要的价值支撑作用。民主是多数人的统治，而法律是多数人意志的体现。民主是法治形成和发展的沃土。法治要求树立法律至上的权威，也有赖于民主制度的保证。只有通过民主制度，对国家机关及其领导人实行有效的监督，才能维护法律的权威和尊严。总之，民主对法治的贡献在于民主制度之下的立法民主化。由于立法具有普遍的参与性和广泛的代表性，从而提高了法律的质量。民众通过民主方式对立法和执法的监督，又是维护法治的重要途径。离开民主，法治也就成为空谈。只有实现了民主，法律才能体现多数人的意志、愿望和要求。

二 民主是法治的力量源泉

民主是法治的动力，是法治的可靠保证。法治必须民主，真正的法治以民主为核心，而法治必须是民主的产物，并以民主为目的。只有发扬民主，依靠群众，才能把国家的意志和力量变成人民群众的力量，提高群众的守法自觉性，调动依靠群众同违法犯罪行为作斗争，监督国家机关的公职人员行为，防止国家机关的官僚化和特权化，从而促进国家机关及其工作人员严格依法办事。

民主的性质和内容决定着法治的性质和内容。人民当家做主的民主性质决定了社会主义法治必须维护人民的民主权利和保障人民群众参与管理国家事务、社会事务的权利。法治随着民主的发展而发展。民主是法治的力量源泉，决定了只有发扬民主法治的力量才能得到充分发挥。民主越发展，法治的威力就越大。

建设社会主义法治必须以民主力量为基础。在法治的各个环节上都坚持民主原则，动员社会各方面的力量，依靠和通过群众，实现立法的民主化、执法和司法的民主化、守法的民主化和法律监督的民主化。

从立法的角度看，充分发扬民主，就能使立法集中人民群众的意志、愿望和要求，制定出体现人民意志和利益的法律。在决策活动中，政府应多与社会公众协商与沟通，积极向社会公众咨询，主动听取社会公众的意见和建议，专门性、技术性的问题要经社会上的专家论证，使决策通过民主的途径建立在吸纳民智、反映民意的基础上，增强其民主性和科学性，以减少其在执行上的阻力。

从执法和司法的角度看，充分发扬民主，依靠人民的支持、拥护和监督，有利于防止在执法司法活动中可能出现的主观主义、官僚主义、滥用职权和腐败现象的发生，促使国家机关和国家机关工作人员廉洁奉公，秉公执法，有助于及时发现违法犯罪活动并给予有效地打击。

从守法的角度看，法律的遵守是社会主义法治建设的一个重要标志。只有充分发扬民主，才能提高群众守法的自觉性，调动广大群众监督国家机关守法。

一个法治的社会，应该是民主的社会。民主和法治相互结合，是人们理性选择、经历和体会的结果。民主要求以人为本，政府在公共管理中应当关心人，关注人，重视人的价值和保护人的基本权利。这些基本权利包括：生命权、自由权、政治经济权和财产权。根据《中华人民共和国道路交通安全法》的规定，强调以人为本，生命权高于道路权。以人为本是市场经济发展的结果，也是社会结构变化的结果。

第三节 完善民主制度，保证法治的实现

一 民主是一个不断发展和完善的过程

中共十六大报告指出："发展社会主义民主政治，建设社会主义政治文明，是全面建设小康社会的重要目标。"民主是社会发展到一定阶段的产物。民主有一个发展和完善的过程。在我国，民主需要通过教育，让人们懂得依法保护自己的权利和积极参与国家和社会各项事务的管理。通过民主法治教育，培养人们的健康心理，提升法治意识，增强法治观念，实现人民当家做主，调动民众参政、议政和管理社会公共事务的积极性，进而推进依法治国。由于社会生活的复杂性，社会成员文化水平、民主法治观念的差异较大；少数领导干部缺乏依法办事的习惯，工作方法简单，不依法行政，甚至缺乏工作透明度；个别干部甚至以言代法，以权代法等，致使宪法和法律规定的公民的民主选举、民主决策、民主监督、民主管理等民主权利难以得到落实，挫伤了群众参与民主活动的积极性。总体看，民主建设取得了一定成绩，但还需进一步发展和完善。

二 实现民主的步骤和方法

发展社会主义民主要把人民当家做主和依法治国有机统一起来。

更新观念。观念直接影响着民主建设的进程，影响着法治的运行进程。观念更新的关键是权利意识的培养。权利观念的培养有助于民主的实现。传统的观念是制约中国走向民主和法治的基本因素，要实现民主法治，首先须从观念上转变。通过深入普法教育，在以民主法治的理念教育人、培养人的过程中，加强民主

与法治建设，以法治教育为龙头，以人为本，标本兼治，使广大群众对党和政府推行的民主法治内容有全新的认识。通过民主法治教育，使社会成员懂得，法律规定的人与人、人与社会、人与国家的关系实际上是一种权利义务关系。公民在行使民主权利的同时，自觉履行法律规定的义务，为国家和社会作出贡献。

从立法到法的实施的民主化。民主与法制建设，两者相辅相成，是辩证的统一。可以说没有民主，法治就无从谈起。民主制度的推行，干部是关键，用制度的形式保障公民行使民主权利，用民主的手段选用人、监督人，是确保干部廉洁勤政、服务于民、取信于民的前提，也是扎实推进依法治国工作的有效途径。为了强化群众对干部工作民主监督、民主管理的力度，必须建立民主制度，保障群众民主选举、民主决策、民主管理、民主监督四项权利的实现。

建立健全国家的各项民主制度。坚持和完善人民代表大会制度，保证人民代表大会及其常委会依法履行职能，保证立法和决策更好地体现人民的意志；坚持和完善共产党领导的多党合作和政治协商制度，加强同民主党派合作共事，更好地发挥我国社会主义政党制度的特点和优势，保证人民政协发挥政治协商、民主监督和参政议政的作用；全面贯彻党的民族政策，坚持和完善民族区域自治制度，巩固和发展平等团结互助的社会主义民族关系，促进各民族共同繁荣进步；全面贯彻党的宗教信仰自由政策，依法管理宗教事务；扩大基层民主，健全基层自治组织和民主管理制度，完善公开办事制度，保证人民群众依法直接行使民主权利；完善职工代表大会和其他形式的企事业民主管理制度，保障职工的合法权益。

实行公务公开和增加透明度，避免暗箱操作。讲民主，应将政务、财务公开制度化，重大决策民主化，经济发展目标责任化，把民主法治建设工作落到实处。坚持用民主的手段选用人、监督人，进一步改进人大选举和任命人员的述职评议工作，实行无记名投票测评，并依法公开测评结果。在评议过程中，还要将评议的结果进行公开，进一步接受社会群众的监督和评议，充分体现民主评议工作的公开性和透明性、公正性和客观性。通过适当途径公之于世，通过各种渠道广泛听取社会各界群众的意见，充分体现更加广泛的民主性。

做好人事制度改革。根据宪法和有关法律、法规，坚持平等、民主、公开、公正竞争的原则，建立民主选举干部制度，民主理财制度，财务审计制度，民主考核制度和评议干部制度，保障群众直接行使民主权利，促进干部依法行政。

完善民主监督制度。如何行使监督职能，切实发挥人民监督政府的功能，是一项需要长期努力的系统工程。我国现行的监督包括党的监督、人大监督、行政监督、司法监督、民主党派监督、社团监督和舆论监督等。我们应根据监督对象和问题性质，依法加大监督力度，发挥询问、质询、撤职、罢免、开展个案监督等刚性监督职权的作用。实现人大监督与舆论监督的有机结合，形成一种既有法律规范又有广大群众参与的监督机制，强化监督功能，推进社会主义民主政治的进展。

第十章

权力制约：法治的政治基础

"人一半是天使，一半是野兽。"法律是保护"天使"和遏制"恶魔"的有效手段。制度设计的目的就是防止坏人作恶，把坏人变成好人，同时防止好人变成坏人，最终维持人类的和谐状态。

在人类发展历程中，始终离不开对权力的追逐。本来，权力的作用在于制约人类原恶（兽性）的任性，防止社会生活中发生暴乱和烧杀抢掠，维护社会和生命安全；同时也有必要对官场权力进行制约，以防止权力对社会产生侵害。但由于不同国家和不同社会制度对人性的认识不同（性善论或是性恶论），对权力采取的处理方式也不一样。奴隶社会和封建社会的人治、专制和等级特权本身不可能实行权力制约。资产阶级社会实行权力制约是法治实现的可靠保障。中国传统社会权力是金字塔结构，对最高权力缺乏有效制约，导致权力的私有和滥用；黎民百姓容易受到权力的恐吓，听天由命，忍辱负重，受尽欺凌，可以说，中国几千年的封建历史基本上就是在这种专制权力的处境下度过的。在建设法治国家的进程中，只有对权力实行制约，法治才有强大的政治基础和推动力量。

第一节 概述

孟德斯鸠在《论法的精神》一书中写道："一切有权力的人容易滥用权力，这是万古不变的经验，防止滥用权力的办法，就是以权力制约权力"。[①] 这里的权力是国家权力，而国家权力是通过体现国家意志的法律来加以确定和认可的。如果国家不把权力以法律明确细致地加以规定，就会导致授权不明，就会导致行使权力的机关和人员有意无意地篡改法律意识和精神，随意根据自己的需要来适用法律，根据"关系"的需要来适用法律，随之而来的问题是腐败的滋生。而防止的办法就是用法律制约权力，规范权力，然后才能用法律来监督权力，有效地控制权力。

一 政治权力是什么

孙中山先生认为，政治就是管理众人之事。马克思主义者认为，政治就是建立在一定经济基础之上的上层建筑现象，是不同阶级围绕着国家政权而进行的各种活动。革命导师列宁认为，不受制约的权力，必然导致腐败。古今中外的历史也证明了这一点。法治的关键是对权力的依法控制。如果权力不受法律的约束，也就无所谓法治。法律对权力的控制，包括对权力赋予、权力行使、权力关系等的规范。没有对权力的有效控制，法治就会毫无意义。

霍布斯认为权力是行动者与行动对象之间的因果关系，行动

---

① ［法］孟德斯鸠著：《论法的精神》（上），张雁深译，商务印书馆1961年版，第154页。

者的权力和有效的动因是一回事。罗素认为，权力可以定义为有意努力的产物。韦伯把权力定义为在社会交往中一个行为者把自己的意志强加在其他行为者之上的可能性。权力是一种保证集体组织系统中各单位履行有约束力的义务的普遍化能力。权力具有相对性、支配性、权威性，需要对权力进行控制。权力必须受到人民权利的制约。权力的控制手段很多，有道德、规则、纪律、政策、利益、责任和法律，等等，而众多手段中唯有法律是最有效的控制手段。因为法律具有其他任何手段都不具有的公开性、国家强制性、国家意志性和普遍约束力。

从传统型权力看，统治的合法性是来自自称的并也为他人相信的历代相传的神圣规则和权力。传统型统治比较典型的是家长制和世袭制，统治的权力属于个人，其权力来源于继承或一个更高统治者的授予。人们认为领袖拥有权力，是因为领袖本人及其祖辈从来就处于统治者的地位，统治者因具有传统所承认的统治地位而具有令他人服从的权威。在这种统治中，决定统治者和他的行政管理人员关系的不是职务职责，而是奴仆对其主人的个人忠诚。

从法理型权力来看，这种统治类型建立在制度和法律的合法性基础上，统治者根据法律进行统治。与个人魅力型和传统型统治下的人治状态不同，法理型统治的基础是合理的，具有价值合理性。典型的法理型统治者被视为"上级"，人们所服从的不是个人而是制度，所以，其统治是非个人的，是依靠法律和契约行事的。从身份上看，服从者是社会的成员，所服从的是由制度赋予统治者的、有明确的使用界限的权力。"政府最终的目的不是用恐怖来统治或约束，也不是强制使人服从，恰恰相反，而是使人免于恐惧，这样他的生活才能极有保障；换句话说，加强他生存与工作的天赋人权，而于他个人或别人无损"。① 这种统治方式也是现代法治社会所倡导的。

在国家权力与公民权利上，公民权利是宪法的精神所在，国家权力只是保障和实现公民权利强有力的手段和工具的认识已较为普遍。国家立宪的目的旨在建立法治，而要建立法治，人民得有监督和制裁违法的当局者的权利。宪政本身就是一种以宪法为核心的政治的生活方式，不是花样和摆设。法治的过程就是宪政的过程和目标，此过程应是一个不断扩大民权和限制官权的过程。

在法与权力的关系上，法律对权力具有主导作用，并规范着政治权力，对政治权力起制约作用，要求政治活动必须在宪法和法律的范围内活动，特别是各政党必须在法律的范围内活动，政治权力的划分和行使必须有法律依据。法治作为一种现代政治状态，首先要求统治者必须遵守宪法和法律，自觉接受宪法和法律的制约，依法管理国家事务和社会事务。

从党的十一届三中全会开始，中国社会进入了改革开放的历史时期。改革首先从经济领域入手，逐步涉及科技、教育、文化等诸多领域，并积极推进政治体制的改革。政治体制改革的目标是建设有中国特色社会主义民主政治，触及干部制度、人民代表大会制度、政治协商制度、行政组织机构和司法制度等。政治体制改革要理顺各种政治主体之间的关系，合理分配权利、义务和责任。政治体制改革应与法治建设同步进行，必须一手抓改革，一手抓法治建设，把法治建设贯穿于政治体制的全过程，实现政治改革的法治化，以法治推进政治改革的顺利进行。

---

① ［荷兰］斯宾诺莎著：《神学政治论》，商务印书馆1963年版，第272页。

二 为什么要对权力实行制约

人性本身需要限制。人有七情六欲，人性有善与恶之分。人的本性一旦失去控制，就可能害及他人和社会。在宗教国家，宗教本身对人性就是一个制约。佛教主张抑制人们的欲望，最后达到佛教的理想要求；基督教自己宣称人是有罪的，耶稣将会把自己的百姓从罪恶中拯救出来，他本人是善良的化身，为人类洗刷罪恶，心甘情愿被钉在十字架上，为他人赎罪，因此要求人们信仰耶稣基督。基督教的主要经典是《圣经》，分为《旧约全书》和《新约全书》。所谓"约"，就是上帝和人订的契约。基督教的主要教义就是信仰上帝，相信原罪，崇敬基督，相信因果报应和戒律。伊斯兰教的宗教信仰包括信安拉、信使者、信经典、信前定、信后世。宗教义务有念、礼、斋、课和朝，其宗教要求十分严格。中国的道教主要是鬼神崇拜、方仙之说和道家哲学，道教的基本信仰就是"道"，并有许多戒律。不同的宗教有不同的信仰，但万变不离其宗，即实现对社会的控制。宗教在其发展过程中逐渐形成了宗教信仰，宗教教义，宗教故事，宗教感情，以及同这种信仰和感情相适应的宗教仪式和宗教组织。通过这些活动和组织，要求人们都要按照宗教的教义去办，要人们的一切行为、想法都要受到宗教教义的约束，达到对人们的精神控制。

权力产生腐败，绝对的权力产生绝对的腐败，这是人性的基本规律。任何人只要拥有不受制约的权力，都不可避免地要趋于腐败。谁先意识到人的本性，谁就可能先采取对策。法治国家的政府权力受到了社会普遍而广泛的权力（三权分立）制约，也受到了社会中人们普遍而自由地表达情感的第四种权力（新闻舆论）的制约，因而把人类历史传统中发生的暴力冲突的可能性，通过市场机制和法治渠道转化为相对平缓的有限活动，稳定了社会经济生活。中国传统社会由于遵循儒家思想，社会等级十分森严，权力缺乏有效制约，获得权力就是获得一切，"成者为王，败者为寇"，为了权力可以忘恩负义，可以伤天害理，可以父子相杀，骨肉相残。无论是统治层的权力更迭还是改朝换代都是一部相残史。真所谓重礼而不讲理，有权力就有理，权力左右一切。只有把权力纳入法治的轨道，才能避免权力腐化和权力个人化。

尊重人的权利和保障人的权利为依归，实现人的权利本位化。国家权力以保障公民权利为宗旨，义务的设定和履行均以维护一定的权利和利益为目的。权利的实质就是确认和保障人们的正当利益，它是一切法律关系的核心，是人们法律行为的发动力和驱使力，是法这种社会现象的特定存在形式和载体，是公民具有独立法律人格的标志和象征。现代法治以权利为本位也就是尊重公民作为法律关系主体的资格和地位，强调法治作用就在于从人的内在需要出发来规范、调整和引导人的自觉的社会行动和行为，维护他人的权利和社会的利益。为了维护人们的权利，法治必须对权力实行制约。这也是法治与人治区别的重要依据。

法治要求公民在法律面前人人平等，国家机关实行依法管理和依法行政。国家机关的职责和权限需要用法律加以规定。依法行政是当代政府普遍奉行的行使行政权力的基本准则。法治强调依法行政原则，提出"无法律即无行政"，行政权必须绝对服从和遵循议会制定的法律。随着资产阶级行政权力的扩张，再强调"无法律即无行政"已不能适应时代的要求，在工业和科技高度发达的社会里，行政机关必须有适应经济和社会迅速发展、变化的机动能力，因此，依法行政原则已演化为法律优先和法律保留原则。这两项原则既保证了人民主权和法制统一的基本精神，又适应了在复杂多变的现代社会中行政权力的适当灵活性和机动性。

依法行政也越来越成为我国行政机关奉行的基本准则。随着政府职能的转变，改革措施的到位，市场在资源配置中的基础性作用的发挥，现行体制、机制和制度方面的漏洞和薄弱环节填补和加强，立法机关立法的人本化色彩越来越浓，行政机关也越来越重视依法行政。这将有利于使行政权力受到法律的制约，有效禁止和限制公职人员违法犯罪行为的发生。

第二节　资产阶级国家的权力制约

在西方社会，代议制民主奠定了公权力行使的合法性基础。同时，为保证行政权的高效行使和体现行政权的领导服从关系，因此，国家机关对待上下级、平级之间的称呼通常是以职务相称。

近代国家权力发展的一个重要特点，是行政权的扩张。政府从早期资本主义社会"守夜人"的角色，改变为社会生活的积极参与者。政府积极干预经济和科技的发展，主动调整各种经济矛盾和社会矛盾，以促进社会发展和人民福利为职责。积极行政法已成为资本主义社会得以继续发展的重要因素之一。但在行政权扩张的同时，也强调公民基本权利的保障，对行政权的制约和监督。立法、行政、司法的监督和制约功能并没有受到削弱。

一　英国

英国权力制约是通过不断限制王权和不断扩大资产阶级的权力来实现的。早在1215年，英国的《大宪章》要求国王承认教会选举自由；保障贵族和教士的权利，国王不得随意征收赋税，不得随意逮捕或监禁任何人，保护市民的商业贸易自由。《大宪章》首次限制王权，把封建王权置于封建法律的约束之下。1628 年的《权利请愿书》要求国王未经国会同意，不得向人民募债或征税，非依国家法律或法庭判决，不得逮捕任何人或剥夺其财产；和平时期不得根据戒严令任意逮捕公民；不得强占民房驻兵。《权利请愿书》标志着国王受到了进一步的限制。1679 年的《人身保护法》规定：没有法庭的逮捕令，国王不得逮捕人；对于依法被逮捕的人，必须在 20 天以内提交法庭审讯，逾期就要释放。这进一步限制了国王对人身自由限制的期限。1689 年的《权利法案》进一步规定，国王未经国会同意，不得废止法律，不得征收赋税，不得在平时招募和维持常备军，臣民有权向国王请愿，议员在国会中的发言不受追究，议员应自由选举，国会须按时召开。通过此法案，国王的权力受制于国会，实现了资产阶级民主。人民通过选举产生议会，议会掌握立法权和决定权、监督权，议会中的多数党执掌政权，对议会负责，受议会监督，议会由选民产生，对选民负责。法官终身任职。国王成了国家的象征性人物。立法权属于议会，行政权属于内阁，司法权属于法院。

二　美国

美国通过 1775—1782 年的独立战争，建立了美洲第一个资产阶级共和国。美国政府根据"分权学说"和"制衡原则"，在三权分立学说的基础上，系统地提出了三权相互"制约与平衡"的理论。三种权力既分立又相互制约并保持平衡。立法、行政和司法三种权力分别由国会、总统和联邦法院行使并相互制约。分权原则还体现在联邦与州的关系中。通过这种方式，实现了权力的制约，以保证美国资本主义民主和法治的实现。

三　法国、德国和日本

法国经过 1789 年的资产阶级革命，于 1791 年制定了第一部宪法，规定立法权由议会行使，国王不得解散议会，议会不仅有立法权，又有监督权和处理财政、控制外交的权力。国王的权力受到了宪法的严格限制。法国 1958 年宪法扩大了总统的权限，总统是国家元首，有权任命总理，主持内阁会议和签署法令，有权解散议会，议会由国民议会和参议院组成，行使立法权和监督政府权，总理是政府首脑，辅助总统，负责日常行政事务，内阁总理和国务委员由总统任命，但是先要得到国会的信任。

1871 年的《德意志帝国宪法》确认了德意志帝国是联邦制国家，皇帝有巨大的权力，行政首脑由皇帝任命，只对皇帝负责。议会的权力很小。1919 年的《魏玛宪法》废除了君主政体，承认人民主权原则。宪法赋予总统很大的权力，总统有权任命总理和颁布紧急命令。国会有权提出不信任案。1949 年的《德意志联邦共和国宪法》规定，联邦总统是国家元首。联邦议院是立法机关，由选民选举产生，联邦政府是行政机构，总理是联邦政府的最高负责人，联邦议院可以对总理表示不信任。

日本经过 1868 年的明治维新运动，于 1889 年颁布了《大日本帝国宪法》，规定主权在于天皇，天皇和议会共同执掌立法权，天皇有权解散议会，内阁和大臣只对天皇负责，而不对议会负责，军部独立于内阁之外，对天皇负责，不对议会负责。由元老重臣组成的枢密院是天皇的参谋部。人民的自由权受到严格的限制。1946 年的《日本宪法》仿照了英国的君主立宪模式和美国的宪政制度。天皇是日本国家的象征，国会是国家立法机关，由众议院和参议院两院组成，行政权属于内阁，内阁对国会负连带责任，最高法院拥有违宪审查权。

第三节　我国的权力制约机制

一　概述

在我国的封建社会，由于立法、行政、司法和军事大权掌握在皇帝的手里，既没有独立的议会，也没有独立的司法机关。皇帝掌握臣民的生杀予夺大权，臣民无所适从，根本谈不上权力的划分与制约。中国古代虽然有过所谓的"行政法"，但它既不以政府守法为原则，也不以保障公民权利为宗旨。它只是古代中国人治、吏治的产物和表现。中国唐代颁布过一部《唐六典》，这是一部关于当时唐代国家机构组织法，包括了国家机关职责划分的各种规定，对后世影响很大。唐以后的历代封建统治者都很重视法典的制定工作，明代颁布了《明会典》，清代颁布了《大清会典》，这些会典都具有行政法的性质，但与现代行政法相比却完全不同。现代行政法要求规范国家机关及其公职人员的职责，保护公民和社会组织合法权益，政府应依法行政，而中国封建法典却找不到保护民权的内容，因而无法实现权力的平衡与制约。

一般说来，国家权力通常以国家宪法、法律、法令、命令和带强制性的各种决定、通告等形式加以颁布和确认，并由军队、警察、法庭、监狱等政权机器保证其实现。社会主义国家的政权体制内容和组织形式，因各国历史条件的不同存在很大差异。但总体来说，贯彻的是民主集中制、议行合一和监督机制。权力制约在我国意味着：国家依法治国，行政机关依法行政，审判机关依法独立审判权和检察机关依法独立行使法律监督权。同时，这些机关都对同级人大及其常委会（县级以上）负责，报告工作并受其监督。通过改革和完善全国人大及其常委会的组成和职权建设，充分发挥其监督作用。健全社会公众监督保障机制，发挥其监督效用，为权力制约机制的实现奠定基础。

二　权力缺乏制约带来的负面影响

在我国，国家的权力属于人民，国家机关及其公职人员只是受人民委托代行国家权力的代表。然而，在现实生活中，国家机关的工作人员行使权力，通常只要不直接违背法律就行，无人追究这项权力的行使是否有法律依据。而公民所做的行为，只要没有明文的政策和法律规定，就有可能受到国家机关工作人员的随意甚至粗暴干涉，而这种干涉容易致使公民个人的人身或财产损失。

由于受传统封建思想的影响和权力缺乏有效的制约机制，极少数公职人员见利忘义，忘了自己的身份和职责，不以保护公民权利为己任，把在市场经济管理中的公共权力变成了捞取经济利益的手段；由于权力得不到有效制约，极少数公职人员利用手中的权力，进行贪污受贿、以权谋私、权钱交易、挥霍浪费、腐败堕落、任人唯亲等行为，影响了经济发展，危害了广大人民群众的利益，导致贫富分化，隐含着经济问题和社会危机；由于权力得不到有效制约，容易使极少数道德水平不高、政治觉悟低下的公职人员人格扭曲，心理变态，胡作非为，最后演变成称霸一方的"地头蛇"；由于权力得不到有效制约，容易产生形式主义、官僚主义，欺上瞒下，弄虚作假，造成干群关系紧张；由于权力没有得到有效制约，极少数人把权力看成是可以为自己、亲朋带来特权和财富的手段；由于权力缺乏制约，极少公职人员滥用权力，侵害社会组织和公民的合法权益等。对这些问题，虽然经过全党和全社会的共同努力，党风廉政建设和反腐败斗争取得新的明显成效，但同党中央的要求和人民群众的期望还有差距。

在中国，根据宪法的规定，权力来源于人民，掌握权力是一种责任，而不是个人价值的随意张扬。"要防止滥用权力，就必须以权力约束权力"。① 现代社会，政治应强调权力的制约与平衡。

三　如何建立监督制约机制

我们在进行经济体制改革的同时，还应当积极推行政治体制改革，完善我国的干部制度、政治协商制度、人民代表大会制度、司法制度，建设有中国特色社会主义民主政治，具体说就是建设高度民主、法制完备、富有效率、充满活力的社会主义政治体制。政治体制改革与法治建设应该是同步的。我们应当把法治建设贯穿于政治体制改革的全过程，用政治体制改革推进我国的法治化进程。

如何对权力进行控制，已成为现代立法和整个民主与法制建设的重大课题。根据国外权力制约的经验和我国的实际，应从以下几个方面加强制约。

首先，完善人民代表大会制度，使其成为真正的国家权力机关。人民代表大会制度是我国的根本政治制度，是实现党的领导和人民当家做主的有效的政权组织形式，它充分体现了人民当家做主的社会主义民主的本质特征。健全人民代表大会制度是我们建立各项制度的基础，人民代表大会制度实行民主集中制和"议行合一"制。进一步健全人民代表大会制度，有利于国家其他制度的健全和完善。完善人民代表大会制度要做好几方面的工作：人大及其常委会的组织机构逐步健全，人员结构逐步改善，常委会专职委员的比例逐步提高；要完善任免机制，使任免机制

---

① ［法］孟德斯鸠著：《论法的精神》（上册），张雁深译，商务印书馆1961年版，第154页。

既贯彻遵循德才兼备原则，又严格依法任免，为国家政权机关的正常运转提供组织保障；要正确处理党管干部原则和人大及其常委会依法任免的关系；要建立健全代表执行职务的激励和约束机制；建立完善办理代表议案和建议制度；尊重代表的民主权利，及时处理侵犯代表合法权利的现象；各级政府、法院、检察院要自觉接受人大的监督，依法行政，公正司法。

其次，完善立法，加强国家权力机关对行政机关和司法机关的制约，依法来防止职权滥用和腐败现象的发生。在我国全国人大及其常委会是国家最高权力机关，地方全国人大及其常委会是地方国家权力机关。行政机关是执行机关，应向权力机关负责并报告工作。法院和检察院是司法机关，应向权力机关负责并报告工作。权力机关享有行政机关、司法机关的人事任免权。全国人大及其常委会和享有立法权的地方人大及其常委会通过行使立法权，完善法律制度，加强对行政机关和司法机关的监督权和查处权，制约行政机关和司法机关的滥用职权和徇私舞弊行为，用法律手段预防国家机关公职人员腐败的产生。

再次，完善新闻监督和公民检举、揭发、上诉、申诉等法律制度，强化公民、国家权力机关、司法机关对行政机关的监督职能。我国现在已有的国家机关组织法、行政诉讼法、行政复议条例等形成了一系列监督制度，并产生了相应的制约作用。但有些具体操作程序和实质性规则较抽象，操作起来很不方便。然而，《行政处罚法》的颁布，对行政机关依法办事，依法处罚提供了依据，界定了范围，使行政管理行为更加符合民意，处罚必须公正公平合理。对权力的制约应发挥各种社会力量的综合功能，发挥舆论监督的作用，充分地利用舆论对权力制约的高效率，通过民主的公开性，显示舆论具有较高透明度的功能，通过新闻舆论让权力处于广大人民群众的监督之下。为此我们应当制定新闻舆论法，使新闻舆论监督权受到法律的保障，使监督规范化、法制化。此外，我们应全面系统地完善人民检举、控告、举报和申诉制度，对那些经常妨碍人民群众对国家机关及其工作人员监督的行为予以修正，为我国建立民主、科学的权力制约机制提供有力的法律保障，如制定监督法和申诉、举报、控告法，具体规范申诉、检举、举报、控告的程序和办法，使公民的民主政治以及合法的自由权力得到实现。

建立和完善执法责任制和错案责任追究制。开展个案监督，促进"一府两院"依法行政、公正司法，切实维护好最广大人民的根本利益，加快依法治国进程。

还有，通过立法控制国家机关自由裁量权的行使。国家机关在国家机器的运行中享有特殊的职能作用，由此决定了国家机关享有一定的自由裁量权。而国家机关享有一定的自由裁量权有利于提高办事效率，补救立法的不完善，应付特殊情况的发生。因此，现代行政管理活动导致授权行政立法和行政自由裁量权日益扩大，这与当今复杂的国际国内形式相符合。然而，行政自由裁量权必须限定和控制在法律规定的范围内。否则就会出现滥用自由裁量权，导致侵犯公民社会团体、组织的权利与利益，破坏民主法治。因此，要用立法来控制国家机关自由裁量权的行使。控制自由裁量权的办法就是加强法律细化工作。

最后，创建一个反腐倡廉预防体系，加大反腐力度。要注重制度建设和创新，健全法治，加强教育，严格依法办事，要坚持在法律面前人人平等的原则，任何组织和个人都不允许有超越宪法和法律的特权。健全公共财政、完善用人机制、完善廉政法规、健全监督机制、加强教育防范、强化组织保障；健全选举、选拔制，完善聘任、交流制，实行领导干部引咎和责令辞职制和公务员高薪养廉制度等；建立一套权威性、操作性、实效性强的廉政法规体系，促进国家机关行为法定化和道德约束法治化；落实国家机关的机构职能、内部管理、投资行为、招标采购、工作程序、行政审批、行政收费、行政处罚、行政执法法定化；完善重大事项报告、责任承诺、重大决策程序、责任制、审计制和行贿档案制等廉政体系；健全社会信用制度，加大舆论监督力度；建立法治约束机制、监督管理机制和教育防范机制；合理配置权力，形成结构合理、配置科学、程序严密、相互制约的公共权力体系，最大限度避免腐败的发生。

第十一章

法律细化：法治的立法基础

　　法治的过程包括立法和法律的实施。法律细化属于立法问题。经过多年的努力，我国的社会主义法治建设取得了很大成就，制定了一系列重要的法律和法规，基本形成了社会主义法律体系的框架。但由于法律规定还比较粗放，执法司法的自由裁量权空间比较大，法治建设还需要得到进一步深化。而法治深化首先涉及的就是法律细化问题。

第一节　法律细化是法治完善的前提和基础

一　法律细化的原因分析

　　如果国家不把权力以法律明确细致地加以规定，就会导致授权不明，就会导致行使权力的机关和人员有意无意地篡改法律的精神和含义，随意根据自己的需要来适用法律，个别的会根据"关系"的需要来适用法律，随之而来的问题是腐败的滋生。而防止的办法就是用法律制约权力，规范权力，监督权力，有效地控制权力，因而加强立法和对现有法律的细化成了法治完善的先决条件。因为建设系统工程，是立法、执法、司法、守法和法律监督的有机统一，而立法是法治的前提，立法的质量高低和完善与否，直接影响着执法和对执法监督的效果。"人类社会的经验表明，在国家和社会法治化进程中，立法必须首先法治化。法治化的立法是国家和社会走向法治状态的前提和基础"。① 只有立法完善并加以细化，法律明确具体，灵活性和随意性小，才能进一步解决社会的法治化问题。通过立法，把很多丑恶行为防范在未萌状况，使动机不纯的人不敢以身试法而变成好人，使好人不变坏。

就我国目前的情况看，我国的司法执法队伍绝大多数是好的，但由于法律留给司法执法人员操作的空间太大，也确实存在一些问题，有的还相当严重。突出表现在：办"关系案"、"人情案"、"金钱案"，甚至索贿受贿，徇私枉法；违法查封、扣押财产，违法办案，违法执行；乱收费，乱拉赞助，经费管理混乱；对当事人作风粗暴、态度蛮横、生硬、冷漠、耍特权、耍威风等。对于这些问题的存在分析其原因，主要表现在以下几方面：

（一）自由裁量权的大量存在

在我国，法制的不健全首先表现为立法的不健全。社会生活中有的问题的解决找不到准确的法律依据，少数掌握权力的人往往随心所欲，看金钱、看关系、看亲情办案，把人民赋予的司法权当作向当事人吃拿卡要的资本，不送礼不给好处和没有关系就一推了之，维护送礼方的利益，甚至置国家法律于不顾，徇私枉法，作出枉法裁判。有些问题的解决虽有法律规定，但法律的弹性规定给少数司法执法人员索贿受贿有可乘之机，即送礼者，可处理可不处理的不处理，可判可不判的不判，或在判的幅度内偏轻处理，礼越重，处理越轻。这种做法本身很难说是违法，隐蔽性更大。其结果，得利的是违法犯罪者和部分司法执法人员或小

---

① 周旺生著：《立法学》，法律出版社 1998 年版，第 120 页。

团体的利益，损害的是司法执法机关队伍在人民群众中的整体形象和国家法律的威信，玷污了国家，败坏了风气。

（二）公务人员自身的约束力欠缺和管理制度的不规范

权力缺乏明确、具体和有效的监督制约，必然滋生腐败，必然会偏离公正和公平，继而产生辐射效应，使社会公众产生怨恨、偏激和不满情绪。作为司法执法人员，首先要有良好的职业道德素质，因为职业道德的产生和形成是以司法执法机构和司法执法人员的产生为基本条件的，而且司法执法人员的司法执法活动，为司法执法人员职业道德规范的形成提供了条件，同时，司法执法人员的规范要求是司法执法人员群体共同认可的，由大家共同遵守的行为规范。这种规范虽不像法律规范那样具有鲜明的强制性特点，但是通过人们的习惯、自觉以及社会舆论等，仍然具有一定的约束性和教育性，如立场坚定、刚正不阿、不畏权势、清正廉明和不徇私情等。但是，由于市场经济刚刚确立，市场经济本身对原来计划经济的冲击，计划经济确立的各种观念被打破，适合市场经济要求的各种规范尚未健全，人们的新观念尚未确定，再者，人上一百，形形色色，这就会使少数思想政治觉悟低和道德水平差的干部见利忘义，法律没规定的钻法律的空子，法律不明确的则随心所欲处理，搞特权、以权换钱，捞好处。一旦失去控制，就会像瘟疫似的扩散开来，危害社会，损害司法机关的形象。

（三）市场经济和经济改革在法律上出现漏洞

在市场经济条件下，社会经济活动的主体逐步由原来的"社会人"变成"经济人"，由原来大锅饭时强调的重义轻利向权利义务相统一的方向转化，而权利义务相协调统一的法律不健全、不完善，再加上人的贪逸和趋利的本能驱使，一些人会精心研究和分析法律的漏洞，并采取相应的对策和措施，使法律的真正精神内容在有些人的手里扭曲变形，失去原来的本意和功能。为了保证市场经济的健康发展和经济体制、政治体制改革的顺利进行，确保国家的权益和公民法人的合法权益不受侵犯，使各种纠纷的解决有法可依，使违法犯罪行为得到有效制裁，发挥法律在社会生活中的作用，做到法网恢恢，密而不漏，就应当加强立法工作，细化法律，使法律既为司法机关行使权力提供法律根据，也对他们滥用权力的行为实行制约。

（四）法律模糊，相互间缺乏协调，甚至相互矛盾

一个国家的法律是由不同的法律组成的统一体系，同时，同一类法律又由不同的机关制定和颁布，制定机关不同，其法律地位和法律效力也不同，它们相互联系、相互补充、相互配合，共同调整社会、政治、经济及科技文化生活。法律在制定时，要力求明确、具体、周密，相互间要协调和配合，并具有可操作性。法律内在的协调性、统一性、针对性和可操作性是法律理念的价值取向和趋同。当法律法规发生冲突时，以效力高的为准。但是，在现实生活中，由于各方面的原因，各个法律之间往往会发生这样那样的矛盾，有的发生界限不明确等现象。这就产生：一是使执法者选择难，无所适从，导致处理的结果各地不一致；二是地方保护主义抬头；三是少数执法人员乘机不顾国家集体利益而徇私枉法。这些都是对国家法制统一的破坏。为了保证法律的正确实施，维护国家法制的统一，健全社会主义法制，有必要通过立法的形式明确立法者的职责，使立法明确具体，相互协调形成一个整体，以利于司法执法机关执行法律。

二　法律细化的必要性

建设法治社会是一个系统工程，它不仅需要法的体系要结构严谨、内容和谐，需要确立法律的至上性，需要秩序、效率与社

会公正的三位一体化，而且需要建立一系列具体的法律制度，如民主、科学的立法制度、保障司法独立和公正的各项制度、保障公民权利和自由的制度，还需要对公共的权力进行有效制约的制度，这在有着几千年封建传统的中国尤为重要。

顾名思义，法律细化是指法律的具体化、明细化和详细化，使法律增强其可操作性。在法治的环节中，法律细化是法治完善的前提和基础，是法治完善的首要标志。没有立法的完善，法治的健全和完善就成为空话。而"立法权，从它的理性原则来看，只能属于人民的联合意志。因为一切权利都从这个权力产生，它的法律必须对任何人不能有不公正的做法。如果任何一个人按照他与别人不同的意志去决定国家的事情，那么，他就可能经常对别人做坏事；但是，如果由大家决定并颁布他们自己的法律，就决不会发生这种事情"。① 立法是实现和加强我国法治的前提和基础，加强法治首先要制定法律。因此，法律细化是立法向纵深方面发展的必然要求，也是整个法治向纵深发展的要求。

（一）法律细化是国外经验的启示

由于法律具有相对独立性和作为人类文明成果的共同性，而发展市场经济是当今世界经济发展的大趋势，法律移植成了各国法制现代化的捷径。我国随着市场经济的发展和走向世界贸易组织，世界经济越来越一体化，我国在立法时应更加要注意对外国和周边地区法律的研究和借鉴，吸收其成熟的法律制度和符合我国国情的内容，使我国的立法与国际接轨。国际市场经济是法治经济，要求一切活动（包括司法活动）都要在科

---

① ［德］康德著：《法律哲学》，见《西方法律思想史资料选编》，北京大学出版社 1983 年版，第 419 页。

学严谨的法规框架内有序进行，法律规定得越细，给执法人员留下的自由裁决权范围就越小，规定得越死，执法人员就无法自由裁夺，这多少可以避免贪赃枉法的发生。如《意大利刑法典》共734条，条下还有款项；《意大利监狱法》共91条，条下分出多款多项。其篇幅比我国《刑诉法》多，比《刑法》又稍逊色；《意大利民法典》共2969条，内容篇幅将近是我国《民法通则》的20倍。《法国刑事诉讼法典》共803条。这些法律对多种法律行为做了较详尽的规定，文字表达细密而又简洁，其立法技术达到相当高的水平。《法国民法典》、《德国民法典》、《瑞士民法典》在立法技术上是堪称进步的、影响重大的法典，它们已更多地利用已确定的事实把法官的裁量范围缩小到最小限度。又如新加坡公共汽车上吸烟要罚款500新元，旅馆接待处吸烟要罚款500新元，在餐厅吸烟则罚款1000新元，这种规定既体现了法本身处罚的严，又体现了对执法者自身的严，这种严表现为没有执法的随意性和人情味，否则执法者本身的违法将暴露无遗。所有上述国外的做法，对于我国市场经济刚刚起步，法制还不完善的情况，应是有所启示和值得借鉴的。

（二）法律细化是我国法治走向健全的基础

法治是一个国家法律和制度建立和实现的过程，其内容包括立法、执法、司法、守法和法律实施的监督等方面的活动过程，它是这几方面构成的一个有机联系的统一整体。缺少哪一个环节，法治都无法实现。其中，立法是实现和加强我国法治的前提和基础，加强法治首先要制定法律，没有法律，无法可依。有了法律，如果比较粗放，也会有法难依，甚至钻法律漏洞。法律本身的特征要求法律具备规范性和明确性、具体性、严谨性、逻辑性。这就要求，一是该条法律规范本身必须明确具体，什么行为可以做，什么行为应当做，什么行为禁止做，做或不做的法律后果是什么，承担的责任程度如何；二是如果该条规范是授权性规定，有关机关的补充性规范或实施细则应当能及时兑现，不出现脱节；三是准用性规范应有其他法律法规与之配套，还要使其明确具体，避免出现法律漏洞。因此，立法是整个法治的前提和基础，而立法的细化给法治提出了更高更严的要求。我们要根据市场经济发展的需要，制定出完备细致的法律制度，使社会关系得到法律的有效调整，使社会生活的各方面都有法可依，有章可循，保证司法机关执法严格，使违法者得到有效惩治，使合法者得到有效的保护，维护社会主义法治的统一和尊严。

（三）法律细化是我国制度文明的标志

文明是人类改造自然、社会和自己的主观世界取得的成果。它一般包括物质文明、精神文明和制度文明，其中制度文明是人类改造社会，建立政治管理和各项管理所取得的成果。奴隶社会较原始社会文明，其政治统治逐步完善，生产关系得到了发展，但极端残酷和野蛮，还带有原始社会的某些痕迹；封建社会比奴隶社会文明，减少了野蛮性，解放了奴隶，但形成了新的依附关系并公开维护等级特权；资本主义社会比封建社会文明，用法律和制度宣布了私有财产神圣不可侵犯，建立了以政党和选举为基础的代议制政府；用法律和制度维护资本主义社会的自由、平等和人权，建立了资本主义法制，并使资产阶级法制不断健全和完善，推动着资本主义经济的发展。我国在新中国成立后，由于"左"的思想的干扰和群众运动式的解决问题的办法，使我国社会主义社会建立后长期无法解决法律和制度问题，使我国陷入政治动乱，经济无法恢复和发展，公民的权利和自由得不到确实保障的状态。党的十一届三中全会以后，我国法治走上了不断健全发展的道路，法律法规日益增多，法律制度逐步健全完善，说明我国在制度建设方面取得了成果，但随着社会主义市场经济的发展，人们对文明的要求越来越高，要把我国建设成为富强、民主、文明的社会主义国家。这就要求必须把社会主义法治建设同社会主义市场经济体制建设紧密结合起来，市场经济必须要有与之相适应的比较完备的社会主义法治。到目前为止，我国已基本形成有中国特色的社会主义法律体系框架，但有的法律还比较粗放，在实践中操作起来随意性大，容易产生腐败和侵犯有关公民和组织的人身权利和财产权利，影响执法司法机关的威信和法律的权威。令人可喜的是，依法治国、建设社会主义法治国家，已成为我国的基本治国方略，立法的法治化已成为我国立法的一项基本原则，依法立法，不断细化和完善法律正是我国制度文明进步的一个重要标志。

第二节　法律细化应关注民间法

一　概述

民间法是民间约定俗成的习俗、规范。我国建设法治国家，得首先完善法治。法律细化是法治完善的前提和基础，民间法对国家立法具有重要意义，法律完善细化工作应重视本土法的研究。

法律细化是国家法治完善的基础，是实现依法治国的基本条件。我国法律是工人阶级和广大人民意志和利益的体现，立法者制定法律时应最大限度地体现最广大人民的最大利益，而民间法即民俗也是当地的政治、经济条件在观念上的反映。而且，民间法即"民俗总是以一种社会习惯的力量出现，成文法无论规定得多么细致，都不过是社会行为中需要强制执行的一部分，民俗虽然没有刑法那样明确性、严厉性，却像一只看不见的手支配着人们的具体行为"。①"在我国，政府推进性法制的苦心经营和依法治国的全民共识，大规模的立法活动和声势浩大的执法行动，似乎并没有完全改变人们的价值偏好，在现实社会中，许多人依然偏好由习惯、民俗、土政策、土办法等所谓的'习惯法'或'民间法'来解决，加之国家法的缺陷和供给不足、路径不畅、成本太大、预期不明等客观因素的影响，使人们总是感叹法律很不起作用，国家法还停留在纸上，远没有亲近民众，走入民心，对国家法这种理性建构神化的失望和破灭，推动着一些学者跳出'法律出自国家的'思路，从社会的立场来观察和思考真正意义上的法和真正起作用的法"。② 产生这种情况，笔者认为，一是法律粗放，存在漏洞，随意性大，留给司法执法人员的空间太大，而主动权又在执法司法人员手里；二是有的法律的内容没有贴近社会，走进人心，离社会太远，人们习惯于依民间习俗办事，法律发挥不了作用，这需要法律在细化时应考虑民间法。

二　民间法是国家法特别是民法的根基

"普遍认为，中国的传统社会是一个'没有法律'的社会，虽说没有法律，但不影响这个社会的秩序，秩序的生成主要依'礼'和依'习惯'而治，于是，对中国社会而言，一个沉重的传统包袱就是国家法或王法显得相对萎缩，或者说国家法没有得

---

① 周详著：《少数民族风俗习惯与刑法的冲突和调适》，载《云南大学学报法学版》2001 年第 2 期，第 81 页。

② 田成有著：《"习惯法"是法吗》，载《云南法学》2000 年第 3 期，第 8 页。

到充分的发育，没有走进人心，贴近社会，相反民众对国家法之外的所谓习惯、民俗、伦理、道德等更感兴趣，更有所偏好和青睐"。① 为什么民间法是国家法的根基？首先，法律细化是一种制定国家法的活动，国家法是国家机关依据一定的程序制定的，具有规范性、严密性和严谨性的行为规范。它明确具体，便于施行，但处理不好会脱离社会。"立法权，从它的理性原则来看，只能属于人民的联合意志"。② 法律是公意的体现。法律至上实质上就是公意至上。民间法在一定程度上体现了民间的意愿，应得到尊重、肯定和保护。国家法是为民众提供服务的，为民众服务的法律，应当反映民众的愿望和要求。"萨姆认为：法律起源于或者应该起源于民德，民德可以渐渐演化为法律，立法必然在原有的民德中寻找立足点，立法是为了自强必须与民德相一致"。③ 从中国历史看，由于没有法律传统，人们害怕国家法，习惯用民间的传统习惯和道德来解决纠纷，喜欢私了。国家法没有贴近民众，人们有纠纷首先找关系，找后门，找亲戚，找首领，最后没有办法才到国家机关来公断。中国传统上的法更多地偏向于公法，私法不发达，私法是维护民间的利益。因而，在中国的法治追求中，并不能简单复制西方的法律制度，而是应重视中国社会中的那些起作用的，并不起眼的习惯、惯例，注重经过人们反复博弈而证明有效的法律制度。只有这些非正式制度的支撑和配合，国家的正式法律制度才有坚实的基础。法治离开了传统和习惯就难以很好地发挥作用。其次，民间法是民众要求的约

---

①　田成有著：《"习惯法"是法吗》，载《云南法学》2000 年第 3 期，第 9 页。

②　[德]康德著：《法律哲学》，载《西方法律思想史资料选编》，北京大学出版社 1983 年版，第 419 页。

③　吴大华、朱灿平著：《刍议民族民间法》，载《云南大学学报法学版》2001 年第 2 期，第 90 页。

定俗成。它是一种知识、传统和习惯，具有乡土性、地域性、自发性和内控性的特征。它紧紧围绕着人们的婚嫁习俗、家庭、相互交往而规定，贴近民间乡土气息。它只对一定地区的民族有效，超出这一地区就无效，它是在民间社会生活中自发形成的，而不是由特定的机关制定的。它靠情感、认同和良心加以落实。民间法既是民间价值判断的抽象标准，也应形成可操作的成文的规则标准。如果把民间法由口耳相传、心心相印变为实实在在的、白纸黑字的成文规则，还是挺有意义的。"立法者的最后目标仍然总是增进公民的教育，使它们仅仅从有关国家机构提供给他们去实现他们个人的各种意图的益处的理念中找到他们的动力"。① 再次，我国法律对民间法还是有承认的一面，如合同法承认交易习惯，国际经济法承认国际惯例，但大量的调整特定地域的民间习惯得不到法律的公开认可，却在当地确实发挥作用，"在这样的社会里，法律是用不上的，社会秩序主要靠老人的权威、教化以及乡民对于社区中规矩的熟悉和他们服膺于传统的习惯来保证"。② 而国家法又无法在那里实施，形成国家法和民间法冲突时出现国家法的适用真空。当民间法和国家法发生冲突时，既要保证国家法的统一实施，也要尊重民间法，保留民间法合理的和不危害社会的一面。

2000 多年的中国文化，源远流长，有很多精华。中国法律文化从近代起虽然受到外国政治法律文化观念、思想和法律制度的影响，甚至形式上已接受了英美法、西欧法、前苏联法和日本法的制度、规则、概念、术语，并且随着改革开放与国际交往的

① ［德］威廉·冯·洪堡著：《论国家的作用》，中国社会科学出版社 1998 年版，第 88 页。
② 梁治平著：《乡土社会中的法律与秩序》，见《乡土社会的秩序、公正与权威》，中国政法大学出版社 1997 年版，第 417 页。

增加，外国法律的影响还在增加，但是中国法律文化始终没有失去它的传统和独特性。这种传统与独特性的突出表现就是类似于道德的"民间法律规范"的普遍存在。这种在中国的传统法律制度和文化中积累起来的行为、规范、行为模式和法律观，长期以来一直成为人们在社会生活中调整社会关系，解决社会纠纷的首选模式。这种"民间法律规范"在特定的法律定义上不是一种法律，但是却无法否认它对整个社会，特别是经济领域、日常生活领域的现实影响。人们习惯于用多年来形成的普适的客观真理解决自己的问题。这就是"民间法律规范"。执行这种"民间法律规范"可能违反了正式的国家的制定法，但是却得到了社会成员的普遍认可，使它在一定范围内具有某种合法性。而且在相当长的一段时间内它不会被人们放弃，会适时地存在下去，除非能找到某种功能上的替代物。法治不能离开本土。"法律实施的经验也昭示：仅靠国家成文的法典进行'一刀切'是不行的，简单地把法律和法庭推行下去，法律就会实施运转的想法或做法也是幼稚荒唐的，法律的实施必须考虑过去，正视传统的沉重包袱，必须协调法与其他社会现象的关系。因而在法律还不健全、不完善的初级阶段，重视一些好的习惯做法，允许一些好的习惯做法与国家法一道并行发挥作用是很正常和应当的"。① 中国法治的软件即法律文化精神要从中国的本土去寻找，关注中国的现实，关注中国的工人、农民和社会各阶层。法治的基础是在社会。法治的本土是法治的基础。

民间法是国家法的根基，首先，还由于民间法深深扎根于民间，有很强的社会性，其生命力活跃，乐于接受，适用起来也很方便，在其特定范围容易适用。但我们也应注意，民间法超出一

---

① 田成有著：《"习惯法"是法吗》，载《云南法学》2000 年第 3 期，第 16 页。

定范围，民众对其理解就难得多，而且不同的地域有不同的民间规范，没有统一的标准，对于发展市场经济是不利的，但对于发展旅游业是有利的。其次，在法律的执行上，基层法院与其他基层政权一样担负着对民间意识形态化的功能，其合法性在于为人民服务。法院在操作民间法时没有准确的法律依据，随意性也很大，甚至会曲解民间法，对民间带来不利的后果。如果国家立法能吸收民间法，一会给调解民间纠纷有法可依，二也给法院审理民间纠纷增加其确定性。再次，民意包含着两个方面。一方面，民意由作为本土资源的民间传统构成。而我国先前的做法则是由国家首先借鉴西方建立起了一套法律体系，其中有些价值理念与我国的传统存在较大的距离，导致法官严格执行书本法律有时会引起民众对司法反感或误解。另一方面，民意也是一个意识形态的范畴，虽然民主有时会导致"多数人的暴政"，而司法的中立性并不排斥少数人的利益。在民意的作用下不能排除一些人"搭便车"的情况，也不能排除权威人物对民意的导向作用。因此，承认并遵守民间法是不可或缺的条件之一。

"法律应该以社会为基础。法律应该是社会共同、由一定物质生产方式所产生的利益和需要的表现，而不是单个人恣意横行。现在我手里拿着的这本 Code Napoleon（拿破仑法典）并没有创立现代的资产阶级社会。相反地，产生于18世纪并在19世纪继续发展的资产阶级社会，只是在这本法典中找到了它的法律表现。这一法典一旦不再适应社会关系，它就会变成一叠不值钱的废纸。你们不能使旧法律成为新社会发展的基础，正像这些旧法律不能创立旧社会关系一样"。① 从社会现实看，在某种意义上，民间法来源于民间，底气厚足，反映当地民众的一般要求，

---

① 《马克思恩格斯全集》第6卷，人民出版社1961年版，第292页。

实实在在，容易被民间接受，容易得到遵循。国家法的底气需要民间法来补给，通过逐步补给充实，国家法才能进一步焕发生机和活力。

法律是多元的，多元中是否应有主导的力量在起作用，有人认为应有主导力量。但我认为这个话不能太绝对。在某些方面，如国家统一、领土完整、民族团结，法治应是统领和主导的，但涉及民间特色的地域性问题，除了法律强制性规定外，仍以民间法为准。还有一种办法就是实现法治的本土化，使国家法和民间法融合在一起。民间法如果不与国家法和国际法相结合，就会像小锅米线一样，永远上不了大餐。我们不要对自己的东西视而不见。由于外国法律制度的引进，"当代中国的国家法律制度至少在形式上已经是由各种外来的法律制度、规则、概念、术语所构成"。① 随着我国对外开放和与国际交往的增加，外国法律的影响构成了法律多元的一个层次；中国传统的法律制度和文化以及少数民族的法律制度和文化构成了中国法律多元的又一层次；中国改革开放和市场经济形成的法律制度构成了中国法律多元的另一层次。而民间法正好构成了法律多元的另一层面。

国家法和民间法、法律和情理如何结合，最好的办法就是折中。"在中国社会转型的法制建设中，从总体上看，国家制定法和民间法之间必须尽力沟通、理解，在此基础上相互妥协、合作，这样可以避免更大的伤害，获得更大的收益；而不是按照一种思辨的理想型模法制式（无论是强调国家制定法还是强调民间法的模式）来构建当代中国的法制"。② "依据博弈论的分析，无论从维护社会秩序这一'天下之公器'，还是从国家制定法和

---

① 苏力著：《法治及其本土资源》，中国政法大学出版社1996年版，第53页。
② 同上书，第63页。

民间法各自规范社会的有效性来看，两者之间都必须妥协、合作。合作、妥协则两利，对社会绝大多数人有利；不合作、不妥协则两伤，对社会绝大多数人有害"。① 而对于社会生活来说，一个社会的形成其实就是在一个确定的社会环境中人们的诸多解说相互冲突、磨合、融合的过程。

民间法会影响与国际接轨吗？回答肯定不会。问题在于民间法是仅存在于当地居民心中，甚至是某头领心中，它不成文、不系统。它应该形成文字，明确具体，让外国人和外地人一目了然，民间法不要成为当地人随意解释，甚至斗人整人、讹诈钱财的权柄。任何先进的法律制度，只有与各个国家、民族的实际相结合，才能发挥它的效用，才能体现出它的普遍性。反之，任何国家、民族的法律，也只有在它们对本国、本民族的政治、经济、文化等发展具有重大的促进作用时，它才能显示出自己的优点和特色，才能对其他国家和民族具有魅力，人们才会来学习你、吸收你，你才能走向国际。② 其实，外地人和外国人只要了解民间法，也是乐意接受的。"特别是在目前法学界一片'同世界接轨'的呼声中，在中国法学教育和法律实践基本是以国家制定法为中心的现状下，强调理解民间法、强调国家制定法对民间法的适当妥协、寻求民间法的合作也许尤为重要"。③

民间法的发展是否有利于市场经济的发展，是否有利于法治的发展。对此问题，笔者认为民间法如果整理、归纳、完善并成法律，还是具有可操作性的。如果摈除其糟粕，也是有利于社会经济发展和法治发展的，关键是如何使国家法和民间法很好地结

---

①　苏力著：《法治及其本土资源》，中国政法大学出版社 1996 年版，第 65 页。

②　何勤华著：《法律文化史论》，法律出版社 1998 年版，第 128 页。

③　苏力著：《法治及其本土资源》，中国政法大学出版社 1996 年版，第 66 页。

合起来。美国是法治国家，但也存在法律不统一的问题，它实际上是"不统一的"统一。说不统一，各州法律是不一样的，说统一，是指各州有其统一的法律规范，生活在这里的人们应当一体遵循。我们在不违背国家原则的前提下，制定各地的适合本地域的民间法，也就是只要乡规民约不违反国家法，就应承认其地方效力。民间法既有适应市场经济的一面，只要处理好，也是可以适应市场经济的，关键是民间法能否成文，能否剔除其不合理的一面。实际上，搞市场经济的国家也是尊重民间法的。国际经济法就是尊重交易习惯的楷模。但有的民间法能适应经济发展，有的不能适应，这就需要国家法来引导。

三 国家法的细化应吸收民间法

既然民间法是国家法的根基，离开民间法，国家法就会成为"无源之水，无本之木"，那么国家在立法时理所当然应当考虑民间法的要求。"学术界主张重视习惯和习惯法的理由归纳起来有这些：（1）担心国家法有过分西方化的色彩从而不适应中国的国情，（2）法律的理性建构会对活生生的'活法'视而不见，从而会把起作用的'活法'弄死，（3）单一的国家法会形成垄断和独霸，无助于社会秩序的生成等等"。① "法律是整个社会生活的一部分，而且决不是存在于真空之中。法律并不是社会科学中一个自给自足的独立领域，能够被封闭起来或者可与人类努力的其他分支学科相脱离"。② 国家法有其价值，民间法也有其价值。在社会主义初级阶段和市场经济刚刚建立的今天，民间法的

---

① 田成有著：《"习惯法"是法吗》，载《云南法学》2000年第3期，第15页。

② ［美］博登海默著：《法理学——法哲学及其方法》，华夏出版社1987年版，第491页。

价值和作用不能低估。它具有弥补性、转化性和共生性的价值。"法律既是从整个社会的结构和习惯自下而上发展而来，又是从社会的统治者们的政策和价值中自上而下移动。法律有助于这两者的整合"。① 法律是用语言来表达的，社会生活是方方面面的，人们对法律的理解必然有其不完美的地方，这就需要民间法来弥补其空间。任何法律不可能对社会生活进行精打细算。法律只能为我们社会生活提供一个基本框架、模式。民间法就像道德一样，弥补国家法的不足。民间法是根据百姓的生活世代相传的，具有文化遗传性。它具有被人们选择接受的基础，容易被民众接纳。而国家法应更贴近民众生活，要做到这一点，需要民间法不断转化为国家法。特别是民法典的制定应以民间的东西作基础。国家法需要健全完善，民间法需要发扬光大，两者共生共长、相互吸纳，使我国的法治建设得到发展。同时，国家法与民间法应以国家法为主，民间法作补充。重视民间法的价值并不是抬高其地位，而是引起人们对民间法的关注。

我们有很多国家法，但落实的很少。我们有森林法，但森林照样遭劫难；我们有草原法，但草原照样荒漠化；我们有水法和污染防治法，但污染照样严重；等等。法律有一种漂浮的感觉，与人们的生活有一层隔膜。我们虽学了一些西方的成功做法，但难以适用。没有哪个国家像中国这样，法院的判决如此难以执行。我们用西方的法律来解决中国的问题是行不通的。"通过移植而来的外来的法律却远没有完成与中国本土法律文化的完全融汇……人们处理事务，解决问题的方式，制约人们关系的行为规范，仍旧是老一套的传统做法，如轻法厌讼、亲情人伦、等级旧

---

① ［美］伯尔曼著：《法律与革命——西方法律传统的形成》，中国大百科全书出版社 1996 年版，第 664 页。

法等。这些传统观念与行为方式仍实际上支配着中国乡土农村的秩序，它们才是真正'活'的法律，那些悬浮于表层上面的通过移植西方而来的法典、法令，远没有内化为他们自己的需要"。① 法律不能克隆。法律制定出来以后，如果没有建立在中国本土之上，那它就没有生命力。我们应研究我们已有的或改革开放后出现的正在发生的情况，重视在中国起作用的但又不起眼的习惯及其本土资源。这是中国法治的基础。国家法应以民间社会为基础，以国家法为主，以民间法为补充。

有人认为，国家法都执行不下去，还要研究民间法有何用？道理很简单，其意义就在于，国家法离民间太远，没有植根于民间，没有源于民间的要求和愿望，才导致执行难。研究民间法，承认民间法的效力，使国家法融于民间法，并剔除不合理的东西，才能更有效地执行国家法。苏力认为，"在中国的法治追求中，也许最重要的并不是复制西方法律制度，而是重视中国社会中的那些起作用的、也许并不起眼的习惯、惯例，注重经过人们反复博弈而证明有效有用的法律制度"。②

由于民间法的适用范围是有限的，它只对特定的社会成员有效，超出此地域就无效，因此，我们到哪座山就要学唱哪座山的调。民间法是碎片，它与国家法的一体性是不相吻合的。市场经济的发展必然打破狭隘的地域界限。民间法不成文。它使我们的琢磨是不确定的，而法律是一种确定的、便于操作的东西。针对民间法的理解，不可能人人都一样，操作起来相当困难。另外，民间法本身缺乏一套操作程序，操作起来随意性大，难执行，要

① 田成有、邱明著：《乡土农村法文化的断裂与整合——文化人类学立场下的探悉》，载《云南法学》2001年第1期，第13页。

② 苏力著：《法治及其本土资源》，中国政法大学出版社1996年版，第36页。

么可能会侵犯人权。民间法更多偏重于婚姻、家庭和继承。它不能调整更大的社会关系和社会问题。

民间法的发展是否会影响依法治国，不一定，关键看如何协调。《法国民法典》也是这方面的例子。民间法的立法应考虑公序良俗和国家强制性的法律规定，不能违背。但把国家法放在一边去考虑民间法，这种做法实际上要导致法治的混乱。由于法律是成文的、稳定的、具体的，而生活是复杂的、多变的，我们应考虑如何把"死"的法律与"活"的社会巧妙地结合起来。

"现代民族国家的构建始于清末新政，而展开于民国时期，其核心内容是要建立合理化的官僚制度，使国家的行政权力深入基层社会，加强国家对乡村社会的监控和动员能力。民国初期，政府在乡村推行保甲制度，打破了传统以乡族为村政单位的格局"。[①] 新中国成立后，尤其是 20 世纪 80 年代改革开放之后，中国的社会结构、人际关系、人们的生活方式等都发生了翻天覆地的变化，特别是市场经济导向的影响和民主政治的推行，中国逐步向现代化国家过渡，乡土社会正逐渐向现代社会过渡。由于种种社会现象的发生都有其社会根源，社会根源就是"乡土社会"，所以我们要提倡一种全新的人际关系，建立一种全新的格局，即人与人之间的关系应是一种平面的格局，大家信守共同的行为准则，人际关系以制度为转移，以法律为转移。"中国的法治之路必须注重利用中国本土的资源，注重中国法律文化的传统和实际"。[②]

法律本身也是一种变革的力量。法律不能离开社会，它蕴藏

---

① 梁治平著：《乡土社会中的法律与秩序》，见王铭铭、王斯福主编《乡土社会的秩序、公正与权威》，中国政法大学出版社 1997 年版，第 417 页。

② 苏力著：《法治及其本土资源》，中国政法大学出版社 1996 年版，第 6 页。

于社会之中。法律与人们的社会生活息息相关，法律具有社会性。民间法和国家法是一个互动和整合的过程，而不是各自扩张的问题。在互相磨合的过程中完善中国的法治。法治不是一个简单的过程，它存在观念和实践的冲突。国家法来源于政府；民间法来源于社会。国家法以城市为中心，以上层为主，民间法以农村为中心，以民间社会为主。"在立法进一步民主化的前提下，一般假定国家制定法是更为合理的，与此同时，国家制定法保持一种灵活性、一种可能吸收民间法的空间；即在司法和执法上，依据案件境况而允许一些纠纷私了、规避正式法律……或者是选择：一般假定民间法更优，将更大的纠纷解决空间划给民间，国家制定法仅仅介入一些必须介入的领域，例如严重的刑事犯罪和影响广泛的经济纠纷和社区纠纷"。① 国家法和民间法各有优劣，两者优势互补，相互协调，法治就会更好，也是最佳的组合。国家法只有以民间法为基础，国家法才更有力量，才有生命力。

"从立法上讲，我认为，习惯要进入制定法，关键是要让习惯进入立法家的视野，因为任何法律的制定都是人为的理性设计，要保证习惯纳入到国家法之中……可见，国家法律中能否体现习惯，关键在于立法者"。② "从法律的实施和效果讲，法律要被人习惯，除了进行必要的启蒙、传播、教育外，更多的是要看法律的运作是否与民众的习惯（心理的和行为的）合拍，是否成为人们的需要，以及人们是否有条件和能力来接受和需要法律……可见法律要被人们习惯，也许更多地不是'坐在安乐椅上建构理论'，关键的是看它能否提供对路、民众需要的法律产

----

① 苏力著：《法治及其本土资源》，中国政法大学出版社 1996 年版，第 62—63页。

② 田成有著：《"习惯法"是法吗》，载《云南法学》2000 年第 3 期，第 17页。

品，以及人们是否有能力和条件来消费这种产品"。① 因此，"立法者应该把自己看作一个自然科学家。他不是在制造法律，不是在发明法律，而仅仅是在表述法律，他把精神关系的内在规律表现在有意识的现行法律之中，如果一个立法者用自己的臆想来代替事情的本质，那末我们就应该责备他极端任性"。② "明智的创造者也并不从制定良好的法律本身着手，而是事先要考察一下，他要为之而立法的那些人民是否适宜于接受那些法律"。③

随着国家法的发展和不断吸收民间法，最后，国家法将不断发扬光大，发展完善。民间法随着社会经济的发展而逐步淡化。

第三节　法律细化的方法

由于法律规范是一种社会规范，它是抽象的概括性的规定，加上社会是不断发展变化和法律本身保持相对稳定性，社会生活的复杂性和人们认识水平的差异，另外，我国地域辽阔，人口众多，又处在社会主义初级阶段，正在进行各方面的改革，情况极为复杂，各地区各民族的政治、经济、文化、科技等状况各不相同，这就要求我们既要保持法律的稳定性和统一性，又要因地、因时、因事制宜，既要明确具体，又不脱离实际，做好我国法律的细化工作。

---

① 田成有著：《"习惯法"是法吗》，载《云南法学》2000 年第 3 期，第 17 页。

② ［德］马克思著：《论离婚法草案》，见《马克思恩格斯全集》第 1 卷，人民出版社 1956 年版，第 183 页。

③ ［法］卢梭著：《社会契约论》，商务印书馆 1980 年版，第 59 页。

一 法律本身的细化

国家立法机关必须健全配套的法律体系，且法律的健全是一个逐步完善，逐步严密的过程，最终实现法网恢恢，密而不漏，而不是疏而不漏。法律的健全与否是抵制腐败的重要一环。如果法律处处是漏洞，要一个人放着轻而易举就能得到利益的空子不钻，这未免对一般人的要求太高了。邓小平同志说："制度好可以使坏人无法任意横行，制度不好可以使好人无法充分做好事，甚至会走向反面"。① 因此，享有立法权的国家机关，应当在宪法授权的范围内，各司其职，各负其责，尽快制定立法规划，完成自己的立法任务，并不断补充完善现有法律本身的不足。立法要保持最高立法机关立法的最高性和权威性。最高立法机关要制定出社会生活每一方面的基本法律和其他法律，各地享有地方立法权的机关也应配合最高立法机关来完善地方性法规的体系，并注意各地法规的协调性。最高立法机关要审查自己立法的协调性，其他中央机关立法的协调性和地方性法规的协调性，形成一个以宪法为核心，以法律为主体，其他法规相配合的立法框架和网络，确保法律越来越周密。

二 加强司法解释和行政解释

司法机关适用法律的范围包括全国人大及其常委会制定的基本法律和基本法以外的其他法律，国务院制定的行政法规，地方国家机关制定的地方性法规，民族自治地方的自治条例和单行条例。司法机关和行政机关处在执法的最前沿，由司法机关和行政机关根据情况的变化作出最及时的解释来协调具体案件是必要的

---

① 《邓小平文选》（1975—1982年），人民出版社1983年版，第293页。

和切实可行的。司法解释和行政解释越精细，执法人员的自由裁量权越小，就越能防止腐败的滋生。

三　赋予地方有解释权机关的一定的法律解释权

按照我国宪法规定，全国人大常委会享有解释宪法和法律的权力。我国《关于加强法律解释工作的决议》规定，凡属于地方性法规条文本身需要进一步明确界限或作补充规定的，由制定法规的省、自治区、直辖市人民代表大会常务委员会进行解释或作出规定；凡属于地方性法规如何具体应用的问题，由省、自治区、直辖市人民政府主管部门进行解释。根据该条规定，省级人大常委会只享有地方性法规解释权。但由于各地区各民族政治经济文化等状况各不相同，为了更好地从各地的具体情况和实际需要出发，因时因地因事制宜地执行法律，发挥地方的主动性和积极性，使适用法律更好适合当地的实际需要，应该允许地方在不违背国家法律原则和精神的前提下，享有一定的法律解释权，并报全国人大常委会批准或备案。这样做，有利于地方立法机关通过立法解释来监督司法机关的司法活动。

四　属于委任性规范和准用性规范的应尽快补充完善

委任性规范是该规范未规定具体的行为规则，而委托其他机关加以规定的规范；准用性规范是本身未规定具体行为规则，而是规定参照、援引其他法律条文的规范。这两种规范的共同点是该规范本身并未规定具体的行为规范，这就导致该规范本身无法执行的问题。如果没有其他规范加以配合补充，该规范本身就会失去实际意义，或者产生另一种后果，即执法司法人员滥用权力，作出对自己有利的解释，为了确实保障国家权力的实现，确保社会组织和公民的合法权益，不完备的法律尽快完备，粗放的法律尽快细化，使实施法律的主体严格依法办事。

五 司法机关处理案件应预先结合本地实际细化某些解释作为内部纪律制度，约束司法人员个人的随意性行为

根据我国《关于加强法律解释工作的决议》规定，最高人民法院和最高人民检察院有权对具体运用法律问题作出解释，这有利于全国司法系统统一适用法律。但客观上无法顾及到各地政治经济文化和习俗的差异。实际上，我国各地在对同一性质同一情节和后果的案件的处理上差异也很大，这多少照顾到了当地的实践情况，但这种裁夺权掌握在某个司法工作人员的手里，随意性也会很大，这种随意性影响着执法司法公正和滋生着腐败。为了保持法制的统一性和考虑当地的实际情况，地方法院的审判委员会和地方检察院的检察委员会应在遵守宪法和法律的前提下，在最高司法机关的司法解释的范围内，结合当地的实际情况，制定出本院适用法律的明细表，供司法人员办理具体案件作指导，限制司法人员的自由裁量权，以维护国家法律的严肃性和司法机关的威信。

第十二章

国民素质：法治的人力基础

法治需要国民来推动。国民素质表现为一国国民在从事某种活动中所具有的基础和能力。高素质的国民是国家兴旺发达和法治发展的强大的动力基础。国民综合素质主要由思想道德素质、科学文化素质、专业素质、身体素质、心理素质和法律素质组成。国民素质已经日益成为综合国力和国际竞争力的重要组成部分。国民素质既影响着一个国家的经济社会发展进程，也影响着一个国家的法治建设的进程。中国法治的实现需要提高国民的综合素质，使其具有历史责任感、使命感，具有良好的道德素质、竞争和合作意识，具备科学和理性的思维方法以及合理的知识结构、能力结构和心理素质。

第一节　概述

一　国民素质概述

国民素质是包括道德、价值观、科学、文化、身体、法律意识等素质在内的综合体。

无论是发达国家还是发展中国家，政府和各种民间组织纷纷制订各种民族振兴计划，把对国民普及科学文化（包括法治教育）与国家创新能力和国家综合竞争力提高与科学文化、经济、社会、自然的协调发展密切联系起来，提高国民的综合素质。一个愚昧落后、综合素质低下的民族是难以立足于世界民族之林的。

无论从西方发达国家近百年发展的历史，还是从 20 世纪六七十年代日本的高速发展和亚洲"四小龙"经济腾飞的事实，越来越使人们认识到，人的素质是国家得以发展的基础。国民素质的提高对经济社会的发展起着巨大的推动作用。市场经济和依法治国的时代是一个竞争空前激烈的时代。市场经济和法治的实现，最终取决于国民素质的提高和人才的培养。

当今世界，提高国民综合素质的问题被越来越多的国家所认同，被提高到空前未有的高度，成为一种世界性的潮流。国民综合素质的提高是国家创新能力增强的基础条件之一，是国家综合竞争力提升的最重要因素之一，是经济与社会协调发展的一个重要方面。可以说，人的素质是国家在社会经济发展竞争中能否获得持久优势的关键。对于一个正在进行法治的国家而言，国民综合素质的提高对于法治具有特别重要的意义。任何国家只有通过提高国民素质，扬长避短，充分开发人的潜能，使国家现代化的基石变得更加深厚、扎实，国家才会变得更加繁荣富强。

我国是一个发展中国家，改革开放以来我国的综合国力有了显著的提升，但与我国经济建设和法治发展的要求相比还存在差距。国民的素质已经成为我国综合国力继续提升的重要因素。中华民族的复兴，市场经济建立完善和法治的实现，首先需要全体国民提高综合素质。

在市场经济条件下，只有充分发展社会主义市场经济，把依法治国和国民的综合素质的培养紧密结合起来，法治的目标才能实现。搞好法治与提高国民综合素质的结合是一个长期的过程，不可能一蹴而就。我们应不断探索法治与国民综合素质教育相结合的教育管理机制，在全社会开展多种形式的法治教育和综合素质教育实践活动，把法治教育和综合素质教育贯穿于各行各业和人们的日常行为之中，使全社会形成讲素质、讲法治的良好风气。在市场经济的大潮中，面对经济生活的各种冲击和竞争，素质教育离不开政府的扶持、支持和引导。

市场经济建设是经济发展、社会进步、法治健全和国民素质提高的系统工程，是经济、社会、生态、环境、法治和国民素质同步协调发展的过程。在这些关系中，经济、社会、生态、环境的发展和保护需要国民素质做基础，法治作后盾。经济建设是一个综合发展的过程。只有经济、社会、生态、环境与国民素质协调发展，经济建设才有发展潜力；只有法治的发展，才能为经济建设的发展提供源源不断保障，经济才能持续发展。随着社会的发展，国民素质已开始成为国家政治、经济和社会生活各方面发展的基础。国民素质的提高将使我国政治、经济、文化、社会、生态保护、生活以及其他各方面的工作逐步走向法治化和规范化的轨道。

诚信是人们道德品质和道德行为相互作用的结果和统一体，也是法律的基本要求。国民素质影响着国民的诚信度。由于诚信教育需要多方的协同、舆论的支持和法律的保证，因此全社会应当把讲诚信作为每一个人最起码的社会道德底线和法治的基本要求，加大诚信的宣传教育力度，强化诚信意识，努力为法治建设营造一个良好的诚信环境。

二　法律素质

一般来说，国民素质大致可分为政治思想素质、业务素质、身心素质和文化素质。党的十六大把思想道德素质、科学文化素质和健康素质列为我国民族素质的组成部分。

法律素质是指国民掌握法律知识、运用法律的综合能力，具体表现为公职人员在执行职务过程中的法律精神、法律信仰和依法办事的习惯，社会成员在社会生活中的法律意识、法律知识、法律情感、遵守法律和善于保护合法权益等。

任何法治国家都要求公职人员和社会成员要具备相应的法律素质，这是现代法律文明的基础，是社会整体文明素质的重要组成部分。我们建设社会主义法治国家的一个重要目标，就是提高全体国民首先是公职人员的法律意识和法律素质。公职人员和国民法律素质的高低，执法和守法意识的强弱，关系国家的利益和形象，关系到市场经济能否健康发展和能否实现与国际接轨，也关系到我国的法治化进程，实现经济持续、快速和健康发展。

国民法律素质的形成，不是自发的，而是自觉的形成过程。由于 2000 多年封建思想的影响和战争年代、解放初期群众运动可能带来的副作用；由于社会主义初级阶段法制不健全的影响，我国国民的法律意识淡薄。具体表现为：国民学历不高，综合素质较差；对法律知识知之甚少；崇尚权力和官本位思想较突出，缺乏依法办事的意识；个别人员把法律当儿戏；极少数公职人员崇尚人的权威，以权代法、以权压法。国民素质影响着法治的实现。由于公职人员在我国政治、经济和社会生活中处于重要的地位，其法律素质的状况直接影响着我国的法治建设进程。而现代法治是以法律对权力的限制、约束与规制为其逻辑起点的。为了提高国民的综合素质和法律素质，应当加强对国民的科学文化、道德、法治知识教育。

国民法律素质的提高是应对中国市场经济发展、依法治国和加入世贸组织的客观需要。中国市场经济发展、依法治国和加入世贸组织涉及我国经济、政治、社会生活的诸多方面，将产生深刻的影响。党的十一届三中全会特别是国民普法教育开展以来，社会主义民主法制建设蓬勃发展，国民法律素质也不断提高。

三　国民素质与法治

国民素质是法治生存的土壤。法治不是孤立存在的，它同其他社会现象相联系。目前，我国法治建设已取得一定成绩，但由于国民综合素质的滞后，法治的根基仍不扎实。当前国家机关和社会组织以及国民仍面临守法危机，国家机关仍然存在不依法办事的现象，普通国民对法治仍然持怀疑态度。而法治的重点是治官和保民，其宗旨是限制权力，保护权利。在法治社会，人与人的关系是一种权利义务关系。任何机关、组织和个人都必须按照权利义务关系的规则来运行。但由于中国长达数千年的专制思想的影响和新中国成立至改革开放前那段历史时期重视运动，忽视法治建设，没有形成法治环境。为了要求公职人员提高包括法律素质在内的综合素质，以保障公民权利的实现，首先必须提高国民的素质特别是法律素质，为法治创造一块人文环境。

国民素质是法治得以发展和完善的动力源泉。在法治社会，国民的法律素质和其他人文素质对于法治有着重大影响，指引着法治的目标，制约着法治的进程。它对立法、执法、司法、守法和法律监督有着重要的指导意义。法治的推行和实现程度，很大程度上取决于国民综合素质的提高。依法治国的实现必须凭借国民的法律、道德等综合素质的力量来推动。法治的实现只有通过立法者、执法者、守法者将自身的科学文化素质和思想、道德、法律修养、人格魅力体现在法治的活动中，使法律与文化、思想、道德和人格精神协调起来，使法律得到综合素质的内在支持，让法律精神同人文道德精神一起成为全社会共同的价值观念，只有这样，法治建设才会成为可能。

国民素质是经济多元化和法治多元化的精神先导。由于市场经济本质上是一种权利多元、个人自治的个人本位经济，这就要求社会结构应当发生相应的变化，逐步形成市民社会和法律多元化、私法为主的社会。由于我国封建社会长期的政治专制主义和经济方面的人身依附，再加上新中国成立后长期实行的公有制对私有经济的消灭，形成了公有制的一元化经济。改革开放以后，经济形势发生了很大的变化，特别是市场经济体制确立以来，经济多元化已成为定式。与此相适应，必然要求法治的多元化为其服务。为了实现经济和法治的多元化，必须首先提高国民素质。只有国民素质得到提高，人们的市场经济意识和法治意识得以形成，才能为经济和法治发展提供精神动力和智力支持。

国民素质是影响中国法治与国际接轨的重要因素。在经济全球化和中国加入世界贸易组织的背景下，中国法治建设将受到国内条件和国际因素的双重影响，呈现出法治国际化的态势。全球化和国际化对国内法治建设产生了冲击。我国的法治如何适应全球化和国际化发展的大趋势，如何学习、借鉴、吸收甚至移植国外立法和国际立法的成功经验，如何在经济、商贸立法方面注意按照国际惯例办事，成了摆在国人面前的重要问题。为了迎接面临的经济和法治全球化的挑战，我们应把提高国民参与国际经济竞争力和依法办事的综合素质作为一件大事来抓。只有这样，才能应对日益复杂的国际环境，使我国在国际经济竞争中立于不败之地。

从立法的角度看，国民的法律素质是立法的基本出发点，是法律完善的保证。在法的实施过程中，国民法律素质直接影响着执法、司法、守法和法律监督实施的效果。

第二节　如何提高国民综合素质及其法律素质

当今世界，国民素质已经日益成为综合国力和国际竞争力的重要组成部分。国民综合素质及其法律素质的提高，是关系到一个国家的社会经济发展和法治建设的重大问题。如何提高国民的综合素质和法律素质是世人所关注的理论和实践建设问题。

一　提高国民综合素质的路径和方法

国民综合素质的提高是人的全面发展的基础。国民的综合素质包括科学文化素质、思想道德素质、专业素质和身体心理素质。其中，科学文化素质和专业素质是社会经济发展的物质基础，思想道德素质是社会发展和法治进步的思想根基，身体素质和心理素质是国民参与社会经济建设和法治建设的自身要求。建设法治社会离不开人的全面发展和人的素质的全面提高。人的全面发展是一项复杂的社会系统工程，需要个人价值和社会价值的统一，需要人文环境与自然环境的协调统一。国民综合素质的提高主要需从以下几方面加以努力。

首先，提高国民的科学文化素质。科学文化素质是国民素质的根本和重要的组成部分，是国民素质的重要基础，科学文化素质的提高，是促进我国物质文明建设和精神文明建设的巨大动力。国民对文化的亲疏态度是衡量其文化素质最高的一个标尺。只有不断提高国民的科学文化素质，才能使国民适应科学文化技术日新月异的变化，推动先进生产力的发展，实现我国技术和经济的跨越式发展。国民科学素质的状况还与道德、文化和身体素质密切相关。科学文化素质的提高可以促进社会整体道德和文化素质的提高，可以帮助国民适应科学文化技术对经济和社会产生的变革，提高终身学习的意识，使自己更加适应由于产业升级必然带来的职业变动，从而提高就业率，提高个人的生存能力和生活质量；科学文化素质的提高可以促使文明生活方式的流行，促进国民身体素质和文明程度的提高。国民科学文化素质的提高也与法治建设密切相关。法治需要理性，只有掌握更多科学技术知识、科学方法和具备科学思想和科学精神的国民才具有与法治相适应的理性思维能力。这种理性的思维能力可以减少盲从性。从一定程度上讲，国民科学文化素质的提高是推动我国民主法治建设，实现政治文明的重要措施之一。

当前，我国国民还存在着科学文化素质低的情况。主要就是把文化庸俗化、文化程度低、文盲、半文盲仍然存在、法盲比文盲多等。我国国民科学文化素质提高的主要渠道来自学校教育，因而学校教育状况关系到国民科学文化的基础和终身吸纳科学文化的能力。随着世界科学技术的发展进步，物质财富的快速增长和法治社会的形成，社会对科学文化技术的教育也越来越重视。加强科学文化素质教育已成为时代发展的要求，也是社会可持续发展对高素质人才的呼唤。加强科学文化素质教育，使人们通过文化知识的学习和人文精神的感染，扎实基础知识，开阔视野，活跃思维，激发创新灵感，升华人格，提高境界，为他们的发展奠定坚实的文化基础和深厚的人文底蕴，以促进物质文明、精神文明和制度文明的同步发展，建立和谐的社会关系。

其次，提高国民的道德素质（尤其是诚信）。道德是一个社会基本的规则，它不仅关乎人的行为，而且连接人的内心。法治无法取代道德、纪律等其他社会规范。法治要想离开道德而独自存在，那只是一种空想。当前在我国，社会道德失范，是非、善恶、美丑界限混淆，拜金主义、享乐主义、极端个人主义有所滋长，见利忘义、损公肥私行为时有发生，不讲信用、欺骗欺诈成为社会公害，以权谋私、腐化堕落现象严重存在。《公民道德建设实施纲要》指出，要努力提高公民的道德素质，促进人的全面发展，培养一代又一代有理想、有道德、有文化、有纪律的社会主义公民。我们应加强国民的道德建设，坚持"以人为本"，着眼于提高人的素质，着力于塑造人的高尚精神，使人们牢固树立正确的人生观、世界观、价值观，实现人的全面发展。

再次，提高国民的专业素质和专业水平。专业素质和专业水平是国民素质的基础标志，是国民从事某种职业活动所必须具备的能力和谋生手段。专业知识和水平主要包括专业基础知识、外语、计算机技术和相关知识。注重个人的知识水平与能力和个人的非智能因素诸如需要、动机、兴趣、情感、意志乃至理想、信念、世界观等，都有着密切的关联。注重优化知识结构，弥补知识结构的不足。只有具备专业知识并培养驾驭知识的能力，才能在市场经济和法治社会中立于不败之地。

最后，提高国民的身体素质和心理素质。身体素质关系到一个人的基本活动能力和环境适应能力，良好的身体素质可以增强人的活动能力和适应能力。人的身体机能是人们从事社会经济活动和体育锻炼的生理素质基础，社会活动和身体锻炼本身又能增强人的身体素质。环境适应能力是人的肌体内生理功能的平衡和对外界环境的反应能力和承受能力。国民的身体素质已成为衡量一个国家文明程度和综合国力的重要标志。心理健康是人的健康的重要组成部分，是人才的必备素质，也是国民成长过程必须注意的重要问题。心理健康要求国民应具备乐观进取精神，能够正确认识自我和经受挫折，保持良好的人际关系。心理情绪的调节和控制能力也是素质的重要表现，未来社会对国民的身体素质和心理素质要求国民要积极参加身体锻炼和环境适应训练，树立正确的世界观和人生观，正确处理身边的人和事，注意心理调节，保持心理健康，以健康的身体和良好的心理状态参与社会活动。

二 提高国民法律素质的路径和方法

法律素质是建设社会主义法治国家的群众基础。法律素质的提高工作是一项长期性、基础性、战略性任务，这项工作能否抓紧抓好，事关国民法律素质的提高，事关良好法治环境的全局。

首先，加强普法教育。在我国，要实现法治，建设法治国家，必须深入开展普法教育，提高国民的法治意识。要依法治国，必须提高国民的法治意识。任何法治的实现都是以国民具有较高的法律意识作为社会基础的。只有全体国民都具有良好的法律知识和法律意识，法治才会成为人们的愿望和要求，人们才能依法监督国家权力的正确行使，有效地打击腐败和侵犯公民合法权益的行为，保证国家的一切权力属于人民，确保人民群众当家做主。

国民法律素质的提高既要把法律教育纳入素质教育的范畴，并科学安排道德教育、文化教育、法制教育的比例，也要把法律教育渗透到学校和其他各行各业的各个环节，帮助国民了解法律，增强使命感，避免产生新的法盲。我们要把普法教育和依法治国工作列入重要工作日程来安排，切实让全国上下充分认识到该项工作是普法教育深入发展的必然要求，是提高依法治理和依法管理、不断提高人民群众的法律素质、维护自身权益的迫切需要。要提高国民的法律意识，树立维护宪法和法律权威、法律面前人人平等、权利和义务相统一的基本观念。要抓好各级领导干部和公职人员的法制教育，不断提高各级领导干部和公务员的行政执法水平。学校是普法教育的主阵地，青少年是法制教育的重要对象。普法教育是学校德育工作的重要组成部分。法制宣传教育做到与依法治理实践相结合，与思想道德教育相结合。学校应把法治教育与严格管理、校风校纪教育相结合，使学生自觉遵纪守法，教师依法执教。

其次，加强法律的实施工作。我国要实现法治，首先是各级领导干部要学习和熟知法律，并学会运用法律，养成依法办事的好习惯。其次，广大人民群众要学习和懂得法律，自觉遵守法律，并用法律武器维护自己的合法权益。各级领导干部、司法人员、行政执法人员要通过学习法律知识，促进公正司法和严格执法。但也应看到，国民特别是各级领导干部及公务员的法律素质与实施依法治国基本方略的要求仍有很大的差距，一些地方和部门乃至领导干部，有法不依、执法不严、违法不究以及以言代法、以权压法等现象仍存在，一定程度上挫伤了群众的学法积极性。这些问题如得不到及时有效的解决，必然会影响社会主义法治的建设进程。

我们必须充分认识法律实施工作的重要性、长期性和艰巨性，积极寻找对策，进一步培养公职人员的法律意识，提高其法律素质，并从制度上建立防范公职人员违法犯罪的权力制约和监督的机制，把专门监督与群众监督有机结合起来，建立健全群众举报、办事公开、民主评议等重要制度，保证对公职人员的违法犯罪问题依法从重、从快查处。我们应加大执法力度，通过执法来促进全社会的守法，最终确保法治的实现。

再次，增强法治观念。提高法律素质必须把增强国民民主法治意识同增强国民的自主意识、竞争意识、效率意识和开拓创新意识相结合，坚持法律的权利义务观。把法治教育和思想道德教育紧密结合起来，把依法治国和以德治国紧密结合起来，促进民主法治建设和精神文明建设。进一步推进依法治国，全面提高全体国民的法律素质，为改革与发展创造良好的法治环境。引导国民在享有宪法和法律赋予权利的同时，自觉履行宪法和法律规定的各项义务，积极承担应尽的社会责任。全体国民要深入学习宣传宪法和国家基本法律，提高法律素质和法治理论水平，以及依法决策、依法行政和依法管理的能力，增强遵纪守法、维护自身合法权益和民主参与、民主监督的意识，增强国民法律意识向提高国民法律素质转变，全面提高国民法律素质；从注重依靠行政手段向注重依靠法律手段转变，全面提高社会法治化管理水平；由偏重依靠行政管理手段向注重运用法律手段的转变，从而全面提高干部和职工法律素质及社会法治管理水平，为依法治国奠定坚实的基础。

最后，营造法治氛围。为了营造法治氛围，我们应把所有的思想文化阵地用来宣传法律知识，传播法律意识，倡导法治精神，惩治违法行为，从而激励人们培养权利与义务相一致、权力与责任相统一的观念，使国民既能依法规范自身的行为，依法维护自身的合法权益，又能依法参与国家事务、经济文化事务、社会事务的管理。我们必须综合运用各种手段，把提倡与反对、引导与约束、鼓励与鞭笞结合起来，通过严格的管理，扶持守法护法行为，抵制违法现象，惩治犯罪行为，促进扶正祛邪、扬善惩恶的社会风气和遇事找法、解决问题靠法的法治氛围的形成、巩固和发展。通过实施普法教育和各种法律的实施活动，为法治创建一个良好的氛围。

第十三章

公开透明机制：法治的运作基础

民主是法治社会的政治基础，公开和透明度是民主实现的要求和保障，是法治实现的基础性运作方式，也是经济全球化的基本要求，同时还是对封建社会人治和神秘主义的否定。公开和透明度是执政理念和执政方式的重要内容，要求公共事务的运作都应当让公众享有知情权。这既有利于民主的落实，也有利于防止腐败的滋生和蔓延。完善公开和透明度的制度化有利于法治的实现。

第一节 概述

一 公开和透明度的概述

党的十六大报告指出，发展社会主义民主政治，建设社会主义政治文明，是全面建设小康社会的重要目标。要实现这一目标，必须进一步转变政府职能，改进管理方式，形成行为规范、运转协调、公正透明、廉洁高效的行政管理体制。

公开是指一切涉及社会公众的公共事务活动特别是国家机关的活动或行为过程应当公之于众，使社会公众享有知情权、参与权和监督权。透明本身的含义是指物体能透过光线，依此意，透明在公共管理活动中是指公共管理机构在管理公共事务过程中应公开公共事务活动，使社会公众能够看得见，发挥社会公众的监督作用。透明度是指社会公共事务的公开程度和社会公众的了解程度。公开是透明度的前提，透明度是公开的结果。公开是对公共机构的要求，透明是社会公众得到的结果。只有公开才能透明，只有透明，社会公众才能得知公共活动的情况。公开能使社会公共活动置于社会公众的监督之下，防止暗箱操作，实现社会公平和社会正义，从而使公共活动获得社会公信力。

公开和透明是公共权力和公共事务的必然属性与基本要求。凡是公共事务都应让公众享有知情权、参与权和监督权，不允许暗箱操作；法律应当对保密事项作出明确的规定，不能由公共管理人员随意决定；社会公众发现管理人员有隐瞒行为，可以依法检举并受法律保护。公开性和透明度是权力运行可预测性的必要条件。公开性和透明度与权力的相应性质相得益彰，共同实现社会的正常运转。公开性和透明度是现代法治社会发展的必然要求。

二　公开和透明度的起源和发展

英国是信息公开的发源地。早在 1720 年，因南海事件而制定和颁布的《泡沫法案》便确定了信息公开制度的雏形。现代意义上的信息公开制度最早规定于英国 1844 年的公司法。1844年，英国颁布的《公司法》规定了公司募股筹资时必须向公司注册官提交一份招股章程，但其未对招股章程作出具体要求。1895 年，英国为修改《公司法》所成立的"戴维委员会"则在其报告中第一次全面阐述了公开制度，并在 1900 年的《公司法》中得到了贯彻和发展。修改后的《公司法》明确要求公司注册时，提交的股份说明书必须记载 13 项内容，该说明书还必须向全社会发布。1986 年，英国发生了"金融大爆炸"，开始对金融证券法律制定成文法，对证券信息公开制度尤其是发行信息公开制度作了比较全面的规定。1995 年，制定了《证券发行规章》，对证券发行作了规定。但英国没有制定像美国那样相对完整的信息公开制度。

美国是最早建立信息公开制度的国家。1911 年得克萨斯州的《蓝天法》最终确立了信息公开制度。美国 1933 年《证券法》和 1934 年《证券交易法》详尽地规范了信息公开制度。根据美国 1933 年《证券法》规定，初次公开发行的公司必须登记注册，并使用公开说明书。1934 年《证券交易法》对此又作了补充，要求依 1933 年《证券法》注册并已发行的公司和在证券交易所上市的公司以及公司内部人员持股和变动情况，必须依法定期报告，并负有持续公开义务。1964 年《联邦证券法》的修正案将公开的范围扩展到证券市场。此后许多国家均借鉴美国的做法，将信息公开制度移植于本国证券法律制度。

法国 1967 年 9 月 28 日内阁颁布了关于证券交易所委员会的法令，要求发行人向交易委员会提交一份发行阐明书，详细披露该公司的情况。该法令还要求"为发行有价证券向公众募集资金的所有公司事先公布一份旨在向公众提供信息及有关公司的组织、财务状况和公司活动发展情况的文件"。"该文件应置放于公司所在地所有负责接受认购的机构，供公众阅取。证券上市的还应当将此文件置放于证券交易所理事会，供公众阅取。"

德国的《德国有价证券交易法》第 29 条规定，联邦证券监督局可以制定在正常情况下评判是否存在应予通知的事件的前提或是否应当免除通知义务的规则，规则应当在联邦公报上公布。《德国交易所法》第 44 条规定，已获准上市交易的有价证券的发行商未履行其因获得许可而产生的义务时，许可证发放处可以将这一事实在交易所公告中公布。

在各国法律中，公开性原则被具体化为信息公开制度与管理公开制度。信息公开制度是公开性原则的主要方面，这是由证券市场的本质属性决定的。信息公开制度在各国证券法律制度体系中占有重要地位。

第二次世界大战以后，人类从法西斯统治的教训中认识到社会公众、新闻媒介等对政府行为监督的重要性，提出了"政府公开"、"行政公开"、"情报自由"、"政府在阳光下"、"提高行政行为透明度"等口号，并陆续制定了各种相应的法律、法规，如《行政程序法》、《政府会议公开法》、《行政规章公布法》、《情报自由法》、《阳光下的政府法》等等。在美国，行政机关拟定的规章都以通告的形式在《联邦登记》上公布。通告应包括：制定规章活动的时间、地点和性质；制定该规章的行政机关；制定规章的法律依据；规章的基本内容等。行政规章要取得法律效力，就必须像法律那样予以公布。法律保护个人隐私权，禁止行政机关在没有取得个人的书面同意之前公布个人的记录。英国授权法对委任立法程序的规定包括起草、协商、听证、咨询、会商、提交议会和公布等程序和步骤。委任立法形成的行政法规，不公布即无效。在战后的德国和日本，随着经济、政治体制的变革，主张行政的公开性、透明性。日本的行政立法规定未正式公布的法律不发生法律效力。

我国在新中国成立以来，一直比较重视让人民群众议政、参政和监督政府机关及其工作人员，历次宪法都规定政府要经常保持同人民群众的联系，倾听人民群众的意见，接受人民群众的监督。但由于长期以来没有建立具体、完善的行政公开制度和舆论监督制度，因此，难以有效地防止政府权力被滥用和政府官员的腐败现象。随着法治建设的发展，我国《证券法》和相关法律对证券市场的信息公开制度也做了较完整的规定。我国证券法以证券基本法的形式，确立了我国的证券信息披露制度。另外，我国的投标招标法和政府采购规定，对工程、政府购买货物进行信息公开，进一步完善了信息公开制度。

随着经济的全球化的发展，许多机构把曾经被认为具有秘密性的信息正变得越来越公开，人们对透明度的要求也越来越迫切。这就要求政府运作应当更加开放和公开，透明度更高，公众的参与程度更加广泛，新闻采访更加自由。

三　公开和透明原则是 WTO 的一项基本原则和基本制度

透明度原则是 WTO 的一项基本原则和基本制度，是 WTO 各协议成员方的贸易法律、规章、政策措施和司法裁决规定的基本准则。按照 WTO 相关协议，透明度原则主要包含以下内容：各成员方应将有效实施的与贸易有关的法律法规、政策措施、行政决定和司法判决，以及对外缔结的影响国际贸易政策的现行协定予以迅速公布与通知；公布的方式应以能够让其他成员方的政府和贸易商了解和熟悉为准；各成员方应尽量用透明的手段和方法来管理外贸；应以统一、公正和合理的方式实施予以公布的各项规则和做法。透明度原则要求各成员国在贸易管理方面达到一定的透明度。

透明度原则要求对权力行使的过程和结果公开，要求对法律、法规、司法判决和行政裁定进行公布。1994 年关税与贸易总协定"关于解释第十七条的谅解"第二条要求，各成员应对其向货物贸易理事会提交的关于国营贸易企业的通知对各自的政策进行审议。在审议中，各成员应注意在其通知中需有尽可能的透明度，以便有关成员方对其所通知企业的经营方式及其经营活动对国际贸易的影响进行明确的评估。WTO 有关透明度原则要求对公布的法律、法规、司法判决和行政裁定要以统一、公正和合理的方式执行。WTO 关于关税减让、限制补贴、农产品的国内支持措施、政府服务计划、技术规章的制订、采用和实施、标准的制订、国民待遇和数量限制、反倾销、临时保障措施等，都是具体由国家的代表决定的行政行为，这些行为产生的、源自于行政权力的范围必须确定。

WTO 的透明度原则是贯穿于整体规则体系始终的原则和制度。首先就是各国政府的行为步骤都必须是可预测的，可知晓的，前后一致的。透明度的规则要求各国彼此能够遵守和监督规则的实施。其次，透明度原则所要求的"公开"，除对法律、行政法规、规章公布和"普通行政规范性文件"的公布外，还要求对行政措施及执行程序的公开，WTO 透明度原则要求将此纳入审查机制。再次，透明度要求政府治理的观念由以政府为中心转变到以公民为中心，政府的法律、政策公开的目的就是要求公意体现民意。WTO 透明度原则要求从政府决策开始，到执行程序以及最后结果形成的持续过程应是持续和有序的。透明度原则要求公民权对行政事务的监督和制约，行政相对方应有行政救济的保证。因此，政府应当公布和执行与 WTO 贸易有关的行政措施和承诺。有关《加入议定书》承诺要求设置法律咨询点，则不仅是在于对国内的透明度，而且包括 WTO 体制内的透明度。行政主体和行政相对方应共同接受 WTO 透明度原则的要求，以互相牵制的形式保证透明度原则的落实。我国加入 WTO 后对贸易政策透明度增强的承诺，就是对立法者和决策者的要求。

市场经济必然要求对接 WTO 规则，透明度原则的要求就应该是政治体制改革的要求。为达到在国际贸易间建立一个可预测的自由经济和法律环境的目的，要求各成员方在贸易法规和管理方面达到一定的透明度，防止成员方之间进行不公开的贸易，从而造成歧视存在。透明度原则经过乌拉圭回合又添加了新的适用领域。根据乌拉圭回合达成的各项协议的规定，世贸组织的各成员涉及与贸易有关的投资措施、与贸易有关的知识产权保护以及服务贸易领域的法律、规章、政策和其他行政措施或司法措施，均应遵循透明度原则。

关贸总协定要求各成员方彼此都要公开有关法规和条例；所有应予公布的贸易条例应予迅速对外公布，并且是现行有效的；成员方采取的提高进出口货物关税或其他税费的征收率、或者对进出口货物及其支付转账实行新的或更严的规定、限制或禁止的普遍适用的措施，非经正式公布，不得实施；成员方应把国际贸易、补贴和反补贴、许可证、保障措施等活动向 WTO 有关机关提出专门报告；有关本国的法规、规章和决定的副本也要提交给 WTO 秘书处；成员方应以统一、公正和合理的方式实施所有应予公布的法令、条例、判决和决定。《服务贸易总协定》规定，一般情况下每一成员方必须将影响服务贸易总协定实施的有关法律、法规、行政命令以及所有签订的有关服务贸易的双边或多边协议，都应在生效之前予以公布，并且应将各方面的任何修改立即通知服务贸易理事会。此外，还应设立咨询点提供影响服务贸易总协定实施的信息等。至此，透明度原则已成为各成员方共同遵循的一项基本原则。

透明度原则也有例外。关贸总协定并不要求成员方公开那些会妨碍法令的贯彻执行、会违反公共利益、或会损害某一公私企业的正常商业利益的机密资料。服务贸易总协定也规定，不要求任何成员方提供一旦公布就会妨碍其法律实施或对公共利益不利或损害具体企业正当合法的商业利益的机密资料。与贸易有关的知识产权协议以及其他协议中也做了类似的规定。

根据我国《对外贸易法》的规定，对限制进口的商品，实行配额和许可证管理。为了适应对外开放的需要，自 1992 年开始，我国逐步宣布取消了部分商品的进口配额、进口许可证、进口控制管理措施等。根据国家外贸体制改革总体目标和对外承诺，现行进口管理中的大部分非关税措施将要逐步取消，政府除了对少数关系国计民生的大宗商品实行必要的配额和许可证管理，并由国家指定有关公司统一经营外，逐步取消现行的绝大多数进口行政审批的数量限制。对于实行进口配额管理的商品目录、办法、规章，国务院对外贸易主管部门应会同国务院有关部门制定、调整并予以及时公布，从而建立公正、透明度较高的进口管理体制。

在亚洲经历金融危机之后，恢复投资者信心的唯一方法就是在整个地区促进透明度的提高。

第二节　公开和透明度的具体要求

一　行政管理对公开和透明度的要求

公开、公平、公正是一个相互联系、不可分割的统一整体。只有行政整个过程和结果的公开，才能实现行政结果的公平和公正。

行政公开是现代行政管理的一项基本原则。行政管理上的公开要求国家行政机关的行政行为除依法应当保密的以外，其过程和结果应一律公开进行，使公众对行政公共事务享有知情权、参与权和监督权。法律的公开性原则不仅要体现在立法上的公开，也体现在执法上的公开，更重要的是立法上的公开。只有立法公开，才能使全体公民从法律的制定过程中了解法律本身的精神内涵，也才可能使公民在法律生效以后更好地遵守法律。行政公开主要表现为行政政务公开、行政决策公开、行政处罚公开、复议公开、许可公开等。

行政政务公开包括所有行政事务的公开，首先是要求政府制定的行政法规、规章、政策的活动应公开。其次是行政法规、规章应一律在政府公报或其他公开刊物上公布。再次，对于特别涉及行政相对人权益的有关行政法规、规章、政策，政府还应印制成单行本，供公众购买。凡政府工作中与群众利益密切相关的决策事项，只要不属于党和国家机密，都要及时主动地公开，允许公众对各级行政机关资料可以查阅，让群众知情。

行政处罚公开首先是指对违法行为给予行政处罚的法律、行政法规、地方性法规、部门规章及政府规章等规范性文件都必须公布；未经公布的不得作为行政处罚的依据。其次是指行政机关对于有关执法人员身份、主要事实根据等与行政处罚有关的情况，除法律、法规特别规定的以外，都应向当事人公开。再次，执法人员必须出示证件或者佩戴标志，受委托执行行政处罚职务的人，要出示委托证明。除法律、法规限制的以外，应当允许当事人及利害关系人阅览、摘记及复制有关文书。

行政复议公开是指行政复议机关应当向行政相对人和社会公开其行政复议活动。行政复议公开即意味着公民有权了解政府的活动，除了必要的国家机密之外，政府的所有活动均应向社会公开。具体而言就是行政复议受理公开、行政复议活动过程公开和行政复议决定公开，使行政复议置于广大民众的监督之下，保证复议的公正性。

行政许可公开是许可法定原则和许可公正原则的外在表现。行政许可公开要求行政许可的条件、依据和过程的公开，除依法应当保密的以外，行政主体实施的具体行政许可的条件、依据和过程应当公开、透明，行政许可的依据、条件与结果等，不仅对申请人应当公开，而且对社会公众也应当开放。具体包括：法律、法规、规章规定办理行政许可应当听证的事项，或者行政机关认为需要听证的涉及重大公共利益的事项，应当向社会公告，举行听证；行政许可事项直接关系其他人的重大利益的应当告知利害关系人，允许利害关系人参与；行政机关做出准予许可的决定，应当予以公开，公众有权查阅，除非涉及国家机密、商业秘密和个人隐私。根据《行政许可法》公开的要求，设定行政许可的过程应当是开放的，允许并鼓励公众参与和评论；凡是行政许可的规定都必须公布，设定行政许可的过程应当公开，未经公布的，不得作为实施行政许可的依据。

行政公开要求国家行政机关的行政权力运行必须公开进行，政府的行政活动过程必须体现公开性，过程与结果应当公开与透明，除依法应当保密的以外应允许新闻媒体依法采访、报道和评论，保障相对人和社会公众的知情权。

为了保障公民的合法权益，国家规定了听证制度和行政许可公开原则的保障制度。如听证制度有价格听证制度、环保听证制度等；保障制度有表明身份制度、告知制度、说明理由制度、咨询制度、听证制度、公告制度等。此外，还有农村政务公开和单位财务政务公开制度。

透明度原则也是现代行政的基本特征，是政府依法行政应当具备的要素之一。透明度体现了行政公开原则的程度和公众知情程度。透明度越高，公众的参与程度越大，知情的范围越广，越能防止暗箱操作，避免权力交易，促进行政效率。行政公开和透明度原则要求政府的公共事务除了依法应当保密的除外，应当一律公开；政府行为不仅要以正当的方式行使，而且要以透明的方式进行。政府应以积极透明的姿态面对社会，在工作中得到公众的理解和支持。凡是政府工作中与群众利益密切相关的事项，只要不属于党和国家机密，都要进行公开，让群众知情，增强政府工作的透明度，必须及时主动地向社会公布，使政府职能部门更好地接受人民群众的有效监督。

二　证券市场对公开和透明度的要求

证券市场是各种有价证券发行和流通的场所，它是现代金融市场的重要组成部分。我国的证券市场是随着改革开放的推进而逐步发展起来的。1981 年我国恢复国库券发行。1987 年深圳成立了第一家证券公司。1990 年 12 月和 1991 年 7 月，上海证券交易所和深圳证券交易所分别成立。1992 年 10 月，国务院决定成立国务院证券委员会（1998 年撤销）和中国证券监督管理委员会（证监会）。九届全国人大常委会六次会议通过的《中华人民共和国证券法》对于规范证券发行和交易行为，保护投资者的合法权益，维护社会经济秩序和公共利益，促进社会主义市场经济的发展，将起到重要作用。

公开原则既是行政活动的基本原则，也是我国证券法和证券活动的基本原则，是实现市场管理的有效手段。公开原则要求证券发行人严格按照法定的程序、格式和内容真实、准确、完整地公布与投资者决策密切相关的资料，严格财务制度，规范其内部管理，增强证券发行人内部状况的透明度，确保广大投资者根据公开化了的信息做出自己的投资决策，防止盲目投资，扼制信息滥用、内幕交易、证券欺诈等行为的发生。公开性原则有利于约束证券发行人的行为，保证所有投资者有均等获得信息的权利，为证券投资者的投资决策提供依据，做出正确的投资选择。

公开原则在证券市场主要表现为公司股票发行信息公开、证券发行信息公开制度、持续信息公开制度、证券监管信息公开制度等。

公司股票发行信息公开要求公司发行股份时要将股份发行的对象、发行的条件、发行的价格、发行的种类、招股说明书、公司章程、有关财务会计报表等公之于众，便于股东（投资者）

查阅和做出投资选择。股份有限公司应严格依照公司法关于股份发行的规定发行股票；成为上市公司的股份有限公司必须按照法律的规定，报告或公告其有关的信息、资料（包括财务、经营状况方面），以使投资者能获得充分的信息。

证券发行信息公开制度要求证券发行者及上市公司按照法律、行政法规的规定，在其证券发行或上市的申请获批准后，必须将证券发行者及上市公司经营的财务等情况向社会公众公布，将该文件置备于指定场所供公众查阅，并向证券监督管理部门报告的制度。证券法规定下列信息必须公开：证券发行和上市交易的公告，中期报告，年度报告，临时报告。任何证券活动都必须遵循公开原则，在披露过程中所公告的信息必须真实、准确、完整、及时，不得有任何虚假陈述、严重误导性陈述或重大遗漏，以保证投资者对其投资有充分、全面和准确地了解。

持续信息公开要求披露的信息主要包括有关证券的发行信息、上市信息及上市后应依法披露的财务状况、收购并购状况及其他重大事项。信息披露应当及时、完整、真实、准确。依照法律规定必须做出的信息公开的公告，应当在全国性或公司所在地省、市级报纸或者在专项出版的公报上刊登，同时将其置备于公司住所、证券交易所，供社会公众查阅。法律禁止内幕信息知情人员利用内幕信息进行证券交易活动。

管理披露制度要求证券监管有关部门必须依照法律的规定，报告或公告与证券监管有关的某些管理信息，以实现对证券市场的有效监管，预防与惩处违法行为，更好地履行监管职责。

此外，商法实行公示公开的原则，要求将有关事项公之于世。公示的方式，一是登记，二是公告。登记是将有关重要事项和相关文件记载和保存于法定登记机关，供利害关系人随时查阅。公告是通过一定媒体将有关重要事件及事实向公众公布。例如，公司的设立、注销、合并、分立等重大变动，涉及众多投资者和债权人的利益，法律规定必须登记和公告。破产法规定，破产案件受理和破产宣告的裁定，都必须公告，以便债权人和其他利害关系人及时行使权利和履行义务。

三　公开和透明度对司法庭审的要求

司法工作的公开性和透明度是现代司法制度的基本要素之一，是一个国家司法民主和司法文明的重要标志。加强审判工作的公开性和透明度，这是国家民主与法制建设发展的需要，也是人民法院严格依法办事的需要，同时还是树立司法公信力，确保司法公正的需要。公开审判制度反映了司法文明。现代法治社会要求只有"程序"是不够的，还必须要求"程序"是公开的。我国宪法、刑事诉讼法、民事诉讼法和行政诉讼法规定了法院审判案件，除了法律规定不公开的以外，应当公开进行。公开审判是审判活动的重心，它可以带动回避、合议等各项制度的贯彻执行。公开审判制度，是指除合议庭评议案件外，人民法院审理案件和宣告判决，一律公开进行。法律规定要求法庭的庭审过程必须是公开的，司法裁决的公开包括裁判文书对法律和事实的认定、判断过程和裁判文书必须是公开的，允许旁听，允许新闻记者采访和报道。除关系到国家利益、公民隐私、企业商业秘密的案件外，应公开审理。法院对依法应当公开审判的案件在开庭前要公布案由、当事人的姓名，开庭时间和地点，开庭时不管有无群众旁听都是公开审判。旁听和报道庭审过程能体现法院审判的公正和公平，能为民众和法院之间架起沟通和交流的桥梁，既增加民众对法院的了解，又加强了民众对法院审判工作的监督。

法庭审理案件的公开性表现为刑事案件的公开性、民事案件的公开性和行政案件的公开性。

四　公开和透明度在招标投标和其他方面的要求

程序透明是招标投标的基本要求。《招标投标法》和相关规定明确了公开招标程序、选择性招标程序、限制性招标程序三种采购招投标方式。公开招标要求政府采购机关或者受委托政府采购的业务代理机构以招标公告方式邀请不特定的供应商投标，是程序透明度大，适用范围最广的采购方式。公开招标采购，不仅要注意以上论述的采购项目、技术特征等资讯公开透明，在投标、议标、决标等环节透明化以及采购机构履行真实明确记载采购记录的义务，而且要定期公开基本统计数据等，并对投标方的质疑询问提供及时、准确答复。

实施高校招生"阳光工程"，要求在确保数据安全和不影响正常录取工作的前提下，要尽可能多地向考生和社会提供招生信息，坚持公开制度。招生政策、招生计划以及对缺额学校征求志愿和解决高分考生落选问题等，一律面向社会公开，以利于考生知情和监督。

物业公司在向业主收费时必须实行明码标价。为了增强物业服务收费透明度，减少与业主间的收费纠纷，要求物业管理企业向业主提供服务时应当按照规定实行明码标价，标明服务项目、收费标准等有关情况。对不按规定明码标价或利用标价进行价格欺诈行为的，将按照相关法律、法规进行严肃查处。

抽奖公证属现场监督类公证，最大特点就是公开性、公正性和公平性。公证机关介入其中，审查该活动规则的各项内容是否有违背我国现行法律的情况，是否易于操作和执行、是否具公平和公正性，以及审查该活动的公开等，可以更有效地维护社会正义。

听证是行政主体在作出影响行政相对人合法权益的决定之

前，由行政相对人表达意见、提供证据的程序以及行政主体听取意见、接受证据的程序所构成的一种法律制度。听证的目的在于提高透明度和保持处理事务的公正性。

第三节　建立和完善公开和透明度机制

为了完善公开和透明度的制度，我们应通过法律和其他措施、途径，结合相关制度进行综合治理，具体采取以下方法。

首先，建立人大立法公开制度和人大新闻定期发布制度。人民代表大会制度是我国的根本政治制度，是中国共产党领导中国人民在长期的革命斗争中，进行人民政权建设实践经验的总结，是马克思主义的国家学说同中国革命实际相结合的产物。民主性与公开性是现代立法程序的基本属性，是现代立法程序作为一种制度文明的重要标识。公开是民主政治的基本要求，立法程序的民主性是以其公开性为前提的。要坚持和完善人民代表大会制度，保证人民代表大会及其常委会依法履行职能，保证立法和决策更好地体现人民的意志。现代意义上的立法活动都是公开进行的。立法程序的公开性是公民行使知情权的必然要求，公民享有充分的知情权，有权了解和知晓立法机关及立法人员的所作所为。立法只有通过民主公开的立法程序，才会充分表达民意，符合多数人理性和实际的国家意志，产生具有权威性的法律，避免立法政策随领导人个人意志的改变而改变。在立法过程中，以提高立法质量为重心，创新立法工作机制，增强立法的透明度，不断推进立法的民主化、科学化，把一些牵涉面较大、群众普遍关心问题的法规草案，通过登报、上网、召开征询意见会、立法听证会等形式，面向社会公开征求意见。立法程序的公开性要求立法机关的立法活动应当公开进行，可以自由旁听和采访，尽可能通过新闻媒体对外传播。立法会议的一切文件及记录均应公开发表或允许公民自由查阅，让公众知晓。通过多种途径和形式，在立法项目的确定、法规的起草和法规的审议中，征求、听取、分析、研究、吸收和采纳社会各界意见，扩大立法民主，提高立法透明度，实现立法机关与社会公众的良性互动。人大可以与舆论监督的主要载体如报纸、电台、电视台等新闻媒体，联合开办公众性监督专栏、专版、专题节目等。人大常委会履行立法、监督、决定重大事项等职权、处理法制建设相关的问题以及人民群众关心的热点、难点问题时，要组织人大代表、专家、市民和政府官员平等讨论、真诚对话。媒体要反映人大常委会决议、决定的形成过程和地方性法规的制定过程，将人大常委会组织开展的执法检查、工作评议和代表视察等活动公开化、阳光化，接受人民的监督。

其次，提高行政活动的透明度。要努力提高宣传透明度，改变程式化的宣传模式，拓展对监督经过和事实的报道深度。对重要议题的审议意见，包括批评性或有争议的不同意见，应在不违反保密法的前提下公布于众。舆论宣传需充分发挥各自的优势和力量，建立公众性的监督形式。舆论宣传的主要载体报纸、电台、电视台等新闻媒体，联合开办公众性监督专栏、专版、专题节目等，要积极宣传人民群众关心的热点、难点问题。互联网具有互动性、时效性、综合性及超文本性等有利特点，新闻宣传应当利用互联网组织人大代表、专家、市民和政府网作为传播信息的载体和表达意见的平台，积极推动中国政治民主化和透明度的进程。

再次，营造公共活动公开透明的环境。就像自己的事自己应当知道一样，公众的事就应当让公众知情。公共事务、社会事务、社区事务、股份公司事务、乡村事务等事务应具有公开性和透明度，也应满足民众的知情权。公共事务要避免暗箱操作，体现公开、透明和广泛参与的原则，要把公共事务的对象、内容、目的要求、方法和结果公开，通过各种渠道广泛听取社会各界群众的意见，进一步接受社会群众的监督和评议，充分体现民主评议工作的公开性和透明性。

最后，为加强对审判工作的监督，切实提高案件审判质量，增强公开性和透明度，要对司法活动、廉政建设实行跟踪监督。对代表、委员们的建议、提案、批评和意见，要及时依法公正处理。加强对"两院"及其工作人员的监督，促进有关国家机关公正司法，切实解决有关法律、法规实施中存在的突出问题和社会热点、难点问题，保障宪法和法律、法规的正确实施。

此外，建立和完善新闻发布制度。政务工作要注重接受舆论和群众监督，重视媒体反映的问题，要经常发布政务信息，以增加政府工作的透明度并作为长期的制度坚持下来。通过新闻途径，完善公开化制度，把公众的知情权、参与权、监督权纳入法律法规范畴，提高民主参与决策的水平和效率，充分体现科学性、民主性和公众参与性。

第三编

法治之其他

　　由于中国的法治起步较晚，传统留给我们的行为方式很多，遇到事时都自觉不自觉地按传统方式行事；中国城乡差别依然存在，交通、通讯、信息的发展参差不齐，经济社会文化发展程度不同，人们对法治的认识也不一样。因此，我们应加快人们行为方式的转变，加强交通、通讯和信息网络的建设，并运用这些手段传播法律知识，缩小城乡认识差距，共同提高依法办事的能力，为中国法治的实现创造条件。

第十四章

行为方式转变：法治实现的关键

权力制约主要是从权力分配的角度来设计法律规则，公开和透明度是从法律程序和运作方式的角度对权力进行公众监督，而行为方式是从法治实现的行为细节来考虑法治实现的因素的。正所谓失之毫厘，谬以千里，说的就是这个道理。

一　概述

在一个法治社会里，有必要从管理和秩序的角度对社会人进行分类，即管理者（政府和有管理权的人或组织）和被管理者（老百姓和有关的人和组织），监督者和被监督者，他们彼此的关系不是对立关系，而是统一于社会的和谐发展和安宁。因此，政府是公共事业的管理者和服务者，法官是社会权利义务关系的平衡器。由公民组成的集合体人民是国家和社会的主人，管理者是为人民服务的。政府工作人员应做好角色转化，调整好自己的角色。法官的角色是通过审理案件事实，在弄清事实的基础上来公平分配当事人之间的权利、义务，是社会利益的平衡器。

由于我国经历了革命战争年代，新中国成立后因封建主义思想影响根深蒂固，长期实行对全国的半军事化管理，在农业上产生过一刀切，搞土改、分田地、大跃进、人民公社、农业学大寨等都是在政府包办下完成的，老百姓很大程度上是被动接受的。

政府时常包办百姓的事，百姓难行使选择权，在工业上实行过严格的计划经济和政府严格控制，工人由政府安排。现在搞市场经济，依法治理，强调人权，尊重民权，和谐社会，社会的变迁需要人们的观念和行为方式的转变。

二 法治社会对人们行为方式的要求

从法治的要求来看，要尊重事实，避免先入为主，注意综合平衡，避免偏听偏信，全面审视问题；不搞一言堂和长官意志，实行民主讨论、民主决策；不搞暗箱操作，多点公开和透明度；多研究法律间的关系，不随心所欲办事；尊重事实和法律，自律权力欲望和崇尚权力权威，实行法律制约和崇尚法律规则，自觉接受法律约束；对领导人的责任追究不要因人而异，依法办事，公平对待一切人。

从法律面前人人平等和保护弱势群体的法律倾向看，强者应谦让弱者，驾车人应礼让行人，因为驾车人的铁套比人的肉体强多了；商家应谦让顾客（消费者），做到彬彬有礼，因为商家有人力优势和专业优势；教师应知道如何尊重学生，因为教师有专业知识和地缘、管理上的优势；医生应尊重病人，因为医生具有专业、团体优势甚至体质优势；企业管理者应尊重员工，因为管理者具有权力、金钱、专业能力优势；父母应懂得尊重未成年子女，因为父母在地位上占有传统父母之命、惩戒权、抚养教育和监护权的优势；成年人应爱护未成年人，因为成年人具有体质和能力的优势；政府领导人应依法办事，在人格上应尊重下属，因为国家赋予其更多的权力，等等。强者对弱者多体现尊重，这也是现代人权发展的需要，是法治发展的需要。

从市场经济的角度看，市场经济要求参与市场经济活动的主体不管其经济地位差别、身份状况如何、学历学位的差别、性别差别、专业水平等，一律平等。国家保护市场主体参与经济活动的机会均等，保障其公平竞争，防止非法垄断和不正当竞争，排除地方保护主义，为市场主体创造更多的机会和条件。

法律不能使人们在社会活动中存侥幸心理，法律不会给人在法律上有不安全感。法律不是吓人的东西，而是权利的保护神、权利义务的平衡器，是义务的强制力量。这也要求人们重新审视自己，端正心态，按法律的要求，转变方式，规范自己的行为，弄清什么事能做，什么事不能做，什么事应该去做，使自己的行为符合法律的要求。

三　几个转变

为了使人们的行为更符合法治的要求，应从以下几个方面实现转变：

（一）领导干部办事依据的转变，即由依政策办事向依法办事的转变

在我国，共产党的政策对于整个国家活动起着领导作用，党的政策是制定和实施法律的依据，法律是党的政策的具体化、规范化、定型化。由于在战争年代，党的政策因其原则性和灵活性，号召了全国各族人民进行了土地革命战争、抗日战争和解放战争，推翻了帝国主义、封建主义和官僚主义在中国的统治。新中国成立后，党的政策在建立地方各级政权、没收官僚资本、稳定物价、抗美援朝、土地改革、镇压反革命、"三反"、"五反"、整风整党、恢复国民经济以及一化三改造的运动中发挥了重要作用。社会主义改造完成后，党的政策适应了计划经济的要求。这种依政策办事的习惯给领导干部依政策办事打下了烙印。而在社会主义市场经济和实行依法治国条件下，市场经济就是法制（法治）经济，特别是市场经济国际化以后，经济的全球化和国

际化，意味着中国与世界的沟通、交往和联系不断增强，我国政策的原则性和灵活性越来越暴露出其弱点。这就要求我国一方面要熟悉和善于运用国际经贸法律、法规和惯例，另一方面要充分注意使自己的法律、法规同国际经贸法律、法规接轨。现实情况需要领导干部转变观念，由依靠政策办事过渡到依法办事。我们应积极落实党必须在宪法和法律的范围内活动的法治要求，维护宪法、法律和整个法制的尊严，贯彻以事实为根据，以法律为准绳的精神，克服和抛弃"法律不如文件，文件不如条子，条子不如电话"的观念和现象，实现由依政策办事向依法办事的转变，真正实现依法治国。

（二）管理者办事观念和角色的转变，即由管理向服务的转变

中华民族的主体从远古开始主要从事原始农业经济，特别是封建社会的分封制和农民对土地和封建地主的依附关系，决定了中国法的形成有其自身的特点。在奴隶制时代，所谓"刑不可知，则威不可测"，把神意、天罚和现实的司法镇压结合起来，给统治者的统治披上了一层神秘的面纱。奴隶社会的宗法制度与等级制度、分封制度密切联系，决定了中国古代法以君主意旨为转移，强调礼的指导作用。封建社会的封建地主土地所有制和农民对地主的人身依附关系，形成了"君君、臣臣"、"礼不下庶人、刑不上大夫"的严密的君臣等级体系。2000多年的封建社会留给我们的是臣民意识、权力崇拜和官员治理的观念。针对封建社会的臣民思想，我们要使法律成为民众信仰的东西，实现由臣民向公民、治民向保民的转变，首先法律必须向社会公布，让民众知晓，公正地平衡主体间的权利义务，不得随着领导人的更换和领导人的主观意愿变化而改变。其次，要改变人们根深蒂固的封建思想意识，培养人们的公民意识、独立自主意识和权利意

识，使人们坚信法律，自觉遵守法律，依法维护自己的合法权益。而管理者要有真正的公仆意识，认识到自己不是统治者，而是管理者，不是治民，而是保民和服务于民，是公民利益的捍卫者。管理者要善于用法律法规来规范行政行为，真正做到行政审批法定化，行政程序法定化，行政处罚法定化，从而减少行政工作的主观随意性、盲目性，提高行政效率。

（三）领导干部办事方式的转变，即由某些形式主义向实实在在办事方式的转变

在我国，由于 2000 多年封建思想和新中国成立后"左倾"思想的影响，形式主义在某些地方、某些行业的部分人中仍然存在。如：不学习法律，不去了解下情，习惯于做表面文章，喊口号；不能深入基层，靠开会做文字，文山会海，不解决实际问题；弄虚作假，欺上瞒下，报喜不报忧，掩盖矛盾和问题，制造虚假政绩，粉饰太平盛世，应付群众；搞各种名目的所谓"达标评比"活动，形式上热热闹闹，实际没有效果；机构虽然精简，但精兵不简政，职能未转变，职责仍然不清，互相推诿扯皮；以办班为名，用公款度假、旅游；花钱多办事少，财政开支巨大，人力物力浪费严重；有的追逐名利，跑官要官，对群众疾苦漠不关心，甚至徇私枉法，贪赃受贿；高高在上，脱离实际，不懂装懂，做事口号多，措施少；对上级，察言观色，揣摩意图，溜须拍马，趋势逢迎；对下级，远疏近亲，结党营私；对同级，貌合神离，宗派主义严重；奢侈之风抬头，花公家的钱不心疼，等等。形式主义，既劳民又伤财，人民群众已深恶痛绝。整治和杜绝形式主义，是摆在我们面前的一项严肃的政治任务。法治社会要求司法执法机关和人员处理事情要以事实为根据，以法律为准绳，法治的实现不是靠喊几句口号就能解决的，还需政府提高依法行政和依法管理的水平，加强行政执法和执法监督检

查，把法治的基本要求和法律的具体规则落到实处，不能搞形式主义。领导干部要善于总结行政工作法治化建设过程中的经验和不足。只有吸取工作中的经验教训，才能在日后的工作中，百尺竿头、更进一步。

（四）普通民众的观念转变，即由崇拜权力向维权转变，由单向思维向双向、多向思维的转变

从历史来看，中国五千年的历史，从夏商到清朝，都是实行君主至上的统治，奉行"人治"的管理国家方式，法律只是为统治阶级服务的工具。君主一人有至高无上的权力，可凭其一人之言废立法律或是法外开恩或是法外施刑。从现实来看，民众的思想缺少法治文化的润泽，在他们的头脑里，很难完整地找到法律权力意识、法律权利与义务意识。而某些领导干部无视法律法规的存在，自律意识不够，人治观念严重，腐败、违法现象屡屡出现，在执法过程中不顾相对人的合法权益，有失公正、公平、且效率低下。由于传统思想的影响，人们习惯于单向思维，单向思维的思维活动受到某种模式、某种传统观念的影响，只朝着某一约定俗成的方向发展，以致形成思维定式，具有明显的狭隘性，极易束缚人们的想象力和创新精神。多向思维从事物的某一中心或定点出发，向四面八方展开联想，提出多种设想和方案，思维方式呈现多元化的开放式状态，注重多视角去观察和分析问题，认识更加全面。现在强调责任政府的建设，首先需要改变政府和民众之间的关系。作为执法者，首先要转变权力至上思想，树立法律权威观念；转变人治思想，树立法治观念；转变义务本位思想，树立权利义务相统一观念；转变肆意妄为思想，树立依法行政观念。作为民众，既要克服封建社会留给我们落后观念，也要转换思维方式，从单向思维向多向思维转化，从思维的封闭性、单向性、平面性、直线性、硬性、保守性向思维的开放性、

多向性、立体性、弹性（软性）、创新性转化，以适应我国对外对内开放政策的深入和城乡经济体制改革发展的需要。我们只有以开放式的多向甚至全向思维代替单向思维，善于从多种方向进行思考，善于从事物的相互联系、相互交叉之中去发现问题，才能从不同形态、不同角色、不同侧面去提出问题和解决问题，提高民众的判断和分析问题的能力。在法治时代，通过普法教育和多向思维训练，逐步实现从法律知识的启蒙教育向提高以领导干部为重点的全民法律意识的转变，从单一普法向全面推进依法治理实践的转变，提高民众的法律素质和全社会的依法管理水平，保障和促进经济建设和社会各项事业顺利健康地发展。

第十五章

城乡环境：法治平等的基本要求

法治建设属于上层建筑的范畴，受到社会诸多因素的制约。在我国，城乡差别成了影响我国法治建设不可忽略的因素。无论是城乡居民的收入，还是城乡社会、经济、文化发展状况，以及城乡居民的市场化观念等方面都存在很大的差别。这种差别不仅具有全国性、整体性，而且还具有区域性的不平衡。法治的平等性要求意味着必须缩小城乡差别，实现城乡经济社会的平等，为法治的实现创造地缘环境。要缩小这种城乡差别，需要一个过程，只能随着经济和社会的发展逐渐推进，不可能一蹴而就。

一　概述

国情决定和影响着一个国家的法治现代化进程。国情是指一个国家在政治制度、经济制度和社会制度、历史传统和现实的情况，在公民的知识水平、思维方式和行为习惯等各个方面的不同状况。法治，就其本质来说，调整的是人与人之间的关系，规范的是人与人之间的活动。将法治与具体国情相结合，使法治得到人民的理解、接受、信仰和维护，探索一条适合中国国情的法治之路，是我国现在面临的最根本和最迫切的任务。

从所有制结构看，城市以国有经济和私营经济为主，农村以集体和个体承包经营为主，城乡关系具有极大的不平等性、不协调性和不平衡性。在这些城乡差别中，城乡居民的收入差别尤为明显。在农村，剩余劳动力数量的不断增加和农村乡镇企业吸纳农村剩余劳动力的能力显著减弱，导致农村实际收入相对下降。在城市，外来务工青年就业难度增加，城市下岗职工人数在不断上升，城市就业面临着尖锐的矛盾和沉重的压力。由于外来务工青年自身条件的限制，劳动保护条件差，超时疲劳工作现象严重，造成工伤伤残后，不能得到及时的治疗和经济上的赔偿。低收入地区的农村劳动力进入城市后，绝大多数仍然保留着农村居民身份，他们很少能获得城里人的收入和生活。城乡经济结构的不合理对于建设平等和谐的社会带来了极大的困难。

从城镇人口比重看，我国目前有近 13 亿人口，其中有近 9 亿在农村，很多地区的农民受近亲婚姻、科盲、文盲、儿童失学、交通不便、贫穷落后等问题的困扰，很难受到法治思想的影响。我国大多数农民还在采用劳力耕作的方式，传统的耕作观念对现代科技知识的吸收能力差，甚至相当一部分农民尤其是落后地区的农民对新技术还有相当强的排斥。农村由于地理环境和交通状况以及观念的影响，很少与外界交流，基本上过着"日出而作，日落而息"的单调生活，"面对黄土背朝天"成了他们不变生活的写照。缩小城乡差别、统筹发展的标志之一是多数农村人口转入城市，使现有的绝大多数农民就业非农化，这是一项重大的工程。无论是农村人口的城镇化还是农村劳动力就业的非农化，关键是城镇产业的发展能否吸纳这么庞大的人口。这是我们在推进城乡统筹发展时必须要考虑的国情。

从文化结构上来看，我国人才分布不合理，农村缺乏高级人才。由于城乡差距和大多数企业效益状况不好，优秀人才主要集中在党政机关、事业单位或者是交通便利的城镇等繁华地带。我国上亿的文盲人口基本上集中在农村。农民总体文化素质不高，城乡居民市场化观念差异大。虽然改革开放以来，农村也普及了九年制义务教育，但由于受市场化的冲击，再加上农民的负担沉重和有限教育资源向城市倾斜，相当一部分农村小孩读完初中甚至不上初中就出去打工，有的根本没有上过学，形成了新一代的文盲。农村、企业人才存量相对偏少，大中专毕业生不愿到乡镇企业就业，农村学校师资力量薄弱。事业单位专业技术人员中，教师占了大多数。随着生活条件的提高，社会对服务人员的素质要求越来越高，服务需求相应扩大，迫切需要技能型、知识型人才。由于城乡差别太大，要在文盲、半文盲充斥的乡村也像城市一样搞法治建设有点天方夜谭。

从市场化观念来看，虽然经过 20 多年的改革和发展，农民的市场意识虽有所增强，但农民的小农意识还相当强，市场意识淡薄，生产经营还是沿用传统的自给自足方式，没有市场经营理念。我国乡镇经济虽然得到了发展，但水平较低，经不起市场经济浪潮的冲击，抗干扰能力较弱；乡镇产业结构不合理，从事农林牧渔业的人数占有较大比重，制造成品的能力弱。乡镇煤炭、木材、建材等原材料产业属于初加工，对资源进行深加工和技术含量较高的企业较少；乡村第三产业极不发达。经济的不发达必然会对法治的普及带来影响。

从社会发展的角度看，中国的经济发展和社会改革经历了由农村到城市、由东南沿海到内陆腹地和西部地区的一个逐渐推进的过程。农民工是仍处于农村和城市两种文化中间的边缘群体，他们不完全相同于农村的同伴，又不完全相同于真正的城市人。中国的二元结构不仅表现在经济结构要素上的城乡相互分割，而且还表现在社会结构要素上的城乡相互分割，从而形成了二元社会结构。这种二元社会结构的改变是一个长期的过程。

二　法治的实现需要消除城乡差别

孟德斯鸠在《论法的精神》一书中写道："法律应该和国家的自然状态有关系；和寒、热、温的气候有关系；和土地的质量、形势与面积有关系；和农、猎、牧各种人民的生活方式有关系"。[①]　法治的实现受到社会经济、文化、观念等诸多因素的制约。在我国，要实现依法治国方略，缩小城乡差别成了一项重要的任务。

城乡差别影响着农村对信息的接受。改革开放和现代化发展都是一场特殊意义的革命，而且改革先在农村兴起，首先得实惠的是农民。改革改变了原有的社会结构：单一的所有制结构变为多种所有制并存；农业占很大比重的产业结构也发生了根本性变化，变成工业特别是在信息服务上占更大的比重。但与城市相比，农村的交通、通讯设施仍然落后。道路不平整，柏油马路少得可怜，天晴一身灰，下雨一身泥；治安基本靠狗，通知基本靠吼，联系基本靠走的状况仍然存在。在完善社会主义市场经济体制，统筹城乡经济社会发展，建立和谐社会的进程中，首先就是要做好基础设施工作，使农村农民也能在家耳听八方，接受现代信息。

城乡的经济差别影响着农村的法律文化的普及。农村扶贫工作目前面临的形势十分严峻，农村经济基础非常薄弱，缺乏支柱财源。农村绝大多数贫困人口解决了温饱问题，但是这种温饱仅仅是一种低水平的温饱，而且还存在着较大的不稳定性，有相当大数量的贫困人口、贫困户是在贫困线的边缘徘徊，一有"风吹草动"就会发生波动。农业基础设施落后，农业基本上还是

---

① 孟德斯鸠：《论法的精神》（上册），商务印书馆1961年版，第7页。

靠天吃饭，农民抵御自然灾害的能力十分脆弱和有限，天公稍不作美，已经脱贫的农民则会立即重返贫困，扶贫济困工作相当艰巨。所以无论是从近期看，还是从长远看，扶贫工作都将是各级政府今后一定时期内的一项重要而艰巨的任务，要让农村贫困户从根本上脱贫致富达小康的工作任重而道远。政府工作的重中之重就是加大农业投入，加强农业基础设施建设，帮助农民增强抵御和抗击自然灾害的能力，做好扶贫脱贫工作，在这种情况下，当地政府经常很难顾及法律文化的普及和提高。

城乡差别影响着农村立法的发展。社会存在决定社会意识，法律是由社会决定的。法不是以意志为基础而是以社会为基础的，是由一定的社会经济关系所决定的。法律和市场经济呈现出一种辩证的、互动的、不断理性化的关系和进程。《中华人民共和国立法法》第 5 条 "立法应当体现人民的意志，发扬社会主义民主，保障人民通过多种途径参与立法活动"，对立法的人民性做了规定。人民可以通过各种途径提出立法建议，并就如何立法充分发表意见，立法机关应对立法进行充分的调查研究，向全体公民征求意见，使立法的这一原则得以实现。任何立法者在制定法律时都应当考虑现实的社会经济条件和本国的政治、道德、文化、历史传统和宗教、民族风俗习惯，才能制定出反映广大民众意志的法律。而中国是农业大国，农村人口占了绝大多数，中国最广大的人口仍然居住在农村。城乡之间的差距影响着立法的人民性的完全实现。

城乡差别影响着法律平等实施。由于城市和农村发展差异造成的社会、经济发展不平衡的城乡差别主要表现为：一是物质生活方面差距，从这一角度而言，农村和城市的差距显而易见的是基础设施问题。虽然搞了村村通公路的工程，但道路损坏严重，亟待维修。乡村公路匮乏不仅反映在物质生活条件方面还反映了乡村制度的缺陷。与城镇对比，城镇的道路能够得到很好的维修来源于政府的财政投入，而乡村道路并没有自己的财政投入来进行维修。在社会保险方面，大多数地方的农民工没有参加社会保险，也没有最低工资制度和社会救助。二是制度方面的差距。从这一角度而言，首先，对关于民主制度的认识不同。其次，对法律制度的认识不同。我国自古就是司法和行政不分的官僚系统，延续至今法官仍然被当地政府赋予了相当的维护社会稳定的作用。三是文化因素的差距。这种差距直接影响制度的可执行性。城市和农村的法律宣传，民众对法律的接受程度和理解程度都是有差异的。对城市人和农村人的待遇不一样，表现为工作机会不同、同工不同酬。这些客观存在的社会现象，影响着法律的平等实施和全面实现。

城乡差别影响着城乡一体化进程。城乡一体化发展是我国经济发展的战略目标，也是构建和谐社会的基本要求。由于城市居民与农民相比，前者有收入较高的工作职位，享受城市人的防暑降温费、平价煤、医疗费用优惠补贴、看病方便等等优越条件。而农村人由于文化落后，科技不发达，交通不方便，信息不通畅，仍然得不到城市人享受的待遇，有的农村仍然很贫苦。在我国经济社会发展存在的诸多问题和矛盾中，城乡发展的不平衡无疑是突出的。城乡差别问题的存在成了城市化进程中的一大障碍。

全面经济建设必须解决好农村经济发展问题。没有农村的经济发展，就没法实现全国的经济发展。现阶段，农村生产条件和技术装备落后，结构不合理，整体素质不高，这些因素制约着农村的发展。我们应结合国家实施大开发战略的历史机遇，充分利用我国现有的资源优势，通过国民经济结构战略性调整，大胆的通过独资、合资、联营等高起点的引进资金、技术、人才和技术含量高、产品附加值高的项目对现有的乡镇企业进行改组、改造，促进产业结构优化升级，减轻资源环境压力，改变区域发展不平衡，缩小城乡差别。我们要运用法律为农民创造良好的社会环境，依法维护农民的生产、生活秩序，保持社会稳定，实现农村经济发展。

三　缩小城乡差别，为法治创造地理环境

通过以上可以看出，缩小城乡差距是一个系统工程，既需要考虑发展和扶贫问题，也需要考虑发展公共服务如社会保障、医疗卫生、教育等多方面的社会政策，建立一个协调有效的管理系统，整合资源，提高公共服务的效率。

第一，政府应统筹规划，制定相关政策性规定，强化管理，将培训与就业挂钩，确保就业培训工作的权威性和有效性。政府应制定相关的政策法规，并通过司法监督和法律援助，保障农民工不受歧视、不受排挤和虐待，实现与当地人同工同酬，平等对待；充分发挥正确的舆论导向作用，使城镇居民能正确认识和客观评价他们，形成一种平等相待，友好相处的和谐氛围；进一步建立和完善城乡结合的社会服务体系，发挥其协调作用，联合当地政府部门和社会力量，共同做好此项工作。

第二，努力实现城乡一体化发展。实现城乡统筹发展，最关键的是通过城乡产业的融合，推动城乡经济、社会资源的自由流动，以实现城乡经济、社会和文化发展的一体化。而城乡产业的一体化布局和发展，既涉及既有的存量产业的结构调整，也涉及新型产业的创新。农民要成为市民也需要城市产业的发展才能实现；城乡产业要高度融合、协调发展；统筹城乡发展，把城镇与农村的经济社会发展作为整体统一规划，通盘考虑；把城镇与农村存在的问题及其相互关系综合研究，统筹解决，把农村建设成

文明、民主和法治的新农村。没有城乡的统筹发展，就不可能有国民经济的可持续发展和全面小康社会的实现。各地在推进城乡统筹发展时，一定要根据实际情况，为农民送资金、送技术、送信息，促进农民增收、促进信用社增效，扎扎实实把经济搞上去，不要搞花架子工程和政绩工程。我们要认识到城乡差别的消灭是以产业的发展和经济实力的提高为基础的，没有产业的发展和经济实力的强大，城乡统筹发展只能是一句空话。增强农民的市场化意识，就为我国实现城乡统筹发展提供了一定的基础。

第三，加强城镇体系规划，完善区域性中心城市的功能，发挥大城市的辐射带动作用，有重点地发展小城镇。把引导农村中小企业合理集聚、完善农村市场体系、发展农业产业化经营和社会化服务等与小城镇建设结合起来，通过繁荣小城镇经济，提高小城镇对农村人口的吸纳能力。要加强城镇基础设施建设，提高城镇的就业容量，健全城镇居住、公共服务和社会服务等功能。加强城市社区管理，建设有序、文明、祥和的新型社区，创造良好的人居环境，加强综合治理，改善城镇环境，形成各具特色的城镇风格，全面提高城镇管理水平。结合国家实施天然林保护、开展小城镇建设等政策，加快乡镇基础设施建设和生态环境建设，为乡镇经济的发展营造良好的环境。

第四，积极培养适应农村发展的人才队伍。我们应当牢固树立"人才资源是第一资源"的全新观念，进一步加快农村民营经济发展步伐，改变过去重经济、轻人才的旧观念，切实做到尊重人才、尊重知识、尊重创造，营造招贤纳能、有利于优秀人才脱颖而出的良好环境。对高技术人才到农村发展实行"绿色通道"，对突出贡献者予以重奖。对于农村急需紧缺人才的引进要简化手续，放宽政策，可不受单位性质、编制限制等规定限制。不断强化继续教育工作，要高度重视农村人才的在职教育提高工作，建立健全培训基地，制定人才培训计划，优化配置师资、教材，选拔一批中青年优秀人才重点培养。通过在职教育，不断提高农村农民的专业技术水平和业务能力，最终达到农村人才队伍整体素质与能力的全面提高，并保证其良性循环，最大限度地挖掘人才的潜力，推动农村经济的发展。

第五，提高农民的观念意识。我国目前农村人口占全国人口的约70%，近9亿农村人口的科技、文化等素质都比较低，市场化观念不强。城乡统筹发展的一个基本要求就是农民要突破传统的小农观念，具有现代化的技术文化素质、开放性的思维意识、市场化的竞争观念。统筹城乡发展、建设新农村成为热门话题，表明我们对于全面贯彻落实科学发展观、构建和谐社会的内容和途径形成了越来越多的共识。只有农民具备了这些现代文明所要求的基本素质，才有利于传统的农民转换为现代农民而参与国际化市场的竞争，促使传统的乡村社会转换为现代文明社会，乡村和城市的差别才能消失。改革开放以来，我国在城乡发展问题上的实践经验也证明，党和国家什么时候重视城乡协调发展，特别是重视"三农"问题，什么时候农村经济就会相对快速增长，社会就相对稳定与协调；相反，国民经济发展就会遇到波折，社会矛盾就会突出和激化。

第六，提高农民的法治意识。在经济转型过程中，由于城市的法制化建设和社会政策改革步伐跟不上，在城市化进程中出现了不少土地问题、失地农民问题、农民工问题、贫富差距问题等；如果不提高农民的法治意识，不提高农民依法办事的能力，势必使农民阶层与其他社会阶层在发生冲突时不会用法律武器维护自己的合法权利，而用一些非法的手段来解决社会纠纷，带来社会的不稳定因素，导致社会、经济和政治危机，这对于国家、社会稳定不利。近几年来，从中央到地方，对"三农"问题的重视上升到了一个前所未有的高度，明确界定政府职能和责任，共同建设社会主义新农村。通过法治教育，提高农民法治意识，增强农民的维权意识，推动农村法治化进程，使农村法治建设跟上时代的步伐，共同建设社会主义法治国家。

第十六章

交通和信息：法治实现的桥梁纽带

　　交通和通讯是地理空间中联系社会经济活动的纽带，是拉动各种产业发展的纽带，也是现代社会法治发展的桥梁纽带。随着经济的不断发展和社会的繁荣，城乡经济一体化的推进，随之而来的便是城市间各种交通、通信设施的快速发展。便捷、快速、发达的交通通信网络系统是区域产业发展的基础，为商务、旅游、购物、法律等信息的传递带来质的飞跃，使区域分散的城市之间、城乡之间连成一个整体，强化了城市群和农村之间的联系与分工，增强了城乡之间的相互影响能力。这不仅有利于经济社会发展，也有利于中国法治化建设步伐的加快。

一　交通信息概述

　　信息是数据经过加工处理后所得到的另外一种数据，是用语言、文字、数字、符号、图像、声音、情景、状态等方式传递的内容。信息依附于客观事物，表现事物的存在、联系与属性。信息资源具有能够重复使用、目标导向性、整合性、流动性的特点，不受时间、空间、语言、地域和行业的制约。

　　资本主义经济是一种开放型经济。14、15世纪，欧洲资本主义工商业的发展，新航路的开辟，打破了世界彼此相对隔绝的状态，加强了世界各地的联系，世界各民族的历史逐渐融合为一部彼此联系、相互影响的人类历史。18 世纪，随着工业革命的进行，机器生产的发展，促进了交通运输业的革新。英国在17—18 世纪先后战胜了荷兰和法国，取得了世界殖民大国的地位，拥有了广阔的海外市场。随着海外市场的扩大，工场手工业生产已不能满足市场的需要，18 世纪 60 年代工业革命从英国开始。工业革命极大地提高了社会生产力，大大密切了世界各地之间的联系，促使资本主义工业国在世界各地抢占商品市场和原料产地，把许多国家变成殖民地和半殖民地，卷入资本主义世界市场体系，成为其经济附庸。19 世纪中后期，资本主义世界市场初步形成。1807 年，美国人富尔顿制成的以蒸汽为动力的汽船试航成功，1814 年英国人史蒂芬孙发明了蒸汽机车，1825 年火车试车成功。从此，人类的交通运输进入了一个以蒸汽为动力的时代。19 世纪晚期，第二次工业革命蓬勃兴起，其中，在交通运输工具方面多有创新。19 世纪 80 年代，德国人卡尔·本茨等人成功地制造出了由内燃机驱动的汽车。内燃机车、远洋轮船、飞机等也得到了迅速发展。19 世纪 90 年代后，随着资本主义制度已牢牢地取得世界统治地位，工业革命进入新的时期——第二次工业革命时期，促进了社会生产力进一步提高，各国争先恐后争夺殖民地、划分势力范围，世界基本被瓜分完毕，世界市场最终形成。

发达国家的电子政务是在 20 世纪 70 年代以来"政务公开"和"政府信息公开"等改革的基础上出现的。发达国家在交通物理网络体系基本建成之后推行交通信息化、智能化，以信息化、智能化提升传统交通运输业，实现智能化的运输系统、数字化的行业管理和人性化的社会服务，实现了公路水路交通质量型、效益型的新的跨越式发展。

在我国原始社会瓦解、奴隶制文明兴起的时期，道路交通得到了发展。自黄帝时起，中国各地已普遍制造水陆道路的交通工具船、车，出现了水陆道路交通工具。从夏代到周代的春秋战国时期，我国开拓了大江南北古代文明道路交通。自秦始皇于公元前221年兼并六国统一天下以后，到清代鸦片战争（1840年）之前的2000多年封建时期，水陆道路交通事业又不断发展，取得了许多辉煌成就，主要是陆路的不断开辟、扩展，筑路的工程技术也不断进步，最具代表性的是京杭大运河和"丝绸之路"的航运。而这一时期的法律相对发达。从1840年到1949年中华人民共和国成立以前，由于外国资本主义列强纷纷入侵中国，使中国的封建社会变成了半殖民地半封建社会。在这100多年间，西方较为先进的邮电通信技术和方法逐渐传入，中国逐渐兴办了近代邮电通信。交通的发展表现为，一方面是古老的传统的交通运输继续存在和发展；另一方面则是新的交通运输逐渐开辟、兴起，如水路的轮船，陆路的公路和汽车，铁路和火车等运输的开辟、兴起，又出现了航空运输业和邮电通信等。从1949年10月新中国成立以来，特别是改革开放以来，水路、公路、铁路、航空、管道五种运输方式和邮电通信，都得到了迅猛的发展，出现了持续快速发展的崭新局面。尤其是"六五"以后的大投入、大发展，全国公路数量迅速增长，道路等级显著提高，路网布局日趋合理，为信息的传递提供了便利的条件和途径，为我国国民经济和社会发展奠定了坚实的基础。但与发达国家相比，信息基础仍较薄弱。

新中国交通运输发展的历程完全不同于发达国家，交通运输的发展从一开始，就是以恢复国民经济、改善人民生活和巩固国防的需要为导向，有计划、有重点地进行交通运输建设，经过近30年的发展，形成了初具规模的综合运输体系。改革开放后，我国政府更加重视交通运输业在国民经济发展中的战略地位，加大了交通基础设施投资的力度，加快了交通运输发展的步伐，综合运输体系的建设有了实质性的进展，交通运输对国民经济发展的制约状况得到了明显改善。随着我国交通运输业的飞速发展，对实现国民经济现代化和人民生活达到小康水平创造了十分有利的条件。

现今人类进入了"信息时代"，我们的社会日益转型为一个"信息社会"。信息资源也变成了当今社会建设中最宝贵的资源。信息高速公路的开通，国际互联网的逐渐普及，使得全人类都近在咫尺，人类之间的信息情感沟通，有了快捷的通道，世界成了一个开放的系统，人类的联系越来越紧密。

二　交通和信息对社会的影响

交通和信息是经济社会发展的产物，是维持国家生存、推动社会发展的重要条件，是市场发达、经济繁荣的纽带，其发展状况是对国家综合实力的重要体现。在交通和信息的联结和推动下，南北东西文化传播速度加快，众多经济贸易、文化交流、教育发展、法律政策信息迅速传播。

首先，信息对综合交通的影响。信息的发展如同汽车与喷气发动机的发明一样重要，但各级领导干部中还有不少人对交通信息化建设的战略意义及重要性认识不够，对如何开展信息化缺乏了解，导致交通系统由于缺乏对信息基础设施和信息系统建设的统一规划和协调，缺乏统一的技术标准，使得交通信息化建设在起步阶段就出现了功能单一、自成体系的现象。山区农村偏僻闭塞，购买的农资拉不回，当地特产运不出，交通条件成为制约当地经济发展的"瓶颈"。交通信息化建设是一个综合、动态的、开放的系统工程，我们应建立统一的技术标准体系、数据格式标准、接口标准、术语标准，信息安全标准及相应的政策法规，使信息资源共享更加便捷。通过信息化提升传统交通运输业，实现公路水路交通高速化、高效益和现代化。我们应大力推进交通运输信息化系统，使现代交通业建立在新的技术平台之上，为交通运输业的结构调整，提高运输效率和效益以及可持续发展能力，提升传统交通运输业提供强大的信息支撑。

其次，交通通信的发达，能够消除很多壁垒，为我国交通基础设施建设持续有序发展奠定良好的基础。交通信息使各城乡产业分工更加合理化，带动其他地区共同发展，实现资源共享，优势互补，最终实现我国社会全方位发展。政府机构是受 WTO 规则影响较大的部门，WTO 迫使政府部门的管理和服务水平逐步与国际接轨，而信息化建设是提高管理和服务水平的必经之路。中国入世和电信拆分促成了电信运营市场竞争模式从"规模竞争"向"业务竞争"的转变，运营商要想为用户提供更好的服务，从而扩大市场份额并取得同业竞争胜利，就必须在企业内部管理信息化和电信业务系统信息化建设方面增加投入、扩大建设，这是市场竞争的要求。随着世界范围内信息技术的不断进步，中国金融、电信、政府、教育等各主要行业相继在信息化基础设施和应用系统的建设上需进一步加大投入力度。

再次，交通和信息可以促进物流速度。现代物流以信息技术为基础，使各种交通运输方式有效地衔接起来，拓展了综合运输体系的功能和服务范围，提高运输组织管理水平，是更大限度地发挥综合运输体系的效率和服务质量的重要技术途径。在工业发达国家，一般都把信息当作社会生产力发展和国民经济发展的重要资源，把信息产业作为所在产业核心的新兴产业群，称为第四产业。为了提高城市经济的整体竞争力，充分发挥中心城市的辐射功能和各城市间的互补功能，必须突破行政区划的羁绊，对城乡资源进行整合，使城乡更紧密地联系在一起，形成新的经济文化圈，促进物流业的发展。

最后，在信息时代，信息已成为社会经济运行的杠杆，左右着人们的各种行为。信息资源广泛存在于政治、经济、社会各个领域和部门，是各种事物联系的反映。随着社会的不断发展，信息对国家和民族、社会的发展，对人们工作、生活日益至关重要，成为国民经济和社会发展的重要资源。进入 21 世纪以后，我国把大力推进国民经济和社会信息化，作为覆盖现代化建设全局的战略举措，把推进国民经济和社会信息化放在优先位置，以信息化带动工业化，发挥后发优势，实现生产力的跨越式发展。

此外，在市场经济条件下，信息对资源配置起着主导作用。市场信息主导市场供求关系。市场信息包括技术信息、生产信息、消费信息等。生产者经营者靠其掌握的市场信息决定投入、产出以及销售等。资源配置的效益很大程度上取决于信息是否对称、充分和完善。

三　交通和信息对法治建设的影响

交通和信息是我国建设法治的重要途径。信息是法治思想传播的载体，信息的畅通有利于法治观念和法律知识的传递。信息速度的加快会促使法治信息的传播速度加快。两千多年的小农经济和封闭导致社会经济不发达。现代信息通信和全球化促使人们加快信息传播，促使法律知识的传播加快。交通和信息是法治传播的重要途径。信息现代化有利于法治思想的传播。信息和交通不仅是制约经济发展的因素，也是制约思想交流和法治进程的重要因素。俗话说，要致富，先修路，这是从吃饭的角度来说的。实际上，要法治化也得先信息道路通畅。落后的交通和人思想的闭塞，缺乏交流，导致信息闭塞，在现代法治社会则是导致法律普及难以顺利进行的制约条件。

交通和信息是推动立法进步的重要条件。从某种意义上说，经济与法律是一个事物的两个侧面，任何一个经济问题，同时又是一个法律问题。缺乏统一的标准，法规建设滞后，已成为影响和制约我国交通信息建设的重要因素之一。逐步建成覆盖全国交通和信息化发展体系框架，其技术标准、应用规范体系将覆盖公路、水路运输、基础设施建设与管理、社会化服务、物流发展、综合运输安全以及紧急文件处理等领域。实现信息的广域范围的沟通，并为社会提供全面、快捷、安全、便利的服务。国际商贸、市场准入、证券期货、商务税务、信息交流、环境和公害、人口和移民、国际犯罪等信息能迅速进入立法者的视野，使法律能对社会现象做出快速反应。信息全球化加速了国际立法、特别是国际经贸方面的立法。建立公共基础数据、人口、社会经济、资源、生态、环境和灾害等信息库，实现基于高速网络基础上的、面向社会各界的、具有数据分析与处理能力的信息共享和信息服务体系，为政府决策提供信息。

交通和信息对法律实施的影响。在市场上，制假售假者对市场信息的掌握优于消费者，使消费者防不胜防；在打假行动中，不法者对市场信息的掌握和应变能力优于执法部门，使执法者难以击中要害；在软件光盘购销中，市场的价格与价值的信息何止是不对称，而是本末倒置，使人们对商品逆向选择，等等。由于盗版与反盗版，侵权与维权之间的信息不对称，致使双方行为逆反，法律的正义与公平原则失衡，反作用于经济生活，造成人们的行为乃至社会秩序混乱。而我国大多数政府机构还习惯于用"内部规定"，走"内部程序"处理公共事务，就很难运用网络技术和电子手段来服务公众，根本不适应信息化建设的需要。在这种情况下，理顺各种关系，调节和控制立法、司法、执法、消费者之间各种信息的流向和导向成了推动信息化、推动电子政务的当务之急。为了能应对各种社会现象，处理各种社会问题，我们应建立一个统一领导、统一协调信息的信息系统平台，统一交换信息，为法律的有效实施创造条件。

交通和信息的发展对政府执法的职能转变会有重要影响。政府机构体制改革的一项重要职能是向服务型政府的转变。作为服务型政府重要特征的电子政务涉及政治、经济、国家安全等重要问题，需要依靠具有自主知识产权的网络设备和操作系统等软、硬件环境作为政府信息交换及资源共享的平台。政府应加强信息科学技术的研究、开发、信息装备的制造，软件开发与利用，建立完整的信息化体系；建立健全管理体制、政策法律、规章制度、文化教育、道德观念等形成的制度；提高劳动者素质、国家的现代化水平和人们生活质量，促进精神文明和物质文明不断进步。全面实施电子政务，为公共服务体系提供信息服务，更好地执行行政管理法，提高依法行政的效益。

主要参考文献

1. 张文显主编：《法理学》，北京大学出版社高等教育出版社 1999 年版。

2. 沈宗灵主编：《法理学》，北京大学出版社 1999 年版。

3. 葛洪义主编：《法理学》，中国政法大学出版社 1999 年版。

4. 卓泽渊主编：《法理学》，法律出版社 2000 年版。

5. 屈野著：《中国法理学教学与研究》，云南民族出版社 2003 年版。

6. 卓泽渊著：《法的价值论》，法律出版社 1999 年版。

7. 陈盛清主编：《外国法制史》，北京大学出版社 1982 年版。

8. 陈业宏、唐鸣著：《中外司法制度比较》，商务印书馆 2000 年版。

9. 赵震江主编：《法律文化学》，北京大学出版社 1998 年版。

10. 周旺生主编：《立法学》，法律出版社 1998 年版。

11. 吴光辉等主编：《立法学》，重庆大学出版社 1997 年版。

12. 秦再东著：《社会主义精神质量：逻辑关联与价值转换》，华中师范大学出版社 1999 年版。

13. 叶南容著：《中国人的现代化》，南京出版社 1998 年版。

14. 李伯淳主编：《中华文化与二十一世纪》，中国言实出版社 2003 年版。

15. 田成有著：《法律社会学的学理与运用》，中国检察出版社 2002 年版。

16. 田成有著：《传统法文化与法治现代化》，贵州人民出版社 1999 年版。

17. 田成有、许增裕著：《启蒙与抗争》，云南大学出版社 1999 年版。

18. 冯天瑜、杨华著：《中国文化发展轨迹》，上海人民出版社 2000 年版。

19. 雷镇闻主编：《宗教概论》，河南人民出版社 1984 年版。

20. 罗竹风主编：《宗教通史简编》，华东师范大学出版社 1990 年版。

21. 梁治平编，《法律的文化解释》，三联书社 1997 年版。

22. 何兆武等主编：《中国思想发展史》，中国青年出版社 1980 年版。

23. 丁祯彦、臧宏主编：《中国哲学史教程》，华东师范大学出版社 1989 年版。

24. 汪太贤著：《西方法治主义的源与流》，法律出版社 2001 年版。

25. 汪太贤、艾明著：《法治的理念与方略》，中国检察出版社 2001 年版。

26. 汪晖、陈燕谷主编：《法律与公共性》，生活·读书·新知三联出版社 1998 年版。

27. 王卫国主编：《商法》，中央广播电视大学出版社 2001 年版。

28. 贾午光、高宗泽主编：《迎接挑战——WTO 与中国律师业》，经济日报出版社 2000 年版。

29. 江伟主编：《民事诉讼法》，高等教育出版社、北京大学出版社 2000 年版。

30. 曾繁正等编译：《西方主要国家行政法：行政诉讼法》，红旗出版社 1998 年版。

31. 范健主编：《商法》，高等教育出版社、北京大学出版社 2000 年版。

32. 潘静成、刘文华主编：《经济法概论》，中国财政经济出版社 1996 年版。

33. 姜明安主编：《行政法与行政诉讼法》，北京大学出版社、高等教育出版社 1999 年版。

34. 汪永清主编：《中华人民共和国行政许可法》，中国法制出版社出版 2003 年版。

35. 杨志华著：《证券法制度研究》，中国政法大学出版社 1995 年版。

36. 徐杰主编：《经济法概论》，首都经济贸易大学出版社 1995 年版。

37. 罗肇鸿、张仁德主编：《世界市场经济模式综合与比较》，兰州大学出版社 1994 年版。

38. 孙虹主编：《竞争法学》，中国政法大学出版社 2001 年版。

39. 王保树主编：《经济法律概论》，中国经济出版社 1997 年版。

40. 王浦劬、谢庆奎主编：《政治民主与群体心态》中信出版社 2003 年版。

41. 刘崇顺著：《变革社会的心理冲突》，香港中华科技出版社 1992 年版。

42. 王极盛著：《青年心理学》，中国社会科学出版社 1983 年版。

43. 郑芸珍主编：《爱情心理学》，黑龙江人民出版社 1986 年版。

44. 李璞珉主编：《心理学与艺术》，首都师范大学出版社 1996 年版。

45. 刘崇顺著：《社会转型与心理变迁》，武汉出版社 1997 年版。

46. 谢晖等主编：《民间法》，山东人民出版社 2002 年 3 月版。

47. 谢晖著：《法律的意义追问》，商务印书馆 2003 年版。

48. 谢晖著：《法哲学的矛盾辨思》，山东人民出版社 1999 年版。

49. 吴光章、许增裕、庞泽玲主编：《滇中社会科学文集》（1），云南民族出版社 2000 年版。

50. 肖明主编：《哲学》，经济科学出版社 1991 年版。

51. 孙正聿著：《哲学导轮》，中国人民大学出版社 2000 年版。

52. 苏力著：《法治及其本土资源》，中国政法大学出版社 1999 年版。

53. 苏力著：《送法下乡》，中国政法大学出版社 2000 年版。

54. 刘作翔著：《法律文化理论》，商务印书馆 1999 年版。

55. 夏建中著：《文化人类学理论学派》，中国人民大学出版社 1997 年版。

56. 冯天瑜等著：《中国文化发展轨迹》，上海人民出版社 2000 年版。

57. 邓正来著：《法律与立法二元观》，三联书社 2000 年版。

58. 何平等著：《历代权谋要览》，广西民族出版社 1992 年版。

59. 陈茂同著：《历代职官沿革史》，华东师范大学出版社 1988 年版。

60. 潘念之主编：《中国近代法律思想史》上册，上海社会科学院出版社 1992 年版。

61. 潘念之主编：《中国近代法律思想史》下册，上海社会科学院出版社 1993 年版。

62. 张国华主编：《中国法律思想史》，法律出版社 1988 年版。

63. 邵德门著：《中国近代政治思想史》，法律出版社 1983 年版。

64. 武树臣等著：《中国传统法律文化》，北京大学出版社 1994 年版。

65. 张宏生主编：《西方法律思想史》，北京大学出版社 1985 年版。

66. 何兆武等编：《中国思想发展史》，中国青年出版社 1980 年版。

67. 陈盛清主编：《外国法制史》，北京大学出版社 1983 年版。

68. 王向明主编：《中国宪法新论》，内蒙古人民出版社 1988 年版。

69. 何勤华著：《法律文化史论》，法律出版社 1998 年版。

70. 陈顾远著：《中国法制史》，中国书店 1988 年版。

71. 叶孝信主编：《中国法制史》，北京大学出版社 1995 年版。

72. 张晋藩主编：《中国法制史》，群众出版社 1982 年版。

73. 张警主编：《中国法制史》，四川省社会科学院出版社 1987 年版。

74. 徐国栋著：《西口闲笔》，中国法制出版社 2000 年版。

75. 南怀瑾著：《中国文化泛言》，复旦大学出版社 1995 年版。

76. 柏杨著：《中国人史纲》（上、下），中国友谊出版公司 1998 年版。

77. 郝铁川著：《法治随想录》，中国法制出版社 2000 年版。

78. 郝铁川著：《中华法系研究》，复旦大学出版社 1997 年版。

79. 杨世华著：《探索的足迹》，作家出版社 1999 年版。

80. 郭成伟主编：《中华法系精神》，中国政法大学出版社 2001 年版。

81. 林喆著：《权利的法哲学》，山东人民出版社 1999 年版。

82. 林喆著，《黑格尔的法权哲学》，复旦大学出版社 1999 年版。

83. 贺卫方著：《司法的理念和制度》，中国政法大学出版社 1998 年版。

84. 俞荣根著：《道统与法统》，法律出版社 1999 年版。

85. 刘军宁等编：《直接民主与间接民主》，生活·读书·新知三联出版社 1998 年版。

86. 张中秋著：《中西法律文化比较研究》，南京大学出版社 2000 年版。

87. 高鸿钧主编：《清华法治论衡》第一辑，清华大学出版社 2000 年版。

88. 刘伟著：《文化：一个斯芬克斯之谜的求解》，人民出版社 1988 年版。

89. 朱景文著：《比较法社会学的框架和方法》，中国人民大学出版社 2001 年版。

90. 董保华等著：《社会法原论》，中国政法大学出版社 2001 年版。

91. 杨光斌主编：《政治学原理》，中国人民大学出版社 1998 年版。

92. 朱海风等著：《治国范畴论》，中国政法大学出版社 1999 年版。

93. 朱福惠著：《宪法至上/法治之本》，法律出版社 2000 年版。

94. 韩大元著：《东亚法治的历史与理念》，法律出版社 2000 年版。

95. 张志扬著：《缺席的权利》，上海人民出版社 1996 年版。

96. 王建芹著：《强化监督 制约权力》，中国方正出版社 1997 年版。

97. 郭成伟主编：《外国法系精神》，中国政法大学出版社 2001 年版。

98. 关保英著：《行政法的价值定位》，中国政法大学出版社 1999 年版。

99. 沈涓著：《中国区际冲突法研究》，中国政法大学出版社 1999 年版。

100. 公丕祥著：《法制现代化的理论逻辑》，中国政法大学出版社 1999 年版。

101. 刘星著：《法律是什么》，中国政法大学出版社 1998 年版。

102. 夏军著：《非理性世界》，上海三联书店 1998 年版。

103. 徐文俊著：《理性的边缘》，中山大学出版社 2000 年版。

104. 师蒂著：《神话与法制》，云南教育出版社 1992 年版。

105. 解思忠著：《国民素质忧思录》，作家出版社 1998 年版。

106. 石泰峰主编：《社会主义法治论纲》，中共中央党校出版社 2000 年版。

107. 启良著：《西方文化概论》，花城出版社 2000 年版。

108. 杨章明主编：《社会主义国家政治体制比较》，华东师范大学出版社 1989 年版。

109. 王仁博、程燎原著：《法治论》，山东人民出版社 1998 年版。

110. 刘作翔著：《迈向民主与法治的国度》，山东人民出版社 1999 年版。

111. 梁治平著：《新波斯人的信札》，中国法制出版社 2000 年版。

112. 许章润著：《说法活法立法》，中国法制出版社 2000 年版。

113. 龙宗智著：《上帝怎样审判》，中国法制出版社 2000 年版。

114. 叶立暄等著：《当代西方政治思想评介》，华东师范大学出版社 1991 年版。

115. ［英］埃德蒙·柏克著，蒋庆等译：《自由与传统》，商务印书馆 2001 年版。

116. ［英］博尔尼著，程德祺等译：《民俗学手册》，上海文艺出版社 1995 年版。

117. ［美］H. W. 庞龙著，柏利等译：《人类的故事》，海南国际新闻出版中心 1998 年版。

118. ［美］詹姆斯·麦格雷戈·伯恩斯著，刘李胜等译：《领袖论》，中国社会科学出版社 1996 年版。

119. ［美］庞龙著，晨梅梅、方颀等译：《发明的故事、古代人》，海南国际新闻出版中心 1998 年版。

120. ［美］约瑟夫·E. 斯蒂格利茨等著：《政府为什么干预经济》，中国物资出版社 1998 年版。

121. ［法］米歇尔·福柯著，刘北成等译：《疯癫与文明》，生活·读书·新知三联书店 1999 年版。

122. ［美］约翰·罗尔斯著，张晓辉等译：《万民法》，吉林人民出版社 2001 年版。

123. ［法］米歇尔·福柯著，刘北成等译：《规训与惩罚》，生活·读书·新知三联书店 1999 年版。

124. ［法］石泰安著，耿升译：《西藏的文明》，中国藏学出版社 1999 年版。

125. ［意大利］马基雅维里著，俞卓立译：《君主论》，中国社会出版社 1999 年版。

126. ［美］卡尔·J. 弗里德里希著，周勇等译：《超验正义》，生活·读书·新知三联书店 1997 年版。

后 记

　　法治建设如同建设高楼大厦，房屋盖得越高，其地基应夯得越结实，否则也是越高越容易垮塌，越容易充满隐患；法治总是受各种社会因素决定和制约的；法治建设不是"头痛医头，脚痛医脚"，不能单从法治本身来解决法治问题，而是一个整体会诊的问题，需要综合考虑各种社会因素，考虑法治的源泉和根基以及现实背景。

　　法治的根基是法治国家得以存在和发展的基础，使法治发展"万丈高楼从地起"，由"星星之火"变为"可以燎原"，从而实现国家依法治国，各行各业依法办事，捍卫人权和正义。如果没有法治生存的环境，法治建设就会成为无本之木，无源之水。重视法治环境，珍视法治环境建设，为法治提供一个良好的生存和发展空间，是一项十分重要而有意义的工作。这也正是本书的初衷。

　　经过多年的理论教学研究、律师和仲裁实务的经验积累，不断总结和提炼，《中国法治的源与基探索》终于成型。本书在写作过程中，参阅了多种国内外的法律和相关资料、法律名著、实地调查总结报告，也请教了相关的专家、学者、法律职业人。该书是各方智慧的结晶。

　　在《中国法治的源与基探索》出版过程中，中国社会科学出版社的冯斌先生、丁玉灵先生提出了宝贵的意见和建议，在此表示诚挚的谢意！在写作过程中，得到了云南省高级法院副院长田成有博士、玉溪师范学院杨世华研究员、罗家云博士、语言学专家周志远先生、汤广全博士、邱国成博士的鼎力支持，并提出宝贵意见，在此表示感谢！

由于作者的水平有限，书中多有不妥之处，恳请各界读者不吝赐教。

作者

于树蕙园小区

2008 年 4 月